Customs & International Trade Practice
관세와 무역실무

김용일 지음

박영사

PREFACE

머리말

관세는 조세법률주의에 따라 관세선을 통과하는 수입물품에 대해 부과하는 국세의 일종이다. 일부 국가에서는 수출물품에 대해서도 관세를 부과하고 있으나, 우리나라 관세법은 수입물품에 대해서만 관세를 부과하고 있다. 관세는 국가의 재정수입 확보뿐만 아니라 외국에서 수입되는 물품들로부터 국내 산업을 보호하는 목적으로 활용된다. 특히, 최근 트럼프 행정부의 관세정책은 우리나라는 물론 전 세계적으로 강력한 무역장벽으로 인식되고 있다.

국제상거래는 거래 당사자 간 체결된 주계약인 매매계약과 이를 이행하기 위한 종속계약인 대금지급계약, 국제운송계약, 무역보험계약 등으로 이루어진다. 특히, 주계약인 매매계약은 계약당사자의 권리·의무를 규율하며, 계약당사자는 이러한 매매계약에 따라 자신의 권리를 행사한다.

이러한 이해를 바탕으로, 본 교재의 전반부는 최근 글로벌 무역 환경에서 가장 큰 이슈로 떠오른 '관세'의 중요성을 반영하여 우리나라 관세법의 주요 내용, 즉 관세부과의 4대 요건, 감면 및 분할납부, 수출입신고 등으로 구성하였다. 이어서 교재의 후반부는 무역실무 분야인 무역계약의 성립, 무역계약의 기본조건, Incoterms® 2020, 대금지급 등으로 구성하되, 국제무역(국제통상) 전공 강의보다는 타 전공생들을 위한 교양 강의에 적합하도록 간략하고 쉽게 구성하였다.

끝으로, 대한민국 최고의 출판사인 박영사와 인연을 맺게 해 주신 김한유 과장님과 열과 성의를 다해 교정과 편집을 해 주신 탁종민 과장님께 감사의 말씀을 전한다.

2025년 여름

저자 씀

CONTENTS

차　례

Chapter 04 원산지제도 및 통관의 제한

Chapter 05 수출·수입 및 반송

Chapter 06 무역의 기초

Chapter 07 무역계약의 성립

Chapter 08 무역계약의 기본조건

Chapter 09 Incoterms® 2020

Chapter 10 국제운송

Chapter 11 대금결제

Chapter 12 해상보험

Chapter 13 무역클레임과 상사중재

CHAPTER

01

관세(關稅)의 기초

section 01

관세의 개념

1 관세의 의의

관세(關稅, customs)란 일국의 **관세영역을 통과하는 물품에 대하여** 국가가 재정수입, 국내산업 보호 등을 목적으로 반대급부 없이 법률이나 조약에 따라 **부과·징수하는 조세**를 말한다. 관세는 국세의 일종으로서 관세선을 통과하는 상품에 대하여 부과하는 조세로 정의되기도 한다. 즉, 원칙적으로 관세선을 통과하는 때인 수입·수출·반송 시에 모두 관세를 부과하여야 하지만, 우리나라 관세법에서는 수입물품에 대하여만 과세하고 있다.

교토(Kyoto)협약에 의하면 관세란 관세율표에 규정된 조세로서 물품이 관세영역으로 들어오거나 나갈 때 부담하게 되는 것이라고 정의하고 있다. 관세는 세계 각국이 모두 적용하는 보편적인 조세인바, 2천년 이상의 역사를 가진 가장 오래된 조세 중의 하나이다. 우리나라와 일본에서는 관세는 수수료에 그 기원을 두고 중세(中世)의 내국관세 시대를 거쳐 근대국가에 이르러 국경관세로 정착되어 현대에 이르고 있다는 학설이 지배적이다.

반면, 관세는 해적의 공물 수탈 행위가 그 기원이라는 학설도 있다. 관세율을 의미하는 tariff는 스페인의 요새지인 Tarifa로부터 유래하였는바, Tarifa에 근거를 둔 해적인 무어인(the Moors)이 지브롤터 해협을 지나는 화물운송 선박으로부터 공물을 강제로 수탈한 것이 오랜 세월 동안 정착되어 관세로 발전되었다는 것이다.

2 관세선의 의의

관세선이란 관세가 부과되는 영역과 부과되지 않는 영역의 경계선을 말한다. 관세선과 국경선은 반드시 일치하지는 않는다. 보세구역·자유무역지역 등은 국경선 안에 있으나 관세선 밖에 있으며, 관세동맹을 맺은 국가 간에는 국경선은 존재하여도 관세선은 존재하지 않는다. **관세는 관세선을 통과하는 경우에 부과되는 조세**이므로, 수입물품이 보세구역에 장치되어 있다가 관세선을 넘어 국내로 반입되는 시점에 관세가 부과된다.

3 관세의 조세적 분류

분류 기준	관세의 갈래	내용
국세 · 지방세	국세	부과·징수의 주체가 국가이며, 관세수입이 곧 국고 수익이 된다.
직접세 · 간접세	간접세	법률적인 납세의무자와 실질적인 담세자가 일치하지 않는다.
소비세 · 유통세	소비세	재화의 이전이나 유통이 아닌 소비를 과세 대상으로 한다.
보통세 · 목적세	보통세	조세 수익의 용도가 특정된 것이 아니며, 일반 경비에 충당된다.
인세 · 물세 · 행위세	물세	납세자의 개인적인 사정 등을 고려하지 않고 물품만을 대상으로 과세한다.

section 02

관세의 특징

1 관세의 성격

조세적 성격	1. 관세는 금전급부이다. 2. 관세는 재정수입을 목적으로 한다. 3. 관세징수권의 주체는 국가이다. 4. 관세는 법률 · 조약에 따라 징수한다. 5. 관세는 권력에 의하여 강제적으로 징수한다. 6. 관세의 부과는 반대급부의 성질을 가지지 않는다.
소비세적 성격	1. 관세의 궁극적인 과세 대상은 소비이다. 2. 관세는 생필품에 경과하고, 사치품에 중과한다. 3. 관세는 원료에 경과하고, 완제품에 중과한다. 4. 관세는 최종소비자에게 전가되는 간접세이다.
특수 성격	1. 관세는 무역장벽이 된다. 2. 관세는 수입물품에 부과한다. 3. 관세는 관세영역을 전제로 부과한다. 4. 관세는 대물세(對物稅)이며, 수시세(隨時稅)이다.

2 관세의 경제적 효과

1) 재정수입의 확보

수출물품에 대해서는 관세를 부과하지 않으며 수입물품에 대한 관세부담도 지속적으로 낮아지고 있는 추세이나, 수입통관단계에서 징수되는 조세가 재정에 기여하는 부분은 여전히 크다. 우리나라의 수입통관 시 징수되는 조세(관세 및 내국세)의 규모는 총 조세수익의 25% 내외를 차지하고 있다.

2) 국내산업의 보호

관세의 부과는 수입을 억제하는 효과가 있으므로, 동종 물품을 생산하는 국내생산업자가 그만큼 보호될 수 있다. 관세의 국내산업보호 기능이 지나치게 강조되면 국제무역거래에 있어서의 장해 요인으로 작용할 수도 있으므로 국제적인 관세협력과 국내산업의 발달 정도를 모두 고려하여 적정하게 활용되어야 한다.

3) 수입물품의 소비 억제

수입물품에 관세가 부과되면 그 물품의 가격이 상승하여 이에 대한 소비자의 구매욕구가 감소하며 소비가 억제된다. 가격의 변동에 따른 수요의 변동 폭이 적은, 즉 생활필수품과 같이 가격탄력성이 적은 품목에 있어서는 관세부과로 인한 소비의 억제 효과가 크지 않으나, 가격탄력성이 큰 고가사치품에 있어서는 그 소비 억제 효과가 크다.

4) 수입대체(輸入代替)

국내생산이 가능한 품목이라도 수입가격이 낮아 그 부담이 적다면 수입량이 큰 경우가 있다. 이 품목에 대하여 관세를 부과하여 수입가격을 국내생산품의 가격보다 높게 조정하면 수입이 억제되고, 억제된 만큼 국내생산량이 증가되는데 이를 수입대체라 한다.

5) 국제수지개선

수출물품에 대해서는 관세를 부과하지 않고, 수입물품에 대하여만 관세를 부과하는 것은 수출을 촉진하고 수입을 억제하는 효과가 있다. 또한 수입대체효과 등으로 인하여 외화 사용도 감소하므로 국제수지가 개선된다.

3 관세의 특징

1) 간접소비세

관세는 소비를 종국적인 대상으로 과세하며, 세부담이 최종적으로 소비자에게 전가되는 간접소비세이다. 소비세로서 생활필수품에는 면세·경과하고, 사치품에는 중과한다.

2) 경제정책적 수단

관세부과로 인하여 국내산업을 보호하는 효과가 발생하며, 국내생산이 증가하여 고용이 증대된다.

3) 일반보상성

관세는 개별보상이 아닌 그 대가관계가 간접적인 일반보상의 원리에 따른다. 즉, 관세의 부담이라는 특별급부가 국가의 서비스에 의해 받게 되는 반대급부와 개별적으로 연결되지 않는다. 이러한 일반보상성을 지닌 관세는 개별보상성을 지닌 행정상의 각종 수수료, 사용료, 특허료 등과 구별된다.

4) 부과가 용이

관세의 부과 대상은 물품이므로 소득과 같은 추상개념보다는 쉽게 과세할 수 있으며, 통관이라는 절차를 거쳐야 하기 때문에 부과가 용이하다.

section 03

관세법 통칙

1 관세법의 목적

관세법은 관세의 부과·징수 및 수출입물품의 통관을 적정하게 하고 관세수입을 확보함으로써 국민경제의 발전에 이바지함을 목적으로 한다.

① "**수입**"이란 외국물품을 우리나라에 반입(보세구역을 경유하는 것은 보세구역으로부터 반입하는 것을 말한다)하거나 우리나라에서 소비 또는 사용하는 것(제239조 각 호의 어느 하나에 해당하는 소비 또는 사용은 제외한다)을 말한다.

② "**수출**"이란 내국물품을 외국으로 반출하는 것을 말한다.

③ "**반송**"이란 국내에 도착한 외국물품이 수입통관절차를 거치지 아니하고 다시 외국으로 반출되는 것을 말한다.

④ "**외국물품**"이란 다음의 어느 하나에 해당하는 물품을 말한다.

가. 외국으로부터 우리나라에 도착한 물품[외국의 선박 등이 공해(公海, 외국의 영해가 아닌 경제수역을 포함한다)에서 채집하거나 포획한 수산물 등을 포함한다]으로서 제241조 제1항에 따른 수입의 신고가 수리(受理)되기 전의 것 나. 제241조 제1항에 따른 수출의 신고(이하 "수출신고"라 한다)가 수리된 물품

⑤ **"내국물품"**이란 다음의 어느 하나에 해당하는 물품을 말한다.

가. 우리나라에 있는 물품으로서 외국물품이 아닌 것
나. 우리나라의 선박 등이 공해에서 채집하거나 포획한 수산물 등
다. 제244조 제1항에 따른 입항전수입신고가 수리된 물품
라. 제252조에 따른 수입신고수리전 반출승인을 받아 반출된 물품
마. 제253조 제1항에 따른 수입신고전 즉시 반출신고를 하고 반출된 물품

⑥ **"국제무역선"**이란 무역을 위하여 우리나라와 외국 간을 운항하는 선박을 말한다.

⑦ **"국제무역기"**란 무역을 위하여 우리나라와 외국 간을 운항하는 항공기를 말한다.

⑧ **"국내운항선"**이란 국내에서만 운항하는 선박을 말한다.

⑨ **"국내운항기"**란 국내에서만 운항하는 항공기를 말한다.

⑩ **"선박용품"**이란 음료, 식품, 연료, 소모품, 밧줄, 수리용 예비부분품 및 부속품, 집기, 그밖에 이와 유사한 물품으로서 해당 선박에서만 사용되는 것을 말한다.

⑪ **"항공기용품"**이란 선박용품에 준하는 물품으로서 해당 항공기에서만 사용되는 것을 말한다.

⑫ **"차량용품"**이란 선박용품에 준하는 물품으로서 해당 차량에서만 사용되는 것을 말한다.

⑬ **"통관"**(通關)이란 이 법에 따른 절차를 이행하여 물품을 수출·수입 또는 반송하는 것을 말한다.

⑭ **"환적"**(換積)이란 동일한 세관의 관할구역에서 입국 또는 입항하는 운송수단에서 출국 또는 출항하는 운송수단으로 물품을 옮겨 싣는 것을 말한다.

⑮-1 **"복합환적"**(複合換積)이란 입국 또는 입항하는 운송수단의 물품을 다른 세관의 관할 구역으로 운송하여 출국 또는 출항하는 운송수단으로 옮겨 싣는 것을 말한다.

⑮-2 "**운영인**"이란 다음의 어느 하나에 해당하는 자를 말한다.

가. 특허보세구역의 설치·운영에 관한 특허를 받은 자 나. 종합보세사업장의 설치·운영에 관한 신고를 한 자

⑮-3 "세관공무원"이란 다음의 사람을 말한다.

가. 관세청장, 세관장 및 그 소속 공무원 나. 그밖에 관세청 소속기관의 장 및 그 소속 공무원

⑮-4 "**탁송품**"(託送品)이란 상업서류, 견본품, 자가사용물품, 그밖에 이와 유사한 물품으로서 국제무역선·국제무역기 또는 국경출입차량을 이용한 물품의 송달을 업으로 하는 자에게 위탁하여 우리나라에 반입하거나 외국으로 반출하는 물품을 말한다.

⑮-5 "**전자상거래물품**"이란 사이버몰(컴퓨터 등과 정보통신설비를 이용하여 재화를 거래할 수 있도록 설정된 가상의 영업장을 말한다.) 등을 통하여 전자적 방식으로 거래가 이루어지는 수출입물품을 말한다.

⑮-6 "**관세조사**"란 관세의 과세표준과 세액을 결정 또는 경정하기 위하여 방문 또는 서면으로 납세자의 장부·서류 또는 그 밖의 물건을 조사하는 것을 말한다.

CHAPTER 02

관세부과의 4대 요건

section 01

과세물건

1 관세의 과세물건

1) 의의

과세물건이란 조세법규가 과세의 대상으로 정하고 있는 물건·행위 또는 사실을 말한다. 관세법 제14조에서는 '**수입물품에는 관세를 부과한다**'고 하여 관세의 과세물건을 수입물품으로 규정하고 있다.

2) 현행 관세법의 과세주의

(1) 수입물품 과세주의

현행 관세법은 수출세나 통과세는 부과하지 않고 수입세만을 부과하는 **수입물품 과세주의**를 취하고 있다.

(2) 관세포괄주의

관세율표상에 무세품과 유세품을 모두 게기하는 것을 관세포괄주의(관세의무주의)라 하며, 유세품만을 게기하고 무세품은 게기하지 않는 것을 관세면제주의라 한다. 현행 관세법은 **관세포괄주의를 취하고** 있다.

3) 수입물품의 범위

원칙적으로 수입물품의 개념에는 유체물만 해당된다. 무체물은 원칙적으로 과세대상이 되지 않지만, 특허권이나 상표권 등과 같이 해당 권리가 구체화되어 수입물품의 가격에 포함되어 수입되었을 때에는 과세대상이 되는 것으로 본다.

2 과세물건 확정 시기

1) 의의

수입물품이 외국에서 선적되어 우리나라에 도착한 후 통관이 완료되기까지 물품의 성질과 수량에 변화가 생길 수 있다. 그러므로 어느 시점의 성질과 수량에 따라 관세를 부과할 것인가의 문제를 법으로 규정하고 있다. 과세물건 확정의 시기란 과세의 기준이 되는 **수입물품의 성질과 수량이 확정되는 시기**를 말한다.

2) 과세물건 확정의 시기

(1) 일반적인 경우

관세는 수입신고를 하는 때의 물품의 성질과 그 수량에 따라 부과한다.

(2) 과세물건 확정시기의 예외

1. 제143조 제6항에 따라 관세를 징수하는 물품: 하역을 허가받은 때
2. 제158조 제7항에 따라 관세를 징수하는 물품: 보세구역 밖에서 하는 보수작업을 승인받은 때
3. 제160조 제2항에 따라 관세를 징수하는 물품: 해당 물품이 멸실되거나 폐기된 때
4. 제187조 제7항에 따라 관세를 징수하는 물품: 보세공장 외 작업, 보세건설장 외 작업 또는 종합보세구역 외 작업을 허가받거나 신고한 때

5. 제217조에 따라 관세를 징수하는 물품: 보세운송을 신고하거나 승인받은 때
6. 수입신고가 수리되기 전에 소비하거나 사용하는 물품(제239조에 따라 소비 또는 사용을 수입으로 보지 아니하는 물품은 제외한다): 해당 물품을 소비하거나 사용한 때
7. 수입신고 전 즉시 반출신고를 하고 반출한 물품: 수입신고 전 즉시 반출신고를 한 때
8. 우편으로 수입되는 물품: 제256조에 따른 통관우체국에 도착한 때
9. 도난물품 또는 분실물품: 해당 물품이 도난되거나 분실된 때
10. 이 법에 따라 매각되는 물품: 해당 물품이 매각된 때

3) 적용 법령

(1) 원칙

관세는 **수입신고 당시의 법령에 따라 부과**한다.

(2) 예외

다음의 어느 하나에 해당하는 물품에 대해서는 각 규정된 날에 시행되는 법령에 따라 부과한다.

1. 법 제16조 단서(예외적인 과세물건 확정의 시기)에 해당되는 물품: 그 사실이 발생한 날
2. 보세건설장에 반입된 외국물품: 사용 전 수입신고가 수리된 날

section 02

납세의무자

1 관세의 납세의무자

납세의무자란 세법에 의해 조세를 납부할 의무가 있는 자를 말한다. 관세의 납부의무자는 **원칙적으로 수입물품의 화주**가 되지만 관세의 간접세적 특성으로 인하여 **실질적인 세금 부담은 최종소비자에게 전가**된다.

2 원칙적인 납세의무자

1) 수입신고를 한 경우의 납세의무자

물품을 수입하려면 해당 물품의 품명, 규격, 수량 및 가격과 그밖에 대통령령으로 정하는 사항을 세관장에게 신고하여야 한다. 이러한 수입신고를 한 물품인 경우에는 그 **물품을 수입신고하는 때의 화주(貨主)가 관세의 납세의무자**가 된다.

2) 화주가 불분명한 경우

화주가 불분명한 때에는 다음의 어느 하나에 해당하는 자를 화주로 본다.

(1) 수입을 위탁받아 수입업체가 대행 수입한 물품인 경우: 그 물품의 수입을 위탁한 자

(2) 수입을 위탁받아 수입업체가 대행수입한 물품이 아닌 경우: 대통령령으로 정하는 상업서류(송품장 · 선하증권 · 항공화물운송장)**에 적힌 수하인**

(3) 수입물품을 수입신고 전에 양도한 경우: **양수인**

3 특별납세의무자

1) 의의

일반적인 수입통관절차를 거치지 않고 사실상 수입되는 물품에 대하여 별도로 규정한 납세의무자를 특별납세의무자라 한다. 예를 들면, 보세구역 밖에서 하는 보수작업의 승인 기간이 경과하였거나, 보세공장 외 작업 허가 기간이 경과한 경우 등 의무 위반행위를 한 경우 해당 승인이나 허가 등을 받은 자를 납세의무자로 한다. 또한 관세의 소비세적 성격을 고려하여 수입신고가 수리되기 전에 수입물품이 소비되거나 사용된 경우에는 그 소비자 또는 사용자를 납세의무자로 한다.

2) 관세법상의 특별납세의무자

1. 외국물품인 선박용품, 항공기용품, 차량용품이나 국제무역선, 국제무역기, 국경출입차량 안에서 판매하는 물품을 허가받은 대로 적재하지 아니하여 관세를 징수하는 물품: 하역허가를 받은 자
2. 보세구역 외 보수작업의 승인기간이 경과하여 관세를 징수하는 물품
   : 보세구역 밖에서 하는 보수작업을 승인받은 자
3. 보세구역 장치물품의 멸실 · 폐기로 관세를 징수하는 물품: 운영인 또는 보관인
4. 보세공장 외 작업, 보세건설장 외 작업의 허가기간이 경과하거나 종합보세구역 외 작업의 기간이 경과하여 관세를 징수하는 물품: 보세공장 외 작업, 보세건설장 외 작업 또는 종합보세구역 외 작업을 허가받거나 신고한 자

5. 보세운송기간이 경과하여 관세를 징수하는 물품: 보세운송을 신고하였거나 승인을 받은 자
6. 수입신고가 수리되기 전에 소비 또는 사용하는 물품(소비 또는 사용을 수입으로 보지 아니하는 물품 제외): 소비자 또는 사용자
7. 수입신고 전 즉시 반출신고를 하고 반출한 물품: 즉시 반출한 자
8. 우편으로 수입되는 물품: 수취인
9. 도난물품 또는 분실물품
   ▷ 보세구역 장치물품: 운영인 또는 화물관리인
   ▷ 보세운송물품: 보세운송을 신고하거나 승인받은 자
   ▷ 그 밖의 물품: 보관인 또는 취급인
10. 관세법 또는 다른 법률에 따라 따로 납세의무자로 규정된 자

3) 납세의무자의 경합

원칙적인 납세의무자인 화주 또는 연대납세의무자인 신고인과 특별납세의무자가 **경합되는 경우에는 특별납세의무자로 규정된 자를 납세의무자로** 한다.

4 납세보증자

관세법 또는 다른 법령, 조약, 협약 등에 따라 관세의 납부를 보증한 자는 **보증액의 범위에서 납세의무를 진다.**

section 03

과세표준

1 과세표준과 관세평가

과세표준이라 세액 산출의 기초가 되는 과세물건의 가액 또는 수량을 말한다. 관세의 과세표준은 수입물품의 가격 또는 수량으로 한다. 관세의 경우 **대부분이 종가세**이므로 과세표준을 구하는 것은 실상 **과세가격**을 구하는 것이다. 이때, 가격을 과세표준으로 하는 수입물품에 대하여 정하여진 원칙에 따라 관세의 과세가격을 결정하는 절차를 '관세평가'라 한다.

2 관세평가의 목적

1) 관세수입 확보

관세평가 규정의 엄격한 적용은 저가 신고로 인한 관세 탈루를 방지하며, 이는 곧 관세수입의 확보로 이어진다.

2) 외화 유출 방지

올바른 관세평가는 고가 신고로 인한 외화의 불법 유출 및 자금 세탁 행위를 방지하려는 데 있다.

3) 공정무역 유도

적정한 관세평가는 불성실 가격신고로 인한 불공정무역행위를 시정하는 데 있다.

4) 공평한 과세

통일성 있는 관세평가 규정의 적용은 공평한 과세를 가능하게 한다.

3 과세가격의 결정방법

1) 제1평가방법

수입물품의 과세가격은 우리나라에 수출하기 위하여 판매되는 물품에 대하여 **구매자가 실제로 지급하였거나 지급해야 할 가격에 법정가산요소를 가산하고 조정한 거래가격**이다. 제1평가방법은 과세가격 결정의 원칙적인 방법이다.

2) 제2평가방법

제1평가방법으로 과세가격을 결정할 수 없는 경우에는 과세가격으로 인정된 사실이 있는 동종·동질물품의 거래가격으로서 일정한 요건을 갖춘 가격을 기초로 하여 과세가격을 결정한다.

3) 제3평가방법

제1방법과 제2방법으로 과세가격을 결정할 수 없을 때에는 과세가격으로 인정된 사실이 있는 유사물품의 거래가격으로서 일정한 요건을 갖춘 가격을 기초로 하여 과세가격을 결정한다.

4) 제4평가방법

제1방법, 제2방법, 제3방법으로 과세가격을 결정할 수 없을 때에는 해당 물품 등의 국내 판매 가격에서 법정공제요소를 뺀 가격을 과세가격으로 한다. 다만, 국내에서 판매되는 단위가격이라 하더라도 그 가격의 정확성과 진실성을 의심할 만한 합리적인 사유가 있는 경우에는 이 방법을 적용하지 아니할 수 있다.

5) 제5평가방법

제1방법~4방법으로 과세가격을 결정할 수 없는 때에는 수출국의 제조업자가 제시한 제품의 원가계산서를 바탕으로 생산에 소요된 비용을 산정하여 산출한 가격을 기초로 과세가격을 결정한다.

6) 제6평가방법

제1방법~5방법으로 과세가격을 결정할 수 없는 때에는 대통령령으로 정하는 바에 따라 제1방법부터 제5방법까지에 규정된 원칙과 부합되는 합리적인 기준에 따라 과세가격을 결정한다. 이 방법으로 과세가격을 결정할 수 없을 때에는 국제거래시세·산지조사가격을 조정한 가격을 적용하는 방법 등 거래의 실질 및 관행에 비추어 합리적으로 인정되는 방법에 따라 과세가격을 결정한다.

section 04

세율

1 세율의 의의

세율이란 세액 산출의 기초가 되는 과세표준에 대한 세액의 비율을 말하며, **관세율이란 관세의 과세표준인 수입물품의 가격 또는 수량에 대한 관세액의 비율**이다. 관세율은 과세표준과 함께 세액 결정의 가장 중요한 요소 중의 하나이며, 조세법률주의에 따라 국회에서 법률로 정하는 것이 원칙이다.

2 관세율의 종류

1) 의의

수입물품에는 관세를 부과한다. 이에 따라 수입물품에 부과되는 관세의 세율은 다음과 같다.

> 1. 기본세율
> 2. 잠정세율
> 3. 제51조부터 제67조까지, 제67조의2 및 제68조부터 제77조까지의 규정에 따라 대통령령 또는 기획재정부령으로 정하는 세율

2) 기본세율

관세법 별표 관세율표상의 기본세율은 국회에서 정하며, 수입물품에 원칙적으로 적용되는 세율이다. 기본세율은 잠정세율의 인상 또는 인하의 기준이 되며, 탄력세율 산정의 기준이 된다.

3) 잠정세율

잠정세율이란 특정 물품에 대하여 기본세율과는 다른 세율을 잠정적으로 적용하기 위하여 마련된 세율이며, 국회에서 제정되고 관세율표상에 기본세율과 함께 표시되어 있다. 잠정세율을 적용받는 물품에 대해서는 대통령령으로 정하는 바에 따라 그 물품의 전부 또는 일부에 대하여 잠정세율의 적용을 정지하거나 기본세율과의 세율 차를 좁히도록 잠정세율을 올리거나 내릴 수 있다.

3 세율 적용의 우선순위

1) 기본세율과 잠정세율은 별표 관세율표에 따르되, 잠정세율을 기본세율에 우선하여 적용한다.

2) 법 제49조 제3호의 세율은 다음 순서에 따라 별표 관세율표의 세율에 우선하여 적용한다.

1순위	덤핑방지관세(제51조) 상계관세(제57조) 보복관세(제63조)	
2순위	국제협력관세(제73조) 편익관세(제74조)	이하의 세율보다 낮은 경우에만 우선 적용
3순위	조정관세(제69조) 할당관세(제71조) 계절관세(제72조)	할당관세는 4순위 세율보다 낮은 경우 우선 적용

4순위	일반특혜관세(제76조)	
5순위	잠정관세	
6순위	기본관세	

3) **편익관세 및 국제협력관세의 세율은 후순위(3순위~6순위)의 세율보다 낮은 경우에만 우선하여 적용**한다.

4) **할당관세의 세율은 일반특혜관세의 세율보다 낮은 경우에만 우선하여 적용**한다.

5) 다만, 제73조에 따라 국제기구와의 관세에 관한 협상에서 국내외의 가격차에 상당하는 율로 양허(讓許)하거나 국내시장 개방과 함께 기본세율보다 높은 세율로 양허한 농림축산물 중 대통령령으로 정하는 물품에 대하여 양허한 세율은 기본세율 및 잠정세율에 우선하여 적용한다.

4 관세율의 적용

1) 간이세율의 적용

(1) 의의

간이세율의 적용은 여행자 휴대품이나 우편물 등 소액물품에 대하여 **신속한 통관을 위하여 해당 물품에 부과되는 관세 및 내국세 등 제세율을 통합한 하나의 세율을 적용하여 과세하는 제도**이다.

(2) 간이세율 적용 대상

다음에 해당하는 물품 중 대통령령으로 정하는 물품에 대해서는 다른 법령에도 불구하고 간이세율을 적용할 수 있다. 다만, 관세율이 무세인 물품과 관세가 감면되는 물품, 수출용 원재료, 상업용으로 인정되는 수량의 물품 및 고가품으로서 관세청장이 정하는 물품 등은 간이세율 적용이 제외된다.

▷ 여행자 또는 외국을 오가는 운송수단의 승무원이 휴대하여 수입하는 물품
  우편물(다만, 수입신고를 하여야 하는 것은 제외한다)
▷ 탁송품 또는 별송품

2) 합의에 따른 세율

(1) 의의

일괄하여 수입신고가 된 물품으로서 물품별 세율이 다른 물품에 대하여는 **신고인의 신청에 따라 그 세율 중 가장 높은 세율을 적용**할 수 있다. 합의에 따른 세율을 적용하는 경우 높은 세율을 적용하므로 관세액 자체가 증가하지만, 동일한 세율을 획일적으로 적용함으로써 신속한 통관 및 행정의 능률화를 기할 수 있다.

(2) 한계점

합의에 따른 세율적용 규정을 적용할 때에는 관세법 제5장 제2절 심사와 심판(법 제119조~제132조) 규정을 적용하지 아니한다. 즉, 합의에 따른 세율을 적용한 경우 사전에 납세의무자의 합의가 있는 것으로 보이므로 이의신청, 심사청구 및 심판청구와 같은 행정상 쟁송을 할 수 없다.

3) 용도세율의 적용

(1) 의의

동일한 물품에 대한 세율이 용도에 따라 상이한 경우 그중 가장 낮은 세율을 적용하여 특정 용도에 사용되는 경우 이를 지원하려는 제도이다.

(2) 사후관리

용도세율이 적용된 물품은 그 **수입신고의 수리일부터 3년의 범위에서** 대통령령으로 정하는 기준에 따라 관세청장이 정하는 기간에는 해당 용도 외의 다른 용도에 사용하거나 양도할 수 없다. 다만, 대통령령으로 정하는 바에 따라 미리 세관장의 승인을 받은 경우에는 그러하지 아니하다.

(3) 추징

사후관리 기간에 해당 용도 외의 다른 용도에 사용하거나 그 용도 외의 다른 용도에 사용하려는 자에게 양도한 경우에는 해당 물품을 특정용도 외에 사용한 자 또는 그 양도인으로부터 해당 물품을 특정 용도에 사용할 것을 요건으로 하지 아니하는 세율에 따라 계산한 관세액과 해당 용도세율에 따라 계산한 관세액의 차액에 상당하는 관세를 즉시 징수하며, 양도인으로부터 해당 관세를 징수할 수 없을 때에는 그 양수인으로부터 즉시 징수한다. 다만, 재해나 그 밖의 부득이한 사유로 멸실되었거나 미리 세관장의 승인을 받아 폐기한 경우에는 그러하지 아니하다.

section 05

세율의 조정

1 덤핑방지관세

1) 덤핑방지관세의 부과 대상

국내산업과 이해관계가 있는 자로서 대통령령으로 정하는 자 또는 주무부장관이 부과요청을 한 경우로서 외국의 물품이 대통령령으로 정하는 정상가격 이하로 수입(이하 "덤핑"이라 한다)되어 다음의 어느 하나에 해당하는 것으로 조사를 통하여 확인되고 해당 국내산업을 보호할 필요가 있다고 인정되는 경우에는 기획재정부령으로 그 물품과 공급자 또는 공급국을 지정하여 해당 물품에 대하여 **정상가격과 덤핑가격 간의 차액에 상당하는 금액 이하의 관세**(이하 "덤핑방지관세"라 한다)를 **추가하여 부과**할 수 있다.

1. 국내산업이 실질적인 피해를 받거나 받을 우려가 있는 경우 2. 국내산업의 발전이 실질적으로 지연된 경우

2) 덤핑 및 실질적 피해 등의 조사

덤핑 사실과 실질적 피해 등의 사실에 관한 조사는 대통령령으로 정하는 바에 따른다. 기획재정부장관은 덤핑방지관세를 부과할 때 관련 산업의 경쟁력 향상, 국내 시장구조, 물가안정, 통상협력 등을 고려할 필요가 있는 경우에는 이를 조사하여 반영할 수 있다.

3) 덤핑방지관세와 관련된 약속의 제의

덤핑방지관세의 부과 여부를 결정하기 위하여 예비조사를 한 결과 해당 물품에 대한 덤핑 사실 및 그로 인한 실질적 피해 등의 사실이 있는 것으로 판정된 경우 해당 물품의 수출자 또는 기획재정부장관은 대통령령으로 정하는 바에 따라 덤핑으로 인한 피해가 제거될 정도의 가격 수정이나 덤핑수출의 중지에 관한 약속을 제의할 수 있다.

위에 따른 약속이 수락된 경우 기획재정부장관은 잠정조치 또는 덤핑방지관세의 부과 없이 조사가 중지 또는 종결되도록 하여야 한다. 다만, 기획재정부장관이 필요하다고 인정하거나 수출자가 조사를 계속하여 줄 것을 요청한 경우에는 그 조사를 계속할 수 있다.

4) 덤핑방지관세의 부과 시기

덤핑방지관세의 부과와 잠정조치는 각각의 **조치일 이후 수입되는 물품에 대하여 적용**된다. 다만, 잠정조치가 적용된 물품에 대하여 국제협약에서 달리 정하는 경우와 그밖에 대통령령으로 정하는 경우에는 그 물품에 대하여도 덤핑방지관세를 부과할 수 있다.

2 상계관세

1) 상계관세의 부과 대상

국내산업과 이해관계가 있는 자로서 대통령령으로 정하는 자 또는 주무부장관이 부과요청을 한 경우로서, 외국에서 제조·생산 또는 수출에 관하여 직접 또는 간접으로 보조금이나 장려금을 받은 물품의 수입으로 인하여 다음의 어느 하나에 해당하는 것으로 조사를 통하여 확인되고 해당 국내산업을 보호할 필요가 있다고 인정되는 경우에는 기획재정부령으로 그 물품과 수출자 또는 수출국을 지정하여 **그 물품에 대하여**

해당 보조금 등의 금액 이하의 관세를 추가하여 부과할 수 있다.

1. 국내산업이 실질적인 피해를 받거나 받을 우려가 있는 경우 2. 국내산업의 발전이 실질적으로 지연된 경우

2) 보조금 등의 지급과 실질적 피해 등의 조사

기획재정부장관은 상계관세를 부과할 때 관련 산업의 경쟁력 향상, 국내 시장구조, 물가안정, 통상협력 등을 고려할 필요가 있는 경우에는 이를 조사하여 반영할 수 있다. 상계관세를 부과하기 전의 잠정조치 등은 앞의 덤핑방지관세의 절차와 동일하다.

3 보복관세

1) 보복관세의 부과 대상

교역상대국이 우리나라의 수출물품 등에 대하여 다음의 어느 하나에 해당하는 행위를 하여 우리나라의 무역이익이 침해되는 경우에는 그 나라로부터 수입되는 물품에 대하여 피해상당액의 범위에서 관세를 부과할 수 있다.

1. 관세 또는 무역에 관한 국제협정이나 양자 간의 협정 등에 규정된 우리나라의 권익을 부인하거나 제한하는 경우 2. 그밖에 우리나라에 대하여 부당하거나 차별적인 조치를 하는 경우

2) 보복관세의 부과에 관한 협의

기획재정부장관은 보복관세를 부과할 때 필요하다고 인정되는 경우에는 관련 국제기구 또는 당사국과 미리 협의할 수 있다.

4 긴급관세

특정물품의 수입증가로 인하여 동종물품 또는 직접적인 경쟁관계에 있는 물품을 생산하는 국내산업이 심각한 피해를 받거나 받을 우려가 있음이 조사를 통하여 확인되고 해당 국내산업을 보호할 필요가 있다고 인정되는 경우에는 해당 물품에 대하여 심각한 피해등을 방지하거나 치유하고 조정을 촉진하기 위하여 필요한 범위에서 관세를 추가하여 부과할 수 있다.

긴급관세는 해당 국내산업의 보호 필요성, 국제통상관계, 긴급관세 부과에 따른 보상 수준 및 국민경제 전반에 미치는 영향 등을 검토하여 부과 여부와 그 내용을 결정한다. 기획재정부장관은 긴급관세를 부과하는 경우에는 이해당사국과 긴급관세부과의 부정적 효과에 대한 적절한 무역보상 방법에 관하여 협의를 할 수 있다.

긴급관세의 부과와 잠정긴급관세의 부과는 각각의 부과조치 결정 시행일 이후 수입되는 물품에 한정하여 적용한다. 긴급관세의 부과기간은 4년을 초과할 수 없으며, 잠정긴급관세는 200일을 초과하여 부과할 수 없다. 다만, 재심사의 결과에 따라 부과기간을 연장하는 경우에는 잠정긴급관세의 부과기간, 긴급관세의 부과기간, 「대외무역법」 제39조 제1항에 따른 수입수량제한 등의 적용기간 및 그 연장기간을 포함한 총 적용기간은 8년을 초과할 수 없다.

5 할당관세

1) 다음의 어느 하나에 해당하는 경우에는 100**분의** 40**의 범위의 율을 기본세율에서 빼고 관세를 부과**할 수 있다. 이 경우 필요하다고 인정될 때에는 그 수량을 제한할 수 있다.

> 1. 원활한 물자수급 또는 산업의 경쟁력 강화를 위하여 특정물품의 수입을 촉진할 필요가 있는 경우
> 2. 수입가격이 급등한 물품 또는 이를 원재료로 한 제품의 국내가격을 안정시키기 위하여 필요한 경우
> 3. 유사물품 간의 세율이 현저히 불균형하여 이를 시정할 필요가 있는 경우

2) 특정물품의 수입을 억제할 필요가 있는 경우에는 일정한 수량을 초과하여 수입되는 분에 대하여 100분의 40의 범위의 율을 기본세율에 더하여 관세를 부과할 수 있다. 다만, **농림축수산물인 경우에는** 기본세율에 동종물품·유사물품 또는 대체물품의 **국내외 가격차에 상당하는 율을 더한 율의 범위에서 관세를 부과**할 수 있다.

3) 기획재정부장관은 매 회계연도 종료 후 5개월 이내에 관세의 전년도 부과 실적 및 그 결과를 국회 소관 상임위원회에 보고하여야 한다.

6 계절관세

계절에 따라 가격의 차이가 심한 물품으로서 동종물품·유사물품 또는 대체물품의 수입으로 인하여 국내시장이 교란되거나 생산 기반이 붕괴될 우려가 있을 때에는 **계절에 따라 해당 물품의 국내외 가격차에 상당하는 율의 범위에서 기본세율보다 높게 관세를 부과하거나** 100**분의** 40**의 범위의 율을 기본세율에서 빼고 관세를 부과**할 수 있다.

7 국제협력관세

정부는 **우리나라의 대외무역 증진을 위하여 필요하다고 인정될 때**에는 특정 국가 또는 국제기구와 관세에 관한 협상을 할 수 있다. 협상을 수행할 때 필요하다고 인정되면 관세를 양허할 수 있다. 다만, 특정 국가와 협상할 때에는 기본 관세율의 100분의 50의 범위를 초과하여 관세를 양허할 수 없다.

8 편익관세

1) 편익관세의 적용 기준 등

관세에 관한 조약에 따른 편익을 받지 아니하는 나라의 생산물로서 우리나라에 수입되는 물품에 대하여 이미 체결된 외국과의 조약에 따른 편익의 한도에서 관세에 관한 편익을 부여할 수 있다.

지역	국가
1. 아시아	부탄
2. 중동	이란 · 이라크 · 레바논 · 시리아
3. 대양주	나우루
4. 아프리카	코모로 · 에티오피아 · 소말리아
5. 유럽	안도라 · 모나코 · 산마리노 · 바티칸 · 덴마크(그린란드 및 페로제도에 한정한다)

2) 편익관세의 적용 정지 등

기획재정부장관은 다음의 어느 하나에 해당하는 경우에는 국가, 물품 및 기간을 지정하여 편익관세의 적용을 정지시킬 수 있다.

1. 편익관세의 적용으로 국민경제에 중대한 영향이 초래되거나 초래될 우려가 있는 경우
2. 그밖에 편익관세의 적용을 정지시켜야 할 긴급한 사태가 있는 경우

9 일반특혜관세

1) 일반특혜관세의 적용 기준

대통령령으로 정하는 **개발도상국가("특혜대상국")를 원산지로 하는 물품** 중 대통령령으로 정하는 물품("특혜대상물품")에 대하여는 기본세율보다 낮은 세율의 관세를 부과할 수 있다. 일반특혜관세를 부과할 때 해당 특혜대상물품의 수입이 국내 산업에 미치는 영향 등을 고려하여 그 물품에 적용되는 세율에 차등을 두거나 특혜대상물품의 수입수량 등을 한정할 수 있다.

국제연합총회의 결의에 따른 최빈(最貧)개발도상국 중 대통령령으로 정하는 국가를 원산지로 하는 물품에 대하여는 다른 특혜대상국보다 우대하여 일반특혜관세를 부과할 수 있다.

2) 일반특혜관세의 적용 정지 등

기획재정부장관은 특정한 특혜대상 물품의 수입이 증가하여 이와 동종의 물품 또는 직접적인 경쟁관계에 있는 물품을 생산하는 국내산업에 중대한 피해를 주거나 줄 우려가 있는 등 일반특혜관세를 부과하는 것이 적당하지 아니하다고 판단될 때에는 대통령령으로 정하는 바에 따라 해당 물품과 그 물품의 원산지인 국가를 지정하여 일반특혜관세의 적용을 정지할 수 있다.

기획재정부장관은 특정한 특혜대상국의 소득수준, 우리나라의 총수입액 중 특정한 특혜대상국으로부터의 수입액이 차지하는 비중, 특정한 특혜대상국의 특정한 특혜대상물품이 지니는 국제경쟁력의 정도, 그 밖의 사정을 고려하여 일반특혜관세를 부과하는 것이 적당하지 아니하다고 판단될 때에는 대통령령으로 정하는 바에 따라 해당 국가를 지정하거나 해당 국가 및 물품을 지정하여 일반특혜관세의 적용을 배제할 수 있다.

MEMO

CHAPTER 03

감면 · 환급 · 분할납부 등

section 01

감면

1 개요

수입물품에는 관세법 제14조의 규정에 의해 관세를 부과하는 것이 원칙이다. 그러나 국가가 특정한 정책목적을 달성하기 위하여 일정 요건을 갖춘 수입물품에 대해서는 **무조건 또는 일정 조건하에서 세액을 경감하거나 세액 전액을 면제하는데, 이를 관세의 감면**이라고 한다. 관세의 감면제도는 감면의 반사효과로서 조세수입이 감소함에도 불구하고, 경제정책적 목적·사회정책적 목적·문화정책적 목적 등 다양한 목적을 실현하기 위하여 운용되고 있다.

2 외교관용 물품 등의 면세

1) 다음의 어느 하나에 해당하는 물품이 수입될 때에는 그 관세를 면제한다.

1. 우리나라에 있는 외국의 대사관·공사관 및 그밖에 이에 준하는 기관의 업무용품
2. 우리나라에 주재하는 외국의 대사·공사 및 그밖에 이에 준하는 사절과 그 가족이 사용하는 물품
3. 우리나라에 있는 외국의 영사관 및 그밖에 이에 준하는 기관의 업무용품

4. 우리나라에 있는 외국의 대사관·공사관·영사관 및 그밖에 이에 준하는 기관의 직원 중 대통령령으로 정하는 직원과 그 가족이 사용하는 물품
5. 정부와 체결한 사업계약을 수행하기 위하여 외국계약자가 계약조건에 따라 수입하는 업무용품
6. 국제기구 또는 외국 정부로부터 우리나라 정부에 파견된 고문관·기술단원 및 그밖에 기획재정부령으로 정하는 자가 사용하는 물품

2) 관세를 면제받은 물품 중 기획재정부령으로 정하는 물품은 수입신고 수리일부터 3**년의 범위에서** 대통령령으로 정하는 기준에 따라 관세청장이 정하는 기간에 **용도 외의 다른 용도로 사용하기 위하여 양수할 수 없다**. 다만, 대통령령으로 정하는 바에 따라 미리 세관장의 승인을 받았을 때에는 그러하지 아니하다.

3) 기획재정부령으로 정하는 물품을 위의 기간에 용도 외의 다른 용도로 사용하기 위하여 양수한 경우에는 **그 양수자로부터 면제된 관세를 즉시 징수**한다.

3 학술연구용품의 감면

다음의 어느 하나에 해당하는 물품이 수입될 때에는 그 관세를 감면할 수 있다.

1. 국가기관, 지방자치단체 및 기획재정부령으로 정하는 기관에서 사용할 학술연구용품·교육용품 및 실험실습용품으로서 기획재정부령으로 정하는 물품
2. 학교, 공공의료기관, 공공직업훈련원, 박물관, 그 밖에 이에 준하는 기획재정부령으로 정하는 기관에서 학술연구용·교육용·훈련용·실험실습용 및 과학기술연구용으로 사용할 물품 중 기획재정부령으로 정하는 물품

3. 제2호의 기관에서 사용할 학술연구용품·교육용품·훈련용품·실험실습 용품 및 과학기술연구용품으로서 외국으로부터 기증되는 물품
4. 기획재정부령으로 정하는 자가 산업기술의 연구개발에 사용하기 위하여 수입하는 물품으로서 기획재정부령으로 정하는 물품

4 종교용품, 자선용품, 장애인용품 등의 면세

다음의 어느 하나에 해당하는 물품이 수입될 때에는 그 관세를 면제한다.

1. 교회, 사원 등 종교단체의 의식(儀式)에 사용되는 물품으로서 외국으로부터 기증되는 물품. 다만, 기획재정부령으로 정하는 물품은 제외한다.
2. 자선 또는 구호의 목적으로 기증되는 물품 및 기획재정부령으로 정하는 자선시설·구호시설 또는 사회복지시설에 기증되는 물품으로서 해당 용도로 직접 사용하는 물품. 다만, 기획재정부령으로 정하는 물품은 제외한다.
3. 국제적십자사·외국적십자사 및 기획재정부령으로 정하는 국제기구가 국제평화봉사활동 또는 국제친선활동을 위하여 기증하는 물품
4. 시각장애인, 청각장애인, 언어장애인, 지체장애인, 만성신부전증환자, 희귀난치성질환자 등을 위한 용도로 특수하게 제작되거나 제조된 물품 중 기획재정부령으로 정하는 물품
5. 「장애인복지법」 제58조에 따른 장애인복지시설 및 장애인의 재활의료를 목적으로 국가·지방자치단체 또는 사회복지법인이 운영하는 재활 병원·의원에서 장애인을 진단하고 치료하기 위하여 사용하는 의료용구

5 정부용품 등의 면세

다음의 어느 하나에 해당하는 물품이 수입될 때에는 그 관세를 면제할 수 있다.

1. 국가기관이나 지방자치단체에 기증된 물품으로서 공용으로 사용하는 물품
2. 정부가 외국으로부터 수입하는 군수품(정부의 위탁을 받아 정부 외의 자가수입하는 경우를 포함한다).

   2의2. 국가원수의 경호용으로 사용하기 위하여 수입하는 물품

   3. 외국에 주둔하는 국군이나 재외공관으로부터 반환된 공용품
4. 과학기술정보통신부장관이 국가의 안전보장을 위하여 긴요하다고 인정하여 수입하는 비상통신용 물품 및 전파관리용 물품
5. 정부가 직접 수입하는 간행물, 음반, 녹음된 테이프, 녹화된 슬라이드, 촬영된 필름, 그밖에 이와 유사한 물품 및 자료
6. 국가나 지방자치단체(이들이 설립하였거나 출연 또는 출자한 법인을 포함한다)가 환경오염(소음 및 진동을 포함한다)을 측정하거나 분석하기 위하여 수입하는 기계·기구 중 기획재정부령으로 정하는 물품
7. 상수도 수질을 측정하거나 이를 보전·향상하기 위하여 국가나 지방자치단체(이들이 설립하였거나 출연 또는 출자한 법인을 포함한다)가 수입하는 물품으로서 기획재정부령으로 정하는 물품
8. 국가정보원장 또는 그 위임을 받은 자가 국가의 안전보장 목적의 수행상 긴요하다고 인정하여 수입하는 물품

6 특정물품의 면세 등

다음의 어느 하나에 해당하는 물품이 수입될 때에는 그 관세를 면제할 수 있다.

1. 동식물의 번식·양식 및 종자개량을 위한 물품 중 기획재정부령으로 정하는 물품
2. 박람회, 국제경기대회, 그 밖에 이에 준하는 행사 중 기획재정부령으로 정하는 행사에 사용하기 위하여 그 행사에 참가하는 자가 수입하는 물품 중 기획재정부령으로 정하는 물품
3. 핵사고 또는 방사능 긴급사태 시 그 복구지원과 구호를 목적으로 외국으로부터 기증되는 물품으로서 기획재정부령으로 정하는 물품
4. 우리나라 선박이 외국 정부의 허가를 받아 외국의 영해에서 채집하거나 포획한 수산물(이를 원료로 하여 우리나라 선박에서 제조하거나 가공한 것을 포함한다.)
5. 우리나라 선박이 외국의 선박과 협력하여 기획재정부령으로 정하는 방법으로 채집하거나 포획한 수산물로서 해양수산부장관이 추천하는 것
6. 해양수산부장관의 허가를 받은 자가 기획재정부령으로 정하는 요건에 적합하게 외국인과 합작하여 채집하거나 포획한 수산물 중 해양수산부장관이 기획재정부장관과 협의하여 추천하는 것
7. 우리나라 선박 등이 채집하거나 포획한 수산물과 제5호 및 제6호에 따른 수산물의 포장에 사용된 물품으로서 재사용이 불가능한 것 중 기획재정부령으로 정하는 물품
8. 「중소기업기본법」 제2조에 따른 중소기업이 해외구매자의 주문에 따라 제작한 기계·기구가 해당 구매자가 요구한 규격 및 성능에 일치하는지를 확인하기 위하여 하는 시험생산에 필요한 원재료로서 기획재정부령으로 정하는 요건에 적합한 물품
9. 우리나라를 방문하는 외국의 원수와 그 가족 및 수행원의 물품
10. 우리나라의 선박이나 그 밖의 운송수단이 조난으로 인하여 해체된 경우 그 해체재(解體材) 및 장비

11. 우리나라와 외국 간에 건설될 교량, 통신시설, 해저통로, 그 밖에 이에 준하는 시설의 건설 또는 수리에 필요한 물품
12. 우리나라 수출물품의 품질, 규격, 안전도 등이 수입국의 권한 있는 기관이 정하는 조건에 적합한 것임을 표시하는 수출물품에 붙이는 증표로서 기획재정부령으로 정하는 물품
13. 우리나라의 선박이나 항공기가 해외에서 사고로 발생한 피해를 복구하기 위하여 외국의 보험회사 또는 외국의 가해자의 부담으로 하는 수리 부분에 해당하는 물품
14. 우리나라의 선박이나 항공기가 매매계약상의 하자보수 보증기간 중에 외국에서 발생한 고장에 대하여 외국의 매도인의 부담으로 하는 수리 부분에 해당하는 물품
15. 국제올림픽·장애인올림픽·농아인올림픽 및 아시아운동경기·장애인 아시아 운동경기 종목에 해당하는 운동용구(부분품을 포함한다)로서 기획재정부령으로 정하는 물품
16. 국립묘지의 건설·유지 또는 장식을 위한 자재와 국립묘지에 안장되는 자의 관·유골함 및 장례용 물품
17. 피상속인이 사망하여 국내에 주소를 둔 자에게 상속되는 피상속인의 신변용품
18. 보석의 원석(原石) 및 나석(裸石)으로서 기획재정부령으로 정하는 것

7 소액물품 등의 면세

다음의 어느 하나에 해당하는 물품이 수입될 때에는 그 관세를 면제할 수 있다.

1. 우리나라의 거주자에게 수여된 훈장·기장(紀章) 또는 이에 준하는 표창장 및 상패
2. 기록문서 또는 그 밖의 서류
3. 상업용견본품 또는 광고용품으로서 기획재정부령으로 정하는 물품
4. 우리나라 거주자가 받는 소액물품으로서 기획재정부령으로 정하는 물품

8 환경오염방지물품 등 감면

다음의 어느 하나에 해당하는 물품으로서 국내에서 제작하기 곤란한 물품이 수입될 때에는 그 관세를 감면할 수 있다.

1. 오염물질(소음 및 진동을 포함한다)의 배출 방지 또는 처리를 위하여 사용하는 기계·기구·시설·장비로서 기획재정부령으로 정하는 것
2. 폐기물 처리(재활용을 포함한다)를 위하여 사용하는 기계·기구로서 기획재정부령으로 정하는 것
3. 기계·전자기술 또는 정보처리기술을 응용한 공장 자동화 기계·기구·설비(그 구성기기를 포함한다) 및 그 핵심부분품으로서 기획재정부령으로 정하는 것

9 여행자 휴대품 및 이사물품 등의 감면

1) 다음의 어느 하나에 해당하는 물품이 수입될 때에는 그 관세를 면제할 수 있다.

> 1. 여행자의 휴대품 또는 별송품으로서 여행자의 입국 사유, 체재기간, 직업, 그 밖의 사정을 고려하여 기획재정부령으로 정하는 기준에 따라 세관장이 타당하다고 인정하는 물품
> 2. 우리나라로 거주를 이전하기 위하여 입국하는 자가 입국할 때 수입하는 이사물품으로서 거주 이전의 사유, 거주기간, 직업, 가족 수, 그 밖의 사정을 고려하여 기획재정부령으로 정하는 기준에 따라 세관장이 타당하다고 인정하는 물품
> 3. 국제무역선 또는 국제무역기의 승무원이 휴대하여 수입하는 물품으로서 항행일수, 체재기간, 그 밖의 사정을 고려하여 기획재정부령으로 정하는 기준에 따라 세관장이 타당하다고 인정하는 물품

2) 여행자가 휴대품 또는 별송품(제1항 제1호에 해당하는 물품은 제외한다)을 기획재정부령으로 정하는 방법으로 자진신고하는 경우에는 20만 원을 넘지 아니하는 범위에서 해당 물품에 부과될 관세의 100분의 30에 상당하는 금액을 경감할 수 있다.

10 재수출면세

1) 수입신고 수리일부터 다음의 어느 하나의 기간에 다시 수출하는 물품에 대하여는 그 관세를 면제할 수 있다.

1. 기획재정부령으로 정하는 물품: 1년의 범위에서 대통령령으로 정하는 기준에 따라 세관장이 정하는 기간. 다만, 세관장은 부득이한 사유가 있다고 인정될 때에는 1년의 범위에서 그 기간을 연장할 수 있다.
2. 1년을 초과하여 수출하여야 할 부득이한 사유가 있는 물품으로서 기획재정부령으로 정하는 물품: 세관장이 정하는 기간

2) 관세를 면제받은 물품은 같은 항의 기간에 같은 항에서 정한 용도 외의 다른 용도로 사용되거나 양도될 수 없다. 다만, 대통령령으로 정하는 바에 따라 미리 세관장의 승인을 받았을 때에는 그러하지 아니하다.

3) 다음의 어느 하나에 해당하는 경우에는 수출하지 아니한 자, 용도 외로 사용한 자 또는 양도를 한 자로부터 면제된 관세를 즉시 징수하며, 양도인으로부터 해당 관세를 징수할 수 없을 때에는 양수인으로부터 면제된 관세를 즉시 징수한다. 다만, 재해나 그 밖의 부득이한 사유로 멸실되었거나 미리 세관장의 승인을 받아 폐기하였을 때에는 그러하지 아니하다.

1. 관세를 면제받은 물품을 같은 규정된 기간 내에 수출하지 아니한 경우
2. 정한 용도 외의 다른 용도로 사용하거나 해당 용도 외의 다른 용도로 사용하려는 자에게 양도한 경우

4) 세관장은 관세를 면제받은 물품 중 기획재정부령으로 정하는 물품이 같은 항에 규정된 기간 내에 수출되지 아니한 경우에는 500만 원을 넘지 아니하는 범위에서 해당 물품에 부과될 관세의 100분의 20에 상당하는 금액을 가산세로 징수한다.

11 재수출 감면

장기간에 걸쳐 사용할 수 있는 물품으로서 그 수입이 임대차계약에 의하거나 도급계약 또는 수출계약의 이행과 관련하여 국내에서 일시적으로 사용하기 위하여 수입하는 물품 중 기획재정부령으로 정하는 물품이 그 수입신고 수리일부터 2년(장기간의 사용이 부득이한 물품으로서 기획재정부령으로 정하는 것 중 수입하기 전에 세관장의 승인을 받은 것은 4년의 범위에서 대통령령으로 정하는 기준에 따라 세관장이 정하는 기간을 말한다) 이내에 재수출되는 것에 대해서는 다음의 구분에 따라 그 관세를 경감할 수 있다. 다만, 외국과 체결한 조약·협정 등에 따라 수입되는 것에 대해서는 상호 조건에 따라 그 관세를 면제한다.

1. 재수출기간이 6개월 이내인 경우: 해당 물품에 대한 관세액의 100분의 85
2. 재수출기간이 6개월 초과 1년 이내인 경우: 해당 물품에 대한 관세액의 100분의 70
3. 재수출기간이 1년 초과 2년 이내인 경우: 해당 물품에 대한 관세액의 100분의 55
4. 재수출기간이 2년 초과 3년 이내인 경우: 해당 물품에 대한 관세액의 100분의 40
5. 재수출기간이 3년 초과 4년 이내인 경우: 해당 물품에 대한 관세액의 100분의 30

12 재수입면세

다음의 어느 하나에 해당하는 물품이 수입될 때에는 그 관세를 면제할 수 있다.

1. 우리나라에서 수출(보세가공수출을 포함한다)된 물품으로서 해외에서 제조·가공·수리 또는 사용되지 아니하고 수출신고 수리일부터 2년 내에 다시 수입(이하 "재수입"이라 한다)되는 물품. 다만, 다음 각 목의 어느 하나에 해당하는 경우에는 관세를 면제하지 아니한다.

가. 해당 물품 또는 원자재에 대하여 관세를 감면받은 경우

나. 이 법 또는 「수출용원재료에 대한 관세 등 환급에 관한 특례법」에 따른 환급을 받은 경우

다. 이 법 또는 「수출용 원재료에 대한 관세 등 환급에 관한 특례법」에 따른 환급을 받을 수 있는 자 외의 자가 해당 물품을 재수입하는 경우. 다만, 재수입하는 물품에 대하여 환급을 받을 수 있는 자가 환급받을 권리를 포기하였음을 증명하는 서류를 재수입하는 자가 세관장에게 제출하는 경우는 제외한다.

라. 보세가공 또는 장치기간경과물품을 재수출조건으로 매각함에 따라 관세가 부과되지 아니한 경우

2. 수출물품의 용기로서 다시 수입하는 물품

3. 해외시험 및 연구를 목적으로 수출된 후 재수입되는 물품

13 손상물품에 대한 감면

수입신고한 물품이 수입신고가 수리되기 전에 변질되거나 손상되었을 때에는 대통령령으로 정하는 바에 따라 그 관세를 경감할 수 있다. 관세법이나 그 밖의 법률 또는 조약·협정 등에 따라 관세를 감면받은 물품에 대하여 관세를 추징하는 경우 그 물품이 변질 또는 손상되거나 사용되어 그 가치가 떨어졌을 때에는 대통령령으로 정하는 바에 따라 그 관세를 경감할 수 있다.

14 해외임가공물품 등의 감면

1) 다음의 어느 하나에 해당하는 물품이 수입될 때에는 대통령령으로 정하는 바에 따라 그 관세를 경감할 수 있다.

1. 원재료 또는 부분품을 수출하여 기획재정부령으로 정하는 물품으로 제조하거나 가공한 물품
2. 가공 또는 수리할 목적으로 수출한 물품으로서 기획재정부령으로 정하는 기준에 적합한 물품

2) 위의 물품이 다음의 어느 하나에 해당하는 경우에는 그 관세를 경감하지 아니한다.

1. 해당 물품 또는 원자재에 대하여 관세를 감면받은 경우. 다만, 제1항 제2호의 경우는 제외한다.
2. 이 법 또는 「수출용원재료에 대한 관세 등 환급에 관한 특례법」에 따른 환급을 받은 경우
3. 보세가공 또는 장치기간경과물품을 재수출조건으로 매각함에 따라 관세가 부과되지 아니한 경우

15 관세 감면 물품의 사후관리

관세를 감면받은 물품은 수입신고 수리일부터 3년의 범위에서 대통령령으로 정하는 기준에 따라 관세청장이 정하는 기간에는 그 감면받은 용도 외의 다른 용도로 사용하거나 양도할 수 없다. 다만, 기획재정부령으로 정하는 물품과 대통령령으로 정하는 바에 따라 미리 세관장의 승인을 받은 물품의 경우에는 그러하지 아니하다.

section 02

환급

1 계약 내용과 다른 물품 등에 대한 관세 환급

1) 수입신고가 수리된 물품이 계약 내용과 다르고 수입신고 당시의 성질이나 형태가 변경되지 아니한 경우로서 다음의 어느 하나에 해당하는 경우에는 그 관세를 환급한다.

> 1. 외국으로부터 수입된 물품: 보세구역 또는 「자유무역지역의 지정 및 운영에 관한 법률」에 따른 자유무역지역 중 관세청장이 수출물품을 일정기간 보관하기 위하여 필요하다고 인정하여 고시하는 장소에 해당 물품을 반입(수입신고 수리일부터 1년 이내에 반입한 경우로 한정한다)하였다가 다시 수출한 경우
> 2. 보세공장에서 생산된 물품: 수입신고 수리일부터 1년 이내에 보세공장에 해당 물품을 다시 반입한 경우

2) 위 수입물품으로서 세관장이 환급세액을 산출하는 데에 지장이 없다고 인정하여 승인한 경우에는 그 수입물품의 일부를 수출하였을 때에도 그 관세를 환급할 수 있다.

3) 수입물품의 수출을 갈음하여 이를 폐기하는 것이 부득이하다고 인정하여 그 물품을 수입신고 수리일부터 1년 내에 보세구역에 반입하여 미리 세관장의 승인을 받아 폐기하였을 때에는 그 관세를 환급한다.

4) 수입신고가 수리된 물품이 수입신고 수리 후에도 지정보세구역에 계속 장치되어 있는 중에 재해로 멸실되거나 변질 또는 손상되어 그 가치가 떨어졌을 때에는 대통령령으로 정하는 바에 따라 그 관세의 전부 또는 일부를 환급할 수 있다.

5) 위의 규정을 적용할 때 해당 수입물품에 대한 관세의 납부기한이 종료되기 전이거나 징수유예 중 또는 분할납부기간이 끝나지 아니하여 해당 물품에 대한 관세가 징수되지 아니한 경우에는 세관장은 해당 관세의 부과를 취소할 수 있다.

2 수입한 상태 그대로 수출되는 자가사용물품 등에 대한 관세 환급

1) 수입신고가 수리된 개인의 자가사용물품이 수입한 상태 그대로 수출되는 경우로서 다음 각 호의 어느 하나에 해당하는 경우에는 수입할 때 납부한 관세를 환급한다. 이 경우 수입한 상태 그대로 수출되는 경우의 기준은 대통령령으로 정한다.

> 1. 수입신고 수리일부터 6개월 이내에 보세구역 또는 「자유무역지역의 지정 및 운영에 관한 법률」에 따른 자유무역지역 중 관세청장이 수출물품을 일정 기간 보관하기 위하여 필요하다고 인정하여 고시하는 장소에 반입하였다가 다시 수출하는 경우
> 2. 수입신고 수리일부터 6개월 이내에 관세청장이 정하는 바에 따라 세관장의 확인을 받고 다시 수출하는 경우
> 3. 수출신고가 생략되는 탁송품 또는 우편물로서 기획재정부령으로 정하는 금액 이하인 물품을 수입신고 수리일부터 6개월 이내에 수출한 후 관세청장이 정하는 바에 따라 세관장의 확인을 받은 경우

2) 여행자가 자진신고한 물품이 다음의 어느 하나에 해당하게 된 경우에는 자진신고 할 때 납부한 관세를 환급한다.

1. 제143조 제1항 제2호에 따른 국제무역선 또는 국제무역기 안에서 구입한 물품이 환불된 경우 2. 제196조에 따른 보세판매장에서 구입한 물품이 환불된 경우

section

03

분할납부 및 월별납부

1 관세의 분할납부

1) 세관장은 천재지변이나 그밖에 대통령령으로 정하는 사유로 이 법에 따른 신고, 신청, 청구, 그 밖의 서류의 제출, 통지, 납부 또는 징수를 정하여진 기한까지 할 수 없다고 인정될 때에는 **1년을 넘지 아니하는 기간을 정하여 대통령령으로 정하는 바에 따라 관세를 분할하여 납부**하게 할 수 있다.

2) 다음의 어느 하나에 해당하는 물품이 수입될 때에는 세관장은 기획재정부령으로 정하는 바에 따라 **5년을 넘지 아니하는 기간을 정하여 관세의 분할납부를 승인** 할 수 있다.

1. 시설기계류, 기초설비품, 건설용 재료 및 그 구조물과 공사용 장비로서 기획재정부장관이 고시하는 물품. 다만, 기획재정부령으로 정하는 업종에 소요되는 물품은 제외한다. 2. 정부나 지방자치단체가 수입하는 물품으로서 기획재정부령으로 정하는 물품 3. 학교나 직업훈련원에서 수입하는 물품과 비영리법인이 공익사업을 위하여 수입하는 물품으로서 기획재정부령으로 정하는 물품 4. 의료기관 등 기획재정부령으로 정하는 사회복지기관 및 사회복지시설에서 수입하는 물품으로서 기획재정부장관이 고시하는 물품

5. 기획재정부령으로 정하는 기업부설연구소, 산업기술연구조합 및 비영리 법인인 연구기관, 그밖에 이와 유사한 연구기관에서 수입하는 기술개발 연구용품 및 실험실습용품으로서 기획재정부장관이 고시하는 물품
6. 기획재정부령으로 정하는 중소제조업체가 직접 사용하려고 수입하는 물품. 다만, 기획재정부령으로 정하는 기준에 적합한 물품이어야 한다.
7. 기획재정부령으로 정하는 기업부설 직업훈련원에서 직업훈련에 직접 사용하려고 수입하는 교육용품 및 실험실습용품 중 국내에서 제작하기가 곤란한 물품으로서 기획재정부장관이 고시하는 물품

3) 관세의 분할납부를 승인받은 자가 해당 물품의 용도를 변경하거나 그 물품을 양도하려는 경우에는 미리 세관장의 승인을 받아야 한다.

4) 관세의 분할납부를 승인받은 법인이 합병·분할·분할합병 또는 해산을 하거나 파산선고를 받은 경우 또는 관세의 분할납부를 승인받은 자가 파산선고를 받은 경우에 그 관세를 납부하여야 하는 자는 지체 없이 그 사유를 세관장에게 신고하여야 한다.

5) 관세의 분할납부를 승인받은 물품을 동일한 용도로 사용하려는 자에게 양도한 경우에는 그 양수인이 관세를 납부하여야 하며, 해당 용도 외의 다른 용도로 사용하려는 자에게 양도한 경우에는 그 양도인이 관세를 납부하여야 한다. 이 경우 양도인으로부터 해당 관세를 징수할 수 없을 때에는 그 양수인으로부터 징수한다.

6) 관세의 분할납부를 승인받은 법인이 합병·분할 또는 분할합병된 경우에는 합병·분할 또는 분할합병 후에 존속하거나 합병·분할 또는 분할합병으로 설립된 법인이 연대하여 관세를 납부하여야 한다.

7) 관세의 분할납부를 승인받은 자가 파산선고를 받은 경우에는 그 파산관재인이 관세를 납부하여야 한다.

8) 관세의 분할납부를 승인받은 법인이 해산한 경우에는 그 청산인이 관세를 납부하여야 한다.

9) 다음의 어느 하나에 해당하는 경우에는 납부하지 아니한 관세의 전액을 즉시 징수한다.

> 1. 관세의 분할납부를 승인받은 물품을 제2항에서 정한 기간에 해당 용도 외의 다른 용도로 사용하거나 해당 용도 외의 다른 용도로 사용하려는 자에게 양도한 경우
> 2. 관세를 지정된 기한까지 납부하지 아니한 경우. 다만, 관세청장이 부득이한 사유가 있다고 인정하는 경우는 제외한다.
> 3. 파산선고를 받은 경우
> 4. 법인이 해산한 경우

2 월별납부제도

1) 의의

세관장은 납세실적 등을 고려하여 관세청장이 정하는 요건을 갖춘 성실납세자가 대통령령으로 정하는 바에 따라 신청을 할 때에는 일반적인 납부기간 규정(법 제9조 제1항)에도 불구하고 **납부기한이 동일한 달에 속하는 세액에 대해서는 그 기한이 속하는 달의 말일까지 한꺼번에 납부**하게 할 수 있다. 이를 월별납부제도라 한다.

2) 시행 효과

납기연장 효과로 인하여 그 기간 동안 자금을 긴요한 곳에 이용할 수 있고, 그에 따른 금융이자를 절감할 수 있다. 월별 일괄납부함으로써 건별로 납부할때보다 납부서 관리 및 금융회사 방문 수납이 줄어들어 업체의 편리성이 증대되고 부대비용을 절약할 수 있다.

3) 월별납부 절차

월별납부를 하려는 자는 납세실적 및 수출입실적에 관한 서류 등 관세청장이 정하는 서류를 갖추어 세관장에게 월별납부의 승인을 신청하여야 하며, 세관장은 월별납부의 승인을 신청한 자가 관세청장이 정하는 요건을 갖춘 경우에는 세액의 월별납부를 승인하여야 한다.

세관장은 납세의무자가 다음에 해당하는 경우에는 월별납부의 승인을 취소할 수 있다. 이 경우 세관장은 월별납부의 대상으로 납세신고된 세액에 대해서는 15일 이내의 납부기한을 정하여 납세고지하여야 한다.

1. 관세를 납부기한이 경과한 날부터 15일 이내에 납부하지 아니한 경우
2. 월별납부를 승인받은 납세의무자가 관세청장이 정하는 요건을 갖추지 못하게 되는 경우
3. 사업의 폐업, 경영상의 중대한 위기, 파산선고 및 법인의 해산 등의 사유로 월별납부를 유지하기 어렵다고 세관장이 인정하는 경우

4) 승인의 유효기간 및 갱신

월별납부를 승인하는 경우, 승인의 유효기간은 **승인일부터 그 후 2년이 되는 날이 속하는 달의 마지막 날까지**로 한다. 승인을 갱신하려는 자는 승인신청 시 제출하여야 하는 서류를 갖추어 승인 유효기간 만료일 1개월 전까지 승인갱신 신청을 하여야 한다.

세관장은 승인을 받은 자에 승인을 갱신하려면 승인의 유효기간이 끝나는 날의 1개월 전까지 승인갱신을 신청하여야 한다는 사실과 갱신절차를 승인의 유효기간이 끝나는 날의 2개월 전까지 휴대폰에 의한 문자전송, 전자메일, 팩스, 전화, 문서 등으로 미리 알려야 한다.

CHAPTER 04

원산지제도 및 통관의 제한

section 01

원산지제도의 개요

1 원산지의 의의

원산지(Country of Origin)란 동식물의 생산지 또는 공산품의 제조 또는 가공이 이루어진 국가를 말한다.

2 원산지 제도의 필요성

1) 차별적인 무역특혜의 적용을 위해 원산지의 확인이 필요하다.

2) 무역관리 및 규제를 위하여 원산지의 확인이 필요하다.

3) 소비자 보호를 위해 수입물품에 원산지를 표시하는 것이 필요하다.

section 02

원산지 확인 기준

1 완전 생산 기준

원산지는 원칙적으로 **해당 물품의 전부를 생산·가공·제조한 나라**로 한다. 여기에서 '전부를 생산·가공·제조하였다는 것은 다음의 물품에 해당하는 것을 말한다.

1) 당해 국가의 영역에서 생산된 광산물과 식물성 생산물

2) 당해 국가의 영역에서 번식 또는 사육된 산 동물과 이들로부터 채취한 물품

3) 당해 국가의 영역에서의 수렵 또는 어로로 채집 또는 포획한 물품

4) 당해 국가의 선박에 의하여 채집 또는 포획한 어획물 기타의 물품

5) 당해 국가에서의 제조·가공의 공정 중에 발생한 부스러기

6) 당해 국가 또는 그 선박에서 제1호 내지 제5호의 물품을 원재료로 하여 제조·가공한 물품

2 실질적 변형 기준

1) 세번 변경 기준

물품이 2개국 이상에 걸쳐 생산·가공·제조된 경우, 원산지는 물품의 본질적 특성을 부여하기에 충분한 정도의 **실질적인 생산·가공·제조 과정이 최종적으로 수행된 나라**(해당 물품의 생산과정에 사용되는 물품의 품목분류표상 6단위 품목번호와 다른 6단위 품목번호의 물품을 최종적으로 생산한 국가)로 한다. 다만, 다음의 작업이 수행된 국가는 원산지로 인정하지 않는다.

(1) 운송 또는 보세구역장치 중에 있는 물품의 보존을 위하여 필요한 작업

(2) 판매를 위한 물품의 포장 개선 또는 상표 표시 등 상품성 향상을 위한 개수 작업

(3) 단순한 선별·구분·절단 또는 세척 작업

(4) 재포장 또는 단순한 조립 작업

(5) 물품의 특성이 변하지 아니하는 범위 안에서의 원산지가 다른 물품과의 혼합 작업

(6) 가축의 도축 작업

2) 부가가치 기준 및 가공공정 기준

관세청장은 상기 규정에 의하여 6단위 품목번호의 변경만으로 본질적 특성을 부여하기에 충분한 정도의 실질적인 생산과정을 거친 것으로 인정하기 곤란한 품목에 대해서는 주요 공정·부가가치 등을 고려하여 품목별로 원산지기준을 따로 정할 수 있다. 관세청장은 품목별 원산지기준을 정하는 때에는 기획재정부장관 및 해당 물품의 관계부처의 장과 협의하여야 한다.

3 직접운송원칙

원산지를 결정할 때 해당 물품이 **원산지가 아닌 국가를 경유하지 아니하고 직접 우리나라에 운송·반입된 물품인 경우에만 그 원산지로 인정**한다. 다만, 다음의 어느 하나에 해당하는 물품인 경우에는 우리나라에 직접 반입한 것으로 본다.

1) 다음 각 목의 요건을 모두 충족하는 물품일 것

(1) 지리적 또는 운송상의 이유로 단순 경유한 것

(2) 원산지가 아닌 국가에서 관세 당국의 통제하에 보세구역에 장치된 것

(3) 원산지가 아닌 국가에서 하역, 재선적 또는 그밖에 정상 상태를 유지하기 위하여 요구되는 작업 외의 추가적인 작업을 하지 아니한 것

2) 박람회·전시회 및 그밖에 이에 준하는 행사에 전시하기 위하여 원산지가 아닌 국가로 수출되어 해당 국가 관세 당국의 통제하에 전시 목적에 사용된 후 우리나라로 수출된 물품일 것

4 특수물품의 원산지결정 기준

촬영된 영화용 필름, 부속품·예비부분품 및 공구와 포장용품은 다음 각 호의 구분에 따라 원산지를 인정한다. 다만, 수출물품에 대한 원산지 결정기준이 수입국의 원산지 결정기준과 다른 경우에는 수입국의 원산지 결정기준을 따를 수 있다.

1) **촬영된 영화용 필름은 그 제작자가 속하는 국가**

2) 기계·기구·장치 또는 차량에 사용되는 부속품·예비부분품 및 공구로서 기계·기구·장치 또는 차량과 함께 수입되어 동시에 판매되고 그 종류 및 수량으로 보아 통상 부속품·예비부분품 및 공구라고 인정되는 물품은 당해 기계·기구 또는 차량의 원산지

3) 포장용품은 그 내용물품의 원산지. 다만, 품목분류표상 포장용품과 내용품을 각각 별개의 품목번호로 하고 있는 경우에는 그러하지 아니한다.

section 03

원산지증명서

1 의의

관세법, 조약·협정 등에 따라 원산지 확인이 필요한 물품을 수입하는 자는 **해당 물품의 원산지를 증명하는 서류인 원산지증명서를 제출**하여야 한다.

2 제출 대상

1) 법·조약·협정 등에 따라 다른 국가의 생산물품에 적용되는 세율보다 낮은 세율을 적용받고자 하는 자로서 원산지 확인이 필요하다고 관세청장이 정하는 자

2) 관세율의 적용 그 밖의 사유로 인하여 원산지확인이 필요하다고 관세청장이 지정한 물품을 수입하는 자

3 제출 면제 대상

1) 세관장이 물품의 종류·성질·형상 또는 그 상표·생산국명·제조자 등에 의하여 원산지를 확인할 수 있는 물품

2) 우편물(수입신고를 하여야 하는 것은 제외한다)

3) 과세가격이 15만 원 이하인 물품

4) 개인에게 무상으로 송부된 탁송품·별송품 또는 여행자의 휴대품

4 원산지증명서의 발급

관세법, 조약, 협정 등에 따라 관세를 양허 받을 수 있는 물품의 수출자가 원산지증명서의 발급을 요청하는 경우에는 세관장이나 그밖에 원산지증명서를 발급할 권한이 있는 기관은 그 수출자에게 원산지증명서를 발급하여야 한다.

5 원산지증명서 등 미제출 시의 조치

1) 원산지증명서 미제출 시

세관장은 원산지 확인이 필요한 물품을 수입하는 자가 원산지증명서를 제출하지 아니하는 경우에는 관세법, 조약·협정 등에 의한 관세율을 적용할 때 일반특혜관세·국제협력관세 또는 편익관세를 배제하는 등 관세의 편익을 적용하지 아니할 수 있다.

2) 원산지증명서 확인 자료 미제출 시

원산지 확인이 필요한 물품을 수입한 자가 정당한 사유 없이 원산지증명서 확인 자료를 제출하지 아니할 때에는 세관장은 수입신고 시 제출받은 원산지증명서의 내용을 인정하지 아니할 수 있다.

6 원산지 표시 위반에 따른 통관 제한

세관장은 법령에 따라 원산지를 표시하여야 하는 물품이 다음의 어느 하나에 해당하는 경우에는 해당 물품의 통관을 허용해서는 안 된다. 다만, 위반사항이 경미한 경우에는 이를 보완·정정하도록 한 후 통관을 허용할 수 있다.

1) 원산지 표시가 법령에서 정하는 기준과 방법에 부합되지 아니하게 표시된 경우

2) 원산지 표시가 부정한 방법으로 사실과 다르게 표시된 경우

3) 원산지 표시가 되어 있지 아니한 경우

section

04 대외무역법상의 원산지 규정

1 수출입 물품 등의 원산지의 표시

1) 산업통상자원부장관이 공정한 거래 질서의 확립과 생산자 및 소비자 보호를 위하여 원산지를 표시하여야 하는 대상으로 공고한 물품 등을 수출하거나 수입하려는 자는 그 물품 등에 대하여 원산지를 표시하여야 한다.

2) 수입된 원산지 표시 대상 물품에 대하여 대통령령으로 정하는 단순한 가공활동을 거침으로써 해당 물품 등의 원산지 표시를 손상하거나 변형한 자는 그 단순 가공한 물품 등에 당초의 원산지를 표시하여야 한다.

3) 무역거래자 또는 물품 등의 판매업자는 수출 또는 수입 물품 등 및 국내생산물품 등에 대하여 다음의 어느 하나에 해당하는 행위를 하여서는 아니 된다. 다만, 제2호 및 제3호에 따른 금지 행위는 수입 물품 등에 한정한다.

1. 원산지를 거짓으로 표시하거나 원산지를 오인(誤認)하게 하는 표시를 하는 행위 2. 원산지의 표시를 손상하거나 변경하는 행위 3. 원산지표시대상물품에 대하여 원산지 표시를 하지 아니하는 행위 4. 위에 위반되는 원산지표시대상물품을 국내에서 거래하는 행위

4) 산업통상자원부장관 또는 시·도지사는 위 규정을 위반하였는지 확인하기 위하여 필요하다고 인정하면 수입한 물품 등과 대통령령으로 정하는 관련 자료에 대하여 관계된 자를 방문이나 서면으로 조사할 수 있다.

2 원산지의 표시 위반에 대한 시정명령 등

1) 산업통상자원부장관 또는 시·도지사는 위 규정을 위반한 자에게 판매 중지, 원상복구, 원산지 표시 등 대통령령으로 정하는 시정조치를 명할 수 있다.

2) 산업통상자원부장관 또는 시·도 지사는 위 규정(4호는 제외한다)을 위반한 자에게 3억원 이하의 과징금을 부과할 수 있다.

3) 과징금을 부과하는 위반행위의 종류와 정도에 따른 과징금의 금액과 그밖에 필요한 사항은 대통령령으로 정한다.

4) 산업통상자원부장관 또는 시·도지사는 제2항에 따라 과징금을 내야 하는 자가 납부기한까지 내지 아니하면 국세 강제징수의 예 또는 「지방행정제재·부과금의 징수 등에 관한 법률」에 따라 징수한다.

5) 산업통상자원부장관 또는 시·도지사는 과징금 부과처분이 확정된 자에 대해서는 대통령령으로 정하는 바에 따라 그 위반자 및 위반자의 소재지와 물품 등의 명칭, 품목, 위반 내용 등 처분과 관련된 사항을 공표할 수 있다.

3 원산지 판정 등

1) 산업통상자원부장관은 필요하다고 인정하면 수출 또는 수입 물품 등의 원산지 판정을 할 수 있다.

2) 원산지 판정의 기준은 대통령령으로 정하는 바에 따라 산업통상자원부장관이 정하여 공고한다.

3) 무역거래자 또는 물품 등의 판매업자 등은 수출 또는 수입 물품 등의 원산지 판정을 산업통상자원부장관에게 요청할 수 있다.

4) 산업통상자원부장관은 요청을 받은 경우에는 해당 물품 등의 원산지 판정을 하여서 요청한 사람에게 알려야 한다. 통보를 받은 자가 원산지 판정에 불복하는 경우에는 통보를 받은 날부터 30일 이내에 산업통상자원부장관에게 이의를 제기할 수 있다. 산업통상자원부장관은 이의를 제기받은 경우에는 이의 제기를 받은 날부터 150일 이내에 이의 제기에 대한 결정을 알려야 한다.

4 수입원료를 사용한 국내생산 물품등의 원산지 판정 기준 등

산업통상자원부장관은 공정한 거래질서의 확립과 생산자 및 소비자 보호를 위하여 필요하다고 인정하면 수입원료를 사용하여 국내에서 생산되어 국내에서 유통되거나 판매되는 물품 등에 대한 원산지 판정에 관한 기준을 관계 중앙행정기관의 장과 협의하여 정할 수 있다. 다만, 다른 법령에서 국내생산물품 등에 대하여 다른 기준을 규정하고 있는 경우에는 그러하지 아니하다.

5 수입 물품 등의 원산지증명서의 제출

산업통상자원부장관은 원산지를 확인하기 위하여 필요하다고 인정하면 물품 등을 수입하려는 자에게 그 물품 등의 원산지 국가 또는 물품등을 선적(船積)한 국가의 정부 등이 발행하는 원산지증명서를 제출하도록 할 수 있다. 수출 물품 또는 국내생산물품 등의 원산지증명서를 발급받으려는 자는 산업통상자원부장관에게 원산지증명서의 발급을 신청하여야 한다. 이 경우 수수료를 내야 한다.

6 외국산 물품 등을 국산 물품 등으로 가장하는 행위의 금지

누구든지 원산지증명서를 위조 또는 변조하거나 거짓된 내용으로 원산지증명서를 발급받거나 물품등에 원산지를 거짓으로 표시하는 등의 방법으로 외국에서 생산된 물품 등(외국에서 생산되어 국내에서 대통령령으로 정하는 단순한 가공활동을 거친 물품 등을 포함한다.)의 원산지가 우리나라인 것처럼 가장(假裝)하여 그 물품 등을 수출하거나 외국에서 판매하여서는 아니 된다.

section

05 통관의 제한

1 품질 등 허위·오인 표시 물품의 통관 제한

세관장은 물품의 품질, 내용, 제조 방법, 용도, 수량을 사실과 다르게 표시한 물품 또는 품질 등을 오인(誤認)할 수 있도록 표시하거나 오인할 수 있는 표지를 붙인 물품으로서 「부정경쟁방지 및 영업비밀보호에 관한 법률」, 「식품 등의 표시·광고에 관한 법률」, 「산업표준화법」 등 품질 등의 표시에 관한 법령을 위반한 물품에 대하여는 통관을 허용하여서는 아니 된다.

2 수출입 금지

다음의 어느 하나에 해당하는 물품은 수출하거나 수입할 수 없다.

① 헌법질서를 문란하게 하거나 공공의 안녕질서 또는 풍속을 해치는 서적·간행물·도화, 영화·음반·비디오물·조각물 또는 그밖에 이에 준하는 물품 ② 정부의 기밀을 누설하거나 첩보활동에 사용되는 물품 ③ 화폐·채권이나 그밖의 유가증권의 위조품·변조품 또는 모조품

3 지식재산권 보호

1) 지식재산권 보호법

다음의 어느 하나에 해당하는 지식재산권 등을 침해하는 물품은 수출하거나 수입할 수 없다.

① 「상표법」에 따라 설정등록된 상표권 ② 「저작권법」에 따른 저작권과 저작인접권 ③ 「식물신품종 보호법」에 따라 설정등록된 품종보호권 ④ 「농수산물 품질관리법」에 따라 등록되거나 조약·협정 등에 따라 보호대상으로 지정된 지리적 표시권 또는 지리적 표시 ⑤ 「특허법」에 따라 설정등록된 특허권 ⑥ 「디자인보호법」에 따라 설정등록된 디자인권 ⑦ 「방위산업기술 보호법」에 따른 방위산업기술

2) 지식재산권 신고

관세청장은 위에 따른 지식재산권 등을 침해하는 물품을 효율적으로 단속하기 위하여 필요한 경우에는 해당 지식재산권 등을 관계 법령에 따라 등록 또는 설정등록한 자 등으로 하여금 해당 지식재산권 등에 관한 사항을 신고하게 할 수 있다.

3) 침해 통보

세관장은 다음의 어느 하나에 해당하는 물품이 신고된 지식재산권 등을 침해하였다고 인정될 때에는 그 지식재산권 등을 신고한 자에게 해당 물품의 수출입, 환적, 복합환적, 보세구역 반입, 보세운송, 일시 양륙의 신고 또는 통관우체국 도착 사실을 통보하여야 한다. 이 경우 통보를 받은 자는 세관장에게 담보를 제공하고 해당 물품의 통관 보류나 유치를 요청할 수 있다.

1. 수출입신고된 물품
2. 환적 또는 복합환적 신고된 물품
3. 보세구역에 반입신고된 물품
4. 보세운송신고된 물품
5. 일시양륙이 신고된 물품
6. 통관우체국에 도착한 물품

4) 통관 보류 또는 유치의 요청

지식재산권을 보호받으려는 자는 세관장에게 담보를 제공하고 해당 물품의 통관 보류나 유치를 요청할 수 있다. 이 경우 해당 물품의 과세가격의 100분의 120에 상당하는 금액의 담보를 제공하여야 한다. 이 경우 제공할 수 있는 담보는 금전, 국채 또는 지방채, 세관장이 인정하는 유가증권, 세관장이 인정하는 보증인의 납세보증서 등 네 가지이다.

5) 담보 제공

담보 금액은 담보를 제공해야 하는 자가 중소기업인 경우에는 해당 물품의 과세가격의 100분의 40에 상당하는 금액으로 한다. 담보를 제공하는 자는 제공된 담보를 법원의 판결에 따라 수출입신고 등을 한 자 또는 통관보류 등을 요청한 자가 입은 손해의 배상에 사용하여도 좋다는 뜻을 세관장에게 문서로 제출하여야 한다.

MEMO

CHAPTER

05

수출 · 수입 및 반송

section 01

신고

1 의의

물품을 수출·수입 또는 반송하려면 해당 물품의 품명·규격·수량 및 가격과 그밖에 대통령령으로 정하는 사항을 세관장에게 신고하여야 한다.

1) 필수 신고사항

1. 포장의 종류·번호 및 개수
2. 목적지·원산지 및 선적지
3. 원산지표시 대상물품인 경우에는 표시유무·방법 및 형태
4. 상표
5. 납세의무자 또는 화주의 상호(개인의 경우 성명을 말한다)·사업자등록번호·통관고유부호와 해외공급자부호 또는 해외구매자부호
6. 물품의 장치장소

2) 수출신고가격

수출신고가격은 해당 물품을 본선에 인도하는 조건으로 실제로 지급받았거나 지급받아야 할 가격으로서 **최종 선적항 또는 선적지까지의 운임·보험료를 포함**한 가격으로 한다.

2 간이신고 또는 신고 생략

다음의 어느 하나에 해당하는 물품은 대통령령으로 정하는 바에 따라 신고를 생략하게 하거나 관세청장이 정하는 **간소한 방법으로 신고**하게 할 수 있다.

1. 휴대품·탁송품 또는 별송품
2. 우편물
3. 종교용품·자선용품·장애인용품 등의 면세, 정부용품 등의 면세, 특정물품의 면세, 소액물품 등의 면세, 여행자 휴대품·이사물품 등의 감면세, 재수출면세 물품
4. 국제운송을 위한 컨테이너

3 신고의 요건

1) 수입신고

수입의 신고는 해당 물품을 적재한 선박이나 항공기가 입항된 후에만 할 수 있다.

2) 반송신고

반송의 신고는 해당 물품이 관세법에 따른 장치 장소에 있는 경우에만 할 수 있다.

3) 수출신고

밀수출 등 불법행위가 발생할 우려가 높거나 감시단속을 위하여 필요하다고 인정하여 대통령령으로 정하는 물품은[1] 관세청장이 정하는 장소에 반입한 후 수출의 신고를 하게 할 수 있다.

1) 도난우려가 높은 물품 등 국민의 재산권 보호를 위하여 수출관리가 필요한 물품, 고세율 원재료를 제조·가공하여 수출하는 물품 등 부정환급 우려가 높은 물품.

4) 가산세 징수

수입하거나 반송하려는 물품을 지정장치장 또는 보세창고에 반입하거나 보세구역이 아닌 장소에 장치한 자는 **그 반입일 또는 장치일부터 30일 이내에 따른 신고**를 하여야 한다. 세관장은 대통령령으로 정하는 물품을 수입하거나 반송하는 자가 위 기간 내에 수입 또는 반송의 신고를 하지 아니한 경우에는 **해당 물품 과세가격의 100분의 2에 상당하는 금액의 범위에서 대통령령으로 정하는 금액을 가산세로 징수**한다.

세관장은 다음의 어느 하나에 해당하는 경우에는 해당 물품에 대하여 **납부할 세액의 100분의 20**(제1호의 경우에는 **100분의 40**으로 하되, **반복적으로 자진신고를 하지 아니하는 경우** 등 대통령령으로 정하는 사유에 해당하는 경우에는 **100분의 60**)에 상당하는 금액을 가산세로 징수한다.

1. 여행자나 승무원이 제2항 제1호에 해당하는 휴대품을 신고하지 아니하여 과세하는 경우
2. 우리나라로 거주를 이전하기 위하여 입국하는 자가 입국할 때에 수입하는 이사물품을 신고하지 아니하여 과세하는 경우

5) 수출 · 수입 · 반송 등의 신고인

신고는 화주 또는 관세사 등의 명의로 하여야 한다. 다만, **수출신고의 경우에는 화주에게 해당 수출물품을 제조하여 공급한 자의 명의**로 할 수 있다.

4 입항 전 수입신고

1) 의의

수입신고는 해당 물품을 선적한 선박이나 항공기가 입항한 후 하는 것이 일반적이다. 그러나 수입하려는 **물품의 신속한 통관이 필요할 때에는 해당 물품을 적재한 선박이나 항공기가 입항하기 전에 수입신고**를 할 수 있다. 이 경우 입항 전 수입신고가 된 물품은 우리나라에 도착한 것으로 본다.

2) 입항 전 수입신고의 시기

입항 전 수입신고는 당해 물품을 적재한 선박 또는 항공기가 그 물품을 적재한 항구 또는 공항에서 출항하여 우리나라에 **입항하기 5일전(항공기의 경우 1일 전)**부터 할 수 있다. 출항부터 입항까지의 기간이 단기간인 경우 등 당해 선박 등이 출항한 후에 신고하는 것이 곤란하다고 인정되어 출항하기 전에 신고하게 할 필요가 있는 때에는 관세청장이 정하는 바에 따라 그 신고시기를 조정할 수 있다.

3) 입항 전 수입신고 불가 물품

다음에 해당하는 물품은 해당 물품을 적재한 선박 등이 우리나라에 도착된 후에 수입신고하여야 한다.

1. 세율이 인상되거나 새로운 수입요건을 갖추도록 요구하는 법령이 적용되거나 적용될 예정인 물품
2. 수입신고하는 때와 우리나라에 도착하는 때의 물품의 성질과 수량이 달라지는 물품으로서 관세청장이 정하는 물품

5 신고 시의 제출서류

수출·수입 또는 반송의 신고를 하는 자는 과세가격결정자료 외에 대통령령으로 정하는 서류를 제출하여야 한다.

1) 선하증권 사본 또는 항공화물운송장 사본

2) 원산지증명서(제236조 제1항이 적용되는 경우로 한정한다)

3) 기타 참고서류

6 신고의 취하 및 각하

1) **신고는 정당한 이유가 있는 경우에만 세관장의 승인을 받아 취하**할 수 있다. 다만, 수입 및 반송의 신고는 운송수단, 관세통로, 하역통로 또는 이 법에 규정된 장치장소에서 물품을 반출한 후에는 취하할 수 없다.

2) 수출·수입 또는 반송의 신고를 수리한 후 신고의 취하를 승인한 때에는 신고수리의 효력이 상실된다.

3) 세관장은 신고가 그 요건을 갖추지 못하였거나 부정한 방법으로 신고되었을 때에는 해당 수출·수입 또는 반송의 신고를 각하할 수 있다.

4) 세관장은 승인의 신청을 받은 날부터 10일 이내에 승인 여부를 신청인에게 통지하여야 한다.

5) 세관장이 위에서 정한 기간 내에 승인 여부 또는 민원 처리 관련 법령에 따른 처리기간의 연장을 신청인에게 통지하지 아니하면 그 기간이 끝난 날의 다음 날에 승인을 한 것으로 본다.

7 수출신고수리물품의 적재 등

1) 수출신고가 수리된 물품은 수출신고가 수리된 날부터 30일 이내에 운송수단에 적재하여야 한다. 다만, 기획재정부령으로 정하는 바에 따라 1년의 범위에서 적재기간의 연장승인을 받은 것은 그러하지 아니하다.

2) 세관장은 위 기간 내에 적재되지 아니한 물품에 대하여는 대통령령으로 정하는 바에 따라 수출신고의 수리를 취소할 수 있다.

section

02 통관절차의 특례

1 수입신고수리 전 반출

수입신고를 한 물품을 **세관장의 수리 전에 해당 물품이 장치된 장소로부터 반출하려는 자는 납부하여야 할 관세에 상당하는 담보를 제공하고 세관장의 승인**을 받아야 한다. 다만, 정부 또는 지방자치단체가 수입하거나 담보를 제공하지 아니하여도 관세의 납부에 지장이 없다고 인정하여 대통령령으로 정하는 물품에 대하여는 담보의 제공을 생략할 수 있다.

2 수입신고 전의 물품 반출

1) **수입하려는 물품을 수입신고 전에 운송수단, 관세통로, 하역통로 또는 이 법에 따른 장치 장소로부터 즉시 반출하려는 자**는 대통령령으로 정하는 바에 따라 **세관장에게 즉시 반출신고**를 하여야 한다. 이 경우 세관장은 납부하여야 하는 관세에 상당하는 담보를 제공하게 할 수 있다.

2) 즉시 반출을 할 수 있는 자 또는 물품은 대통령령으로 정하는 바에 따라 세관장이 지정한다.

3) 즉시 반출신고를 하고 반출을 하는 자는 **즉시 반출신고를 한 날부터** 10일 **이내에 따른 수입신고**를 하여야 한다.

4) 세관장은 즉시 반출을 한 자가 제3항에 따른 기간 내에 수입신고를 하지 아니하는 경우에는 관세를 부과·징수한다. 이 경우 해당 물품에 대한 관세의 100분의 20에 상당하는 금액을 가산세로 징수하고, 제2항에 따른 지정을 취소할 수 있다.

3 수출입 안전관리 우수 공인업체

1) 의의

관세청장은 수출입물품의 제조·운송·보관 또는 통관 등 무역과 관련된 자가 시설, 서류 관리, 직원 교육 등에서 이 법 또는 「자유무역협정의 이행을 위한 관세법의 특례에 관한 법률」 등 수출입에 관련된 법령의 준수 여부, 재무 건전성 등 대통령령으로 정하는 안전관리 기준을 충족하는 경우 수출입 안전관리 우수업체로 공인할 수 있다.

2) 통관절차상의 혜택

통관절차상의 혜택이란 수출입 물품에 대한 검사의 완화 또는 수출입 신고 및 납부 절차의 간소화를 말하며 그 세부 내용은 관세청장이 정한다.

3) 공인절차

수출입 안전관리 우수업체로 공인받으려는 자는 신청서에 자체 안전관리 평가서, 안전관리 현황 설명서, 그밖에 업체의 안전관리 현황과 관련하여 관세청장이 정하는 서류를 첨부하여 관세청장에게 제출하여야 한다.

4) 공인의 취소

관세청장은 수출입 안전관리 우수 공인업체가 안전관리 기준을 충족하지 못하게 되는 경우, 공인 심사요청을 허위로 한 경우에는 공인을 취소할 수 있다. 관세청장은 수출입안전관리우수업체가 다음의 어느 하나에 해당하는 경우에는 공인을 취소할 수 있다. 다만, 제1호에 해당하는 경우에는 공인을 취소하여야 한다.

1. 거짓이나 그 밖의 부정한 방법으로 공인을 받거나 공인을 갱신받은 경우
2. 수출입안전관리우수업체가 양도, 양수, 분할 또는 합병 등으로 공인 당시의 업체와 동일하지 아니하다고 관세청장이 판단하는 경우
3. 제255조의2 제1항에 따른 안전관리 기준을 충족하지 못하는 경우
4. 제255조의3 제3항에 따른 정지 처분을 공인의 유효기간 동안 5회 이상 받은 경우
5. 제255조의3 제4항에 따른 시정명령을 정당한 사유 없이 이행하지 아니한 경우
6. 그밖에 수출입 관련 법령을 위반한 경우로서 대통령령으로 정하는 경우

5) 공인의 유효기간

공인의 유효기간은 5년으로 하되, 대통령령으로 정하는 바에 따라 갱신할 수 있다. 공인을 갱신하려는 자는 공인의 유효기간이 끝나는 날의 6개월 전까지 신청서에 필요한 서류를 첨부하여 관세청장에게 제출하여야 한다.

MEMO

CHAPTER

06

무역의 기초

section

01 무역의 의의 및 특징

1 무역의 의의

무역(貿易, International Trade)은 서로 다른 국가에 소재하는 사인(私人) 간의 물품과 대금의 교환으로, **국제상거래**(International Business Transaction)를 의미한다. 무역은 수출과 수입의 형태로 이행되는데, 수출(export)은 국내에서 외국으로 물품 등이 이동하는 것이며, 수입(import)은 외국으로부터 국내로 물품 등이 이동하는 것이다. 이러한 수출입의 대상은 물품, 용역(서비스) 및 전자적 형태의 무체물이다. 거래 대상에 따라 무역은 **유형무역**(visible trade)과 **무형무역**(invisible trade)으로 나눌 수 있다. 전자는 주로 물품(goods) 거래를 말하며, 후자는 서비스나 전자적 형태의 무체물 등의 거래를 말한다. 서비스무역은 용역의 해외진출(교사, 간호사, 건설근로자 등), 관광, 해외공연 등이 대표적이며, 기술무역은 특허권, 디자인권, 저작권 등 지식재산권(Intellectual Property Right; IPR) 거래를 말한다.

오늘날 정보통신기술의 발달로 인터넷을 통한 국제상거래 즉, 전자무역이 빠른 속도로 증가하고 있는데, 이와 같이 정보통신망을 이용한 '전자적 형태의 무체물' 거래에는 소프트웨어, 영상물(영화, 게임, 애니메이션, 캐릭터 등), 음향·음성물, 전자서적, 데이터베이스 등이 포함된다. 요컨대, **무역은** 당사자 간의 계약에 따라 **물품 및 대금을 국가 간 이동시키고 그에 따른 부가가치 증대를 이익으로 향유하는 국제상거래**라고 할 수 있다.

2 무역계약의 의의

우리는 일상생활 속에서 여러 가지 유형의 계약을 맺으면서 살아가고 있다. 특히, 상거래 활동은 반드시 거래당사자 간 계약에서 비롯된다. **계약은 일정한 채권의 발생을 목적으로 하는 복수당사자 간의 서로 대립하는 의사표시의 합치에 의하여 성립하는 법률행위**이다.

오늘날은 무역의 대상이 물품뿐만이 아니라 기술, 용역, 금융 및 자본, 해외건설 및 플랜트 등으로 확대되고 있다. 하지만 아직도 무역은 물품매매가 주가 되므로, **무역계약이라고 하면 국제물품매매계약을 지칭하는 것이 일반적**이다. 이러한 무역계약은 수출상의 입장에서는 수출계약(export contract)이 되고, 수입상의 입장에서는 수입계약(import contract)이 된다.

현행 성문법상에 규정된 무역계약의 개념을 보면, 먼저, 영국의 물품매매법(Sale of Goods Act; SGA)에서는 "매도인이 **대금**이라는 금전의 대가를 받고 매수인에게 물품의 **소유권**을 이전하거나 이전하기로 합의하는 계약"이라고 규정하고 있다. 미국 통일상법전(Uniform Commercial Code; UCC)에서는 "**대가**를 받고 매도인으로부터 매수인에게 **권리**를 이전하는 것"이라고 하고 있다. 우리 민법은 "당사자 일방의 **재산권**을 상대방에게 이전할 것을 약정하고, 상대방이 그 **대금**을 지급할 것을 약정함으로써 그 효력이 생긴다"라고 규정함으로써 영미법과 같은 취지를 지닌다.

이상의 논의를 종합하여 무역계약의 개념을 정리하면 첫째, 무역계약은 **매매계약**이다. 매매계약은 매도인이 대금이라는 금전을 대가로 매수인에게 물품의 소유권을 이전하거나, 또는 이전할 것을 약정하는 계약이다. 이에 따라 **물품의 소유권이 매도인으로부터 매수인에게로 이전되는 경우 이를 매매**라 한다.

둘째, 무역계약은 **물품을 대상으로 하는 계약**이다. 우리 대외무역법에서는 물품을 "외국환거래법에서 정하는 지급수단, 증권 및 채권을 화체한 서류 이외의 동산"이라고 규정하고 있다. 최근 정보산업의 발달로 생긴 디지털제품도 물품에 포함되긴 하지만, 무역은 물품매매가 주를 이루고 있으므로 본서에서는 물품을 대상으로 설명한다.

셋째, 무역계약은 **국제계약**이다. 국제계약은 “2개 이상의 국가 또는 법체계를 가진 2인 이상의 당사자 간에 서로 대립하는 의사의 합치”라고 정의할 수 있다. 국제계약에 있어서 ‘국제성’은 거래당사자의 국적을 기준으로 하는 것이 아니라 그들의 영업소 소재지를 기준으로 한다. 국제물품매매계약에 관한 UN협약(United Nations Convention on Contracts for the International Sale of Goods, 1980; CISG, Vienna Convention, UN통일매매법) 제1조에서는 계약의 국제성을 판단하는 기준으로 **당사자가 서로 다른 국가에 영업소를 가지고 있을 것을 요구**하고 있다. 즉, 국제계약을 정의함에 있어서 ‘국제성’이 핵심적인 요소가 된다. UN통일매매법은 국제계약을 상이한 국가영역에 영업소를 둔 당사자 간의 국제상거래에 관한 계약이라고 정의하지만, 계약의 내용과 조건을 구체적으로는 따져서 그 국제성 여부를 판별하는 것이 타당하다는 견해도 있다.

3 무역계약의 특징

무역은 동일한 국내에서 거래되는 단순한 상행위에 불과한 국내거래와는 달리 격지자 간·국가 간 거래이고, 물품의 국제적 이동이 필요하기 때문에 국내거래와는 다른 여러 가지 특징을 갖고 있다.

1) 종속계약의 필요

무역계약은 서로 다른 국가에 영업소를 두고 있는 당사자 간의 거래이기 때문에 계약을 이행하기 위하여 다양한 **후속적 계약**이 필요하다. 무역계약을 이행하기 위해서는 매도인이 계약상의 물품을 인도하고, 매수인은 대금을 지급하여야 하며, 별도로 정한 바가 없는 한 인도에 의하여 위험부담이 매수인에게 이전하게 된다. 또한, **무역계약은 매매계약을 주 계약으로 하고 운송계약, 보험계약 및 결제(대금지급)계약 등의 종속계약을 수반**하게 된다.

(1) 운송계약

운송이란 사람이나 물품을 자동차, 철도, 선박, 항공기 등의 운송수단을 이용하여 한 장소에서 다른 장소로 이동시키는 물리적 행위를 말한다. 운송은 국내운송과 국제운송으로 구분할 수 있는데, **국제운송**은 선적항에서 수입지 양륙항까지의 운송을 의미한다. 그리고 물품이 매도인으로부터 이동하여 매수인에게 도달하기 위해서는 **운송인과의 운송계약이 필요**하다. 운송방법에는 해상운송, 항공운송, 육상운송 및 복합운송이 있으며, 이러한 운송방법의 결정, 운송계약 체결의 당사자, 운임(운송비)의 부담자 등 운송계약의 내용은 매매당사자 간에 별도의 합의가 없는 한 매매계약서에 명시된 정형거래조건(trade terms)에 따라 결정된다.

(2) 보험계약

물품운송 중 발행할 수 있는 여러 가지 위험(risk)을 담보하기 위하여 보험계약이 필요하다. 보험이란 같은 위험에 놓여 있는 사람들이 하나의 위험단체를 구성하여 통계적 기초에 의하여 산출된 금액(보험료)을 납부하여 기금을 마련하고, 우연한 사고를 당한 사람에게 재산적 급여(보험금)를 지급함으로써 경제생활의 불안을 없애거나 덜게 하고자 하는 제도를 말한다. 무역을 위한 국제운송은 해상운송이 주를 이루고 있으므로 해상보험이 중요하다. **해상보험**은 해상사업에 관한 사고로 인하여 생긴 손해를 보상할 것을 목적으로 하는 손해보험의 일종이다. 영국해상보험법(Marine Insurance Act; MIA, 1906)에서는 해상보험을 "보험자가 피보험자에 대하여 그 계약에 의해 합의된 방법과 범위 내에서 해상손해 즉, **해상사업에 수반하여 발생하는 손해를 보상할 것을 약속하는 계약**"이라고 규정하고 있다. 당사자 간 별도의 합의가 없다면 물품의 운송 중 위험부담자, 보험계약체결 당사자 및 보험료 부담자 등은 매매계약체결 시 합의한 정형거래조건에 따라 결정된다. 예컨대, CIF나 CIP조건에서는 매도인이 매수인을 피보험자로 하여 보험계약을 체결하여야 한다.

(3) 결제(대금지급)계약

매수인은 국제물품매매계약을 이행하기 위해서는 대금지급을 할 의무가 있다. 무역에서 대금은 은행을 통해 결제할 수 있으므로 **은행 등 제3자와 결제계약을 체결**하여야 한다. 주로 국제물품매매계약에서 이용되는 결제방식에는 신용장(Letter of Credit), 추심(Collection), 송금(Remittance)방식 등이 있다. 신용장방식은 매수인의 주거래은행이 서류요건 충족 시 매도인에게 대금지급을 확약하는 조건부 지급확약서이다. 따라서 신용장을 이용할 경우 매수인의 불충분한 신용이 은행의 충분한 신용으로 대체되므로 안심하고 거래에 임할 수 있게 된다. 신용장방식을 이용할 경우, 매도인은 선적 후 물품대금을 회수하기 위하여 신용장과 함께 화환어음을 준비하여 은행에 제시하여야 한다. 추심방식은 은행의 지급확약 없이 환어음을 추심은행을 통해 제시하여 대금을 회수하는 방식을 말한다. 송금방식은 매수인이 전신환(T/T, 은행 간 계좌이체)과 같은 방법을 이용하여 매도인에게 송금해 주는 방식을 말한다.

2) 준거법 결정문제

무역계약은 법역(法域)을 달리하는 당사자 간 거래이므로 계약 내용을 해석하는데 의견차이나 분쟁이 발생할 수 있다. 따라서 **계약을 어느 나라 법률에 의해서 해석할 것인지 여부** 즉, **계약의 준거법**(governing law)을 **결정**해야 한다. 준거법이란 **국제사법에 의하여 어떤 법률관계에 적용될 법률**을 말한다. 매도인과 매수인이 계약을 체결할 때 서로 자국법을 준거법으로 하고자 할 것이기 때문에 국제적 수준의 입법이 필요하다. 이러한 필요성에 따라 1980년, UN국제거래법위원회(United Nations Commission on International Trade Law; UNCITRAL)에서 UN통일매매법을 제정, 1988년부터 발효되어 사용하고 있다. 따라서 우리나라의 수출상과 수입상은 외국의 거래상대방과 계약을 체결할 때 **매매계약서에** UN**통일매매법을 준거법으로 명시하는 것이 바람직**하다. 준거법은 당사자 간에 명시적으로 합의하지 않았거나 거래관습도 없는 경우에 **계약의 공백을 채우는**(gap-filling) **기능**을 한다. 특히, UN통일매매법은 계약의 성립과 계약 위반에 따른 구제 등을 상세하게 규정하고 있기 때문에 당사자 간의 매매계약에서 많은 부분을 보충하고 있다.

3) 무역관습의 적용

무역계약을 체결할 때 거래당사자들이 계약이행 과정에서 발생할 수 있는 모든 문제를 예측하여 이를 계약서에 반영하는 것은 거의 불가능하다. 왜냐하면 무역계약은 국제계약이기 때문에 양국의 사정이 언제든 변할 수 있고, 법 · 제도 · 언어 · 문화 · 통화 등이 서로 상이하기 때문이다. 또한, 무역계약을 이행하는 과정에서 국제운송 · 보험계약 등이 수반되고 은행이 개입되기 때문에 통제하기 어려운 변수가 국내거래에 비해 상당히 많다. 따라서 계약에 전문가가 아닌 거래당사자들은 **거래의 기본적인 조건들만 상호합의하여 계약서에 명시하고, 기타의 조건들은 묵시적으로 거래관습에 의존**하게 된다. 이러한 거래관습을 정형화하여 '정형거래조건들에 관한 통일규칙'이 마련되었는데, 이것이 Incoterms이다. Incoterms는 10년 주기로 개정되고 있으며, 현재 사용 중인 최신버전은 **Incoterms® 2020**이다. 정형거래조건은 거래당사자들이 명시적으로 합의하지 않은 많은 계약 내용을 규정하고 있다.

section

02 무역계약의 법적 성질

1 무역계약의 법적 성질

국제상거래는 매도인이 물품 인도와 그 소유권 이전을 약속하고, 매수인이 물품수령과 대금지급을 약속하는 물품매매계약으로서 이행된다. 이러한 무역계약은 계약자유의 원칙을 근간으로 하는데, 이에 따라 낙성계약, 쌍무계약, 유상계약 및 불요식계약이라는 법적성격을 가진다.

1) 낙성계약

낙성계약(Consensual Contract)**은 당사자 간 의사표시의 합치만으로 성립하는 계약**이다. 예컨대, 물품을 일정한 조건으로 판매하겠다는 매도인의 청약(offer)에 대한 매수인의 승낙(acceptance) 즉, 두 당사자 간의 의사표시가 합치되면 성립하는 계약을 말한다. 그러므로 당사자의 합의가 있으면 계약이 성립되며, 물품의 점유 이전이나 소유권 이전이 계약성립의 요건이 되는 것은 아니다. 또한, 특별히 문서작성이나 그 교부를 계약성립의 요건으로 하는 것도 아니다. 이러한 점에서 요물계약(要物契約)과 구별된다.

2) 쌍무계약

쌍무계약(Bilateral Contract)**은 계약이 성립되면 당사자 쌍방이 서로 대가적·상호의존적 채무를 부담하는 계약**이다. 즉, 매도인이 물품인도(급부)를 하면 동시에 매수인이 대금지급(반대급부)을 할 것을 약속하는 것을 의미한다. 예컨대, 매도인이 물품을 인도하는 것은 매수인이 대금지급의무를 부담하기 때문이라는 교환적 원인관계에 있는 것이며, 채무이행문제나 위험부담문제를 수반하게 된다. 당사자 쌍방이 부담하는 채무가 '대가적 의미'를 갖는다는 것은 그 채무의 내용인 급부가 객관적 · 경제적으로 동일한 가치를 가져야 한다는 것은 아니다. 한편, 증여와 같은 일방당사자만 의무를 부담하는 것을 편무계약(片務契約)이라고 한다.

3) 유상계약

유상계약(Remunerative Contract)은 무상계약(無償契約)에 반대되는 개념으로 **금전적 대가를 부담하는 계약**이다. 유상계약과 무상계약의 구별은 쌍무 및 편무계약과 혼동하기 쉬우나 전자는 대가적 채무가 금전인가에 중심을 둔 분류인 데 반하여, 후자는 채무 자체의 상호 의존성에 중점을 둔 개념이다.

4) 불요식계약

불요식계약(Informal Contract)**은 계약의 성립에 특별한 형식이나 방식이 필요하지 않은 계약**이다. 불요식계약은 반드시 문서에 의한 서류요건을 필요로 하지 않기 때문에 구두에 의한 계약이나 계약서를 작성하지 않아도 계약이 성립되는 것을 말한다. UN통일매매법에서는 "매매계약이 서면에 의하여 체결 또는 입증될 필요가 없으며 또한, 형식에 관한 어떠한 다른 요건에도 구속되지 아니한다. 매매계약은 증인을 포함하여 여하한 방법에 의해서도 입증될 수 있다"고 규정하고 있어[2] 국제물품매매계약의 성격이 불요식계약임을 밝히고 있다. 반면, 일정한 형식이 필요한 계약을 요식계약(Formal Contract)이라고 한다.

---

2) 제11조; A contract of sale need not be concluded in or evidenced by writing and is not subject to any other requirement as to form. It may be proved by any means, including witness.

2 무역계약의 목적물

1) 물품

무역의 대상이 되는 목적물은 물품(goods)이다. 물품은 각종 제정법에서 다양하게 정의하고 있으나 대체로 금전을 제외한 유체동산을 의미한다. 따라서 **국제물품매매계약상 물품에 해당되는 것은 유체동산**에 국한된다고 할 수 있다. 영국의 물품매매법(SGA)에서는 "물품이란 무체동산과 금전을 제외한 모든 순수동산(純碎動産)을 포함하고 또한, 스코틀랜드에서는 금전을 제외한 모든 유체동산(有體動産)을 포함한다"고 규정하고 있다. 그리고 미국통일상법전(Uniform Commercial Code; UCC)에는 "물품이라 함은 매매계약에 특정될 당시에 이동시킬 수 있는 것으로서 지급수단인 금전, 투자증권 및 무체동산 이외의 특허, 제조품을 포함한 모든 것을 말하며, 동물의 태아, 성장중의 수확물, 기타 부동산에 부착한 특정물로서 부동산으로부터 분리될 수 있는 것을 포함한다"고 규정함으로써 영국법보다 상세한 물품의 정의를 내리고 있다. 이와 같이 매매의 대상이 되는 물품은 유체동산을 의미하며, 이는 계약 당시 이미 존재하고 있는 **현물**(existing goods)에만 한정되는 것이 아니라 계약성립 후에 매도인이 제조 또는 취득할 **선물**(future goods)에도 적용된다.

2) UN통일매매법상의 물품

UN통일매매법에서는 **물품에 대한 정의를 내리지 않고** 있다. 그러나 UN통일매매법 제2조에서 적용이 배제되는 대상물품이나 거래형태를 열거하는 방법으로 물적 적용범위에 관해서 규정하고 있다. UN통일매매법상 **물적 적용범위에서 배제되는 물품**은 (a) 개인용, 가족용 또는 가사용으로 구입되는 물품의 매매이다. 다만, 매도인이 계약체결 전이나, 또는 계약체결 당시에 물품이 그러한 용도로 구입된 사실을 알지 못하였고 또한, 알았어야 하지도 않았던 경우에는 그러하지 아니한다. 또한 (b) 경매에 의한 매매, (c) 강제집행 또는 기타 법률의 수권에 의한 매매, (d) 주식, 지분, 투자증권, 유통증권 또는 통화의 매매, (e) 선박, 부선, 수상익선 또는 항공기의 매매, (f) 전기의 매매가 해당된다.[3)]

3) 제2조; This Convention does not apply to sales; (a) of goods bought for personal, family or household use, unless the seller at any time before or at the conclusion of the contract, neither knew nor ought to have known that the goods were bought for any such use; (b) by auction, (c) on execution or otherwise by autliority of law; (d) of stocks, shares, investment securities, negotiable instruments or money; (e) of ships, vessels, hovercraft or aircraft; (f) of electricity.

section 03

무역계약을 위한 준비

1 해외시장조사

1) 해외시장조사의 의의

수출입절차에서 최초의 단계가 해외시장조사이다. 물품을 수출 또는 수입하려면 먼저 목표 시장부터 찾아야 하며, **목표시장을 찾기 위해서는 여러 시장을 대상으로 거래와 관련된 항목을 조사하여 서로 비교·검토하는 절차가 선행**되어야 한다. 특히, 수출에 있어서 해외시장조사란 수출상이 자신의 물품을 장기적·효율적으로 수출할 수 있는 시장을 탐색하기 위하여 행하는 **최초의 절차**로써 당해 물품의 판매에 관련된 여러 가지 정보를 과학적 방법을 통해 최대한 합리적으로 수집하여 종합·비교 분석하는 일련의 활동이라고 할 수 있다.

2) 해외시장조사 항목

첫째, 지리적 조건으로 지형, 기후, 거리 등을 조사한다. **둘째, 정치·경제적 조건**으로, 각국의 자원분포상황, 경제·재정·금융·국내산업 보호정책의 정도 등을 검토하여야 한다. 또한, 후진국이나 개발도상국에 있어서는 공업화의 진전에 따라 소비재에 대한 수입규제 등의 실태도 파악해 둘 필요가 있으며, 국제수지의 동향에 대해서도 주목할 필요가 있다. **셋째, 사회적 조건**으로, 대상 국가 국민의 생활 수준 및 관습 등이 정확히 파악되어야 하며, 총인구, 인구의 도시집중도, 언어, 교육의 정도, 종교, 인터넷의 보급 정도 등에 관하여도 조사·검토하여야 한다.

3) 해외시장조사 방법

첫째, 해외지점, 출장소, 사무소 등에 의한 조사로써 무역업자나 제조업자가 해외에 이들 지점이나 출장소를 갖고 있는 경우에 이들로부터 정보를 입수할 수 있다. **둘째, 거래상대국의 시장에 직접 출장을 가서 조사**하는 방법으로, 조사비용이 많이 든다는 단점이 있음에도 불구하고, 주관적이지만 감각적인 시장정보를 얻기 위한 가장 좋은 방법이라고 할 수 있다. **셋째, 한국에 주재하는 외국의 대사관이나 영사관 또는 외국에 주재하는 우리나라의 공관을 통하여 목적시장의 정보를 입수**한다.

넷째, 외국의 상업회의소 또는 우리나라의 **한국무역협회, 대한상공회의소, 대한무역투자진흥공사**를 통한 해외시장조사이다. 시장조사에 필요한 기초자료는 한국무역협회 및 한국무역투자진흥공사 자료실에 비치된 무역통계, 지역별 무역동향, 국별 수출입업자총람 등을 활용하면 개괄적인 시장정보를 수집할 수 있다. **마지막으로, 국내외의 조사기관**에 조사명목을 명시하고 비용을 부담하는 조건으로 조사를 위탁하는 경우인데, 특정 시장이나 특정 물품에 대하여 전문적이고 상세한 시장조사를 기대할 수 있다.

해외시장조사를 함에 있어서 위 유관기관들의 홈페이지 포함, 인터넷을 활용하면 수출입지역 및 수출입업자 정보, 수출입통계 등 매우 유익한 정보를 얻을 수 있다.

2 신용조사

1) 의의 및 필요성

해외시장조사를 통해 발굴한 상대방과 정식으로 거래를 체결하기 전에 상대방의 신뢰도를 확인하기 위하여 **신용상태를 조사**하여야 한다. 그 이유는 국제상거래의 경우 국내거래와 비교할 수 없을 만큼 큰 신용위험(credit risk)이 존재하기 때문이다. 이러한 신용위험을 방지하기 위한 근본적인 대책은 재정상태, 평판 및 영업능력 면에서 문제없는 상대방을 선택하는 것이며, 이를 위해서는 상대방의 신용상태를 조사하여 우수한 평가를 받는 상대방과 거래하는 것이 가장 바람직하다. 결국, 신용조사는 **신뢰할 수 있는 상대방을 조사하는 것으로, 거래관계의 성립 후에도 정기적으로 행하는 것이 좋다.**

국내거래의 경우라면 설사 중대한 사고가 발생해도 직접 만나서 해결할 수 있고, 필요하다면 상대방의 재산을 압류하는 등 법적 조치를 통해 피해를 회복할 수 있지만, 국제거래의 경우에는 거리, 제도, 법률 등 여러 가지 사정들로 인해 해결이 쉽지 않다. 특히, 국제거래에는 견본을 수집하여 생계의 수단으로 삼는 'sample merchant'나, 고의로 클레임을 제기할 것을 미리 계산하고 있는 'claim merchant'도 있다. **신용조사를 통해 이러한 악덕 상인을 미리 파악할 수 있다면 상당한 거래위험을 줄일 수** 있을 것이다.

2) 신용조사 항목

신뢰도를 측정하는 신용조사의 항목은 3C's, 4C's 및 5C's가 있으나 본서에서는 **3C's**를 중심으로 설명한다.

(1) 상도덕(Character)

개인에게 인격이 있는 것과 같이 법인도 인격이 있다. 즉, **대금결제 열의**, **업체의 성실성**, **평판**, **영업태도**, 기업윤리, 기업의 사회적 책임 등을 확인하는 것이 상도덕 항목이다. 특히, 대금결제에 대한 열의는 상대방의 자금상태나 영업실적보다 경영진의 도덕성과 성실성에 의존하는 경우가 많으므로 신용조사에서 이 항목에 특히 중점을 두어야 한다. 신용조사 항목 가운데 가장 중요한 항목이 바로 상도덕이다.

(2) 자본(Capital)

재정상태(financial status) 즉, 수권자본(authorities capital)과 납입자본(paid up capital), **자본과 부채의 비율**, **영업 결과에 따른 이익과 손실** 등을 점검하는 항목이다. 이를 조사하기 위해서는 일반적으로 상대방의 재무제표(financial statements)를 검토하게 되며, 그 대표적인 것이 대차대조표(balance sheet)와 손익계산서(income statement)이다.

(3) 능력(Capacity)

연간매출액, 업체형태, 연혁, 영업권, **취급업종**, **장래성** 등에 관한 항목이다. 비록 건실하고 양호한 재정상태를 갖고 있다고 하더라도 장래성이 없는 업종이나 경영자의 경영능력이 없다면 장기적인 전망이 밝다고 할 수 없다.

이러한 3C's 이외에 시장상황(Condition), 담보능력(Collateral), 거래통화(Currency), 소속국가(Country) 가운데 1~2개를 추가하여 4C's 및 5C's라 부르고 있다. 특히, **수출의 경우, 시장상황에 대한 검토의 필요성이 강조되어 4C's가 일반적인 신용조사의 항목으로 인정**되고 있다. 이것은 상대 업체가 소재하는 국가의 정치적 안정성, 경제·재정·금융정책상의 장애요인, 법률적 규제, 통관·운송시설 등을 점검하는 항목이다.

3) 신용조사 방법

(1) 거래은행이나 동업자를 통한 조사

상대방의 거래은행이나 자사와 오랜 거래관계가 있는 **동업자를 통하여 신용조회를 하는 것이 가장 보편적인 방법**이다. 그러나 거래은행을 통한 신용조회의 경우, 현실적으로 이들 은행에 신용조회를 하여도 만족할 만한 신용정보를 얻을 수 없는 경우가 많고, 때로는 회답이 전혀 없는 경우도 있다. 왜냐하면 이들 은행이 피조사기업의 신용상태에 대한 충분한 자료를 가지고 있어도 비밀사항에 관한 조사내용을 전혀 알지 못하는 타국의 조사 의뢰인에게 신용보고서를 보내는 것을 꺼리기 때문이다. 따라서 은행을 통한 신용조사의 경우, 조사 의뢰인은 우선 자기의 거래은행에 의뢰하고 거기서 다시 상대측의 은행에 의뢰하는 방법을 취하는 것이 현명하다.

(2) 해외기관에 의한 조사

신용조사 전문기관은, 국내는 물론 세계의 주요 도시에 통신원 또는 조사원을 주재 또는 파견하여 신용조사를 위한 활동을 하고 있다. 세계 3대 신용평가(조사) 회사에는 Moody's Investors Service, Standard & Poor's, Fitch가 있다.

(3) 국내기관에 의한 조사

우리나라에서 해외신용조사를 전문으로 하는 기관으로 **신용보증기금**(KODIT), **한국무역보험공사**(K-Sure), **대한무역투자진흥공사**(KOTRA) 등이 있다. 특히, 신용보증기금은 현재 세계적인 신용조사망을 갖춘 미국의 Dun & Bradstreet 등 유수의 해외신용조사 전문기관과 제휴하여 신속·정확한 자료를 제공하고 있다. 신용보증기금은 무역업자의 신용보증과 해외신용조사를 주 업무로 하고 있으며 또한, 기업의 경영전략 수립을 위한 특별조사 및 해외거래처에 대한 종합적 신용관리 등 다양한 서비스를 제공하고 있다. 이러한 신용조사는 각 기관의 홈페이지를 방문하여 편리하게 이용할 수 있다.

3 무역업고유번호

1) 과학적 무역업무의 처리기반 구축(대외무역법 제15조)

(1) 산업통상자원부장관은 물품 등의 수출입 거래가 질서 있고 효율적으로 이루어질 수 있도록 대외무역통계시스템 및 전자문서 교환체계 등 과학적 무역업무의 처리기반을 구축하기 위하여 노력하여야 한다.

(2) 산업통상자원부장관은 과학적 무역업무의 처리기반을 구축하기 위하여 필요하다고 인정되면 관계 행정기관의 장에게 대통령령으로 정하는 바에 따라 통관기록 등 물품 등의 수출입 거래에 관한 정보를 제공하도록 요청할 수 있다. 이 경우 관계 행정기관의 장은 이에 협조하여야 한다.

(3) 관계 행정기관의 장은 「대외무역법」의 목적의 범위에서 필요하다고 인정되면 산업통상자원부장관에게 위에 따라 구축된 물품 등의 수출입거래에 관한 정보를 제공하도록 요청할 수 있다. 이 경우 산업통상자원부장관은 이에 협조하여야 한다.

2) 전산관리체제의 개발 · 운영(대외무역법시행령 제21조)

(1) 산업통상자원부장관은 수출입 거래가 질서 있고 효율적으로 이루어질 수 있도록 법 제15조 제1항에 따라 다음 각 호의 전산관리체제를 개발·운영하여야 한다.

1. 무역거래자별 고유번호(이하 "무역업고유번호"라 한다)의 부여 및 관리 등 수출입통계 데이터베이스를 구축하기 위한 전산관리체제
2. 「불공정무역행위 조사 및 산업피해구제에 관한 법률」 제4조에 따른 불공정무역행위를 방지하기 위한 전산관리체제
3. 효율적인 수출입 거래를 위한 다음 각 목의 전산관리체제
   가. 부문별 무역전산관리체제를 유기적으로 연계하기 위한 전산관리체제
   나. 관계 행정기관의 장이 필요하다고 인정하여 산업통상자원부장관과 협의하여 정한 해당 기관 소관의 무역 관련 전산관리체제
4. 그 밖에 무역업계의 요청에 따라 산업통상자원부장관이 필요하다고 인정하는 전산관리체제

(2) 산업통상자원부장관은 전산관리체제를 개발·운영하기 위하여 필요하다고 인정하면 그 경비의 일부를 해당 전산관리체제의 개발·운영에 필요한 정보를 제공한 기관에 지원할 수 있다.

3) 대외무역관리규정 제24조(무역업고유번호의 신청 및 부여)

(1) 산업통상자원부장관은 전산관리체제의 개발·운영을 위하여 무역거래자별 무역업고유번호를 부여할 수 있다.

(2) **무역업고유번호를 부여받으려는 자는** 별지 제1호 서식에 의하여 우편, 팩시밀리, 전자우편, 전자문서교환체제(EDI) 등의 방법으로 **한국무역협회장에게 신청하여야 하며, 한국무역협회장은 접수 즉시 신청자에게 고유번호를 부여**하여야 한다.

(3) 무역업고유번호를 부여받은 자가 상호, 대표자, 주소, 전화번호 등의 변동사항이 발생한 경우에는 별지 제2호의 서식에 의한 무역업고유번호신청사항 변경통보서에 따라 변동사항이 발생한 날부터 20일 이내에 한국무역협회장에게 알리거나 한국무역협회에서 운영하고 있는 무역업 데이터베이스에 변동사항을 수정입력하여야 한다.

(4) 무역업고유번호를 부여받은 자가 합병, 상속, 영업의 양수도 등 지위의 변동이 발생하여 기존의 무역업고유번호를 유지 또는 수출입실적 등의 승계를 받으려는 경우에는 변동사항에 대한 증빙서류를 갖추어 무역업고유번호의 승계 등을 한국무역협회장에게 신청할 수 있다.

(5) 한국무역협회장은 무역업고유번호의 부여 및 변경사항을 확인하고 무역업고유번호관리대장 또는 무역업 데이타베이스에 이를 기록 및 관리하여야 한다.

(6) **무역거래자는「관세법」제241조에 따른 수출**(입)**신고 시 무역업고유번호를 수출**(입)**자 상호명과 함께 기재**하여야 한다.

【무역업고유번호신청서】

APPLICATION FOR TRADE BUSINESS CODE

처리기간 (Handling Time)
즉시 (Immediately)

① 상호 (Name of Company)				
② 주소 (Address)				
③	전화번호 (Phone Number)		④ 이메일주소 (E-mail Address)	
	팩스번호 (Fax Number)		⑤ 사업자등록번호 (Business Registry Number)	
⑥ 대표자 성명 (Name of Rep.)				

「대외무역법 시행령」 제21조 제1항 및 대외무역관리규정 제24조에 따라 무역업고유번호를 위와 같이 신청합니다.

I hereby apply for the above-mentioned trade business code in accordance with Article 24 of the Foreign Trade Management Regulation.

신청일 : 년 월 일
Date of Application Year Month Day
신청인 : (서명)
Applicant Signature

사단법인 한국무역협회 회장
Chairman of Korea International Trade Association

유의사항: 상호, 대표자, 주소, 전화번호 등 변동사항이 발생하는 경우 변동일로부터 20일 이내에 통보하거나 무역업데이타베이스에 수정입력하여야 함.

【무역업고유번호신청사항 변경통보서】

NOTIFICATION OF AMENDMENTS TO TRADE BUSINESS CODE

<table>
<tr><td colspan="4"></td><td>처리기간
(Handling Time)</td></tr>
<tr><td colspan="4"></td><td>즉시
(Immediately)</td></tr>
<tr><td colspan="2">① 상호
(Name of Company)</td><td></td><td>② 무역업고유번호
(Trade Business Code)</td><td></td></tr>
<tr><td colspan="2">③ 주소
(Address)</td><td colspan="3"></td></tr>
<tr><td rowspan="2">④</td><td>전화번호
(Phone Number)</td><td></td><td>⑤ 전자우편주소
(E-mail Address)</td><td></td></tr>
<tr><td>팩스번호
(Fax Number)</td><td></td><td>⑥ 사업자등록번호
(Business Registry Number)</td><td></td></tr>
<tr><td colspan="2">⑦ 대표자성명
(Name of Rep.)</td><td colspan="3"></td></tr>
</table>

변경내용(Contents of Amendment)	
변경 전(Before Amendment)	변경 후(After Amendment)

대외무역관리규정 제24조에 따라 무역업고유번호 신청사항의 변경내용을 위와 같이 통보합니다.

I hereby notify the above-mentioned amendment(s) to the trade business code in accordance with Article 24 of the Foreign Trade Management Regulation.

신청일 : 년 월 일
Date of Application Year Month Day
신청인 : (서명)
Applicant Signature

사단법인 한국무역협회 회장
Chairman of Korea International Trade Association

※ 첨부서류 : 변경사항 증빙서류

4 수출입절차

수출입절차란 해외 거래상대방을 발굴하고 상담을 진행하는 등 해외시장조사, 신용조사, 마케팅 등의 과정을 거쳐 수출계약 또는 수입계약을 체결한 후 계약 내용대로 **수출상은 약정 물품을 인도하고, 수입상은 수입대금을 지급하는 일련의 과정**을 말한다. (수출상의 물품인도 ↔ 수입상의 대금지급)

수출입거래는 수출상과 수입상이 각각 물품 판매 또는 물품 확보를 위해 어느 일방의 주도에 따라 (일반적으로 수출상이 적극적으로 활동) 해외거래선 확보를 위한 마케팅 절차 등을 거쳐 거래선을 정한 후 무역계약을 체결하는 것으로써 본격적으로 시작된다.

1) 수출절차

(1) 수출승인

오늘날 무역자유화가 가속화되므로 **대부분의 물품을 수출승인**(export licence) 없이 수출할 수 있으나, 수출입공고(대외무역법)에서 수출이 제한되는 품목의 경우에는 승인기관의 수출승인을 받아야 한다. 원래 승인권자는 산업부장관이지만, 수출입공고 등에 의하여 그 권한을 관련 협회나 조합 등의 단체에 위임하고 있다.

(2) 신용장 수취

매매계약이 성립되면 계약서의 결제조건(terms of payment)에 따라 신용장방식인 경우에는 수입상의 요청에 따라 **신용장(Letter of Credit; L/C)이 개설되어 수출상에게 보내진다.** 신용장을 수취한 수출상은 신용장상의 내용이 계약내용과 일치하는지를 점검하고 만약 불일치가 발견되면 수입상에게 조건변경(amendment)을 요구하여야 한다.

(3) 무역금융

수출 물품 또는 원자재를 생산 혹은 구매하기 위해서는 자금이 필요하다. 수출 물품을 확보하는 방법은 수출상이 자신의 공장에서 **직접 생산하는 방식과 다른 제조업**

자로부터 완제품을 구매하는 방식이 있다. 전자의 경우 필요한 원자재를 국내에서 조달할 수도 있고 이를 해외에서 수입할 수도 있다. 원자재나 완제품을 국내에서 조달할 경우 자신의 거래은행을 통하여 국내 공급업자를 수익자로 한 **내국신용장**(Local L/C)[4]**을 이용하거나, 외국환은행장이 내국신용장에 준하여 발급하는 구매확인서**(Confirmation of Purchase)[5]**를 이용**한다.

(4) 운송계약 체결

수출상은(예컨대, CFR조건의 경우) 신용장이나 추심계약서 등에서 정해진 선적기일 내에 물품의 선적을 이행해야 하므로 물품의 운송을 위하여 운송회사와 **운송계약을 체결**하여야 한다. 실제로 운송계약은 수출상이 선사에 선복요청서(Shipping Request; S/R)를 제출하고, 선사가 인수확약서(Booking Note; B/N)를 화주에게 교부하면 운송계약이 성립되고, **선적 후 발행되는 선하증권**(Bill of Lading; B/L)**은 운송계약체결의 추정적 증거**(prima facie evidence)가 된다.

(5) 보험계약 체결

물품이 수출상으로부터 수입상에게 인도되기 위해서는 운송과정을 거쳐야 하고,

---

4) 신용장의 수익자인 수출업자가 수출상품을 국내의 다른 제조업자 또는 상품공급업자로부터 매입하여 적출하게 되는 경우가 많다. 이때 국내의 제조업자 또는 상품공급자는 수출업자의 신용이 충분하지 않으면 수출업자에게 신용장이 도착되어 있더라도 대금의 선불을 요구하거나 은행의 지급보증 등을 요구하는 수가 있다. 이러한 경우 신용장의 수익자인 수출업자는 상품의 매입을 용이하게 하기 위하여 외국환은행(원신용장의 통지은행)에 대하여 본인 앞으로 내도한 신용장을 견질로 하고, 본인을 매수인(내국신용장 발행 의뢰인)으로 하여, 제조업자나 공급업자를 수익자로 한 다른 하나의 신용장 발행을 의뢰하게 된다. 이와 같이 수출업자의 의뢰에 따라 외국환은행이 수출업자 앞으로 내도한 신용장을 견질로 하여 국내 제조업자 또는 공급업자 앞으로 발행하는 신용장을 내국신용장(Local Credit), 수출업자 앞으로 내도한 당초의 신용장을 원신용장(Master L/C, Original L/C)이라고 한다.

5) 내국신용장에 의하지 아니하고 국내에서 외화획득용 원료 또는 물품을 공급하는 경우에 외국환은행의 장이 내국신용장에 준하여 발급하는 것이다. 내국신용장은 개설의뢰인의 화환신용장을 근거로 하여 발급되지만 구매확인서는 수출업자의 신청에 의하여 수출신용장, 수출계약서, 외화매입증명서, 군납계약서, 내국신용장, 구매확인서 등을 근거로 하여 발급된다. 이는 화환신용장의 결여로 수출지원금융의 융자대상에서 제외되는 데에서 오는 불이익을 보완하기 위한 것이다. 구매확인서에 의한 공급실적은 내국신용장에 의하여 공급한 것과 동일한 것으로 보아 수출업자에 대한 수출실적으로 인정되며, 부가가치세에 있어서도 영세율의 적용대상으로 규정하고 있다.

운송 중에 생길지도 모를 위험을 커버하기 위하여 **해상적하보험**(Marine Cargo Insurance) **제도가 이용**된다. 보험계약체결의 증빙으로는 보험증권(Insurance Policy)이나 보험증명서(Certificate of Insurance)가 발급되나, 일반적으로 보험증권이 사용된다.

(6) 수출통관

물품이 국경을 통과하여 외국으로 이동하기 위해서는 거쳐야 할 법적 절차가 있다. 이것이 바로 수출통관이다. 수출상은 확보한 물품을 자신의 공장이나 창고 등 현물 검사를 받을 수 있는 곳에 장치한 후 **세관에 수출신고**(export declaration)를 하여야 한다. 수출신고는 전자문서(Electronic Data Interchange; EDI)를 통관시스템을 통하여 전송함으로써 이행된다. 수출신고는 화주, 관세사, 통관법인 또는 관세사 법인의 명의로 할 수 있다. 수출신고가 접수되면 세관은 서류심사와 물품검사(생략이 원칙)를 거쳐 **수출신고필증을 교부**한다.

(7) 선 적

수출통관을 끝낸 화물은 내륙운송을 거쳐 본선의 선측까지 운송되어 **본선에 적재**된다. 본선에 적재된 화물에 대하여 본선수령증(Mate's Receipt)이 발급되면 수출상은 선사에 이와 상환으로 **선적선하증권(on board B/L)을 교부**받는다. 만약 화물이 컨테이너에 적입된 경우, FCL(Full Container Load) 화물의 경우에는 CY(Container Yard)에서, LCL(Less than Container Load) 화물의 경우에는 CFS(Container Freight Station)에서 각각 CY Operator 또는 CFS Operator에게 인도되고 부두수령증(Dock Receipt)을 교부받아 이와 상환으로 수취선하증권(received B/L) 또는 복합운송서류(Multimodal Transport Document)를 교부받는다.

(8) 수출대금 회수

물품이 수입지에 도착하고 수입상이 이를 확인한 후에 수출대금이 지급된다면 수출거래의 안정성이 확립되기 어렵다. **신용장방식인 경우 수출상**은 물품을 선적하고 바로 거래은행과 체결한 외국환거래약정에 따라 환어음(bill of exchange 또는 draft)[6]과 신용장상에 명기된 서류를 준비하여 자신의 **거래은행에 화환어음의 매입**(negotiation)**을 의뢰함으로써 수출대금을 회수**한다. **추심**(collection)**방식인 경우에는 환어음과 서류를 준비하여 거래은행과의 약정에 따라 추심**[7]**을 의뢰함으로써 수출대금을 회수**한다.

여기서 환어음은 수출상이 지급은행에게 자신의 채권액을 지명인 또는 소지인에게 일정한 기일 및 장소에서 무조건 지급할 것을 위탁한 유가증권이며, 선적서류(shipping document)에는 운송서류(transport document), 보험서류(insurance document), 상업송장(commercial invoice), 포장명세서(packing list), 원산지증명서(certificate of origin) 등이 포함된다.

(9) 사후관리 및 관세환급

수출상이 물품을 선적하고 수출대금을 수령하면 수입상과의 계약은 종료된다. 그렇지만 수출상 혹은 생산자가 수출용 원자재를 수입하여 물품생산에 사용하였다면 이를 수입할 때 세관에 납부한 관세를 되돌려 받을 수 있다. 이를 **관세환급**이라 한다.

2) 수입절차

수입상은 수출입계약이 체결되면 계약내용에 따라 신용장을 개설하고, 수입대금을 결제한 후 선적서류를 입수(물품 확보)하여 국내영업을 하는 일련의 수입활동을 전개한다. 결국, 수입절차는 수입자가 수입계약을 이행하는 과정으로 볼 수 있으며, 이는 시간의 경과에 따라 단계별로 **수입신고 및 승인**, **수입대금결제**, **선적서류입수**, **(선사에 서류제시 후) 물품수령 및 국내영업**의 순으로 진행된다.

---

6) 환어음은 발행인이 지급인에 대하여 증권상에 기재된 금액을 일정 일에 어음상의 정당한 권리자(수취인 또는 그 지시인)에게 지급할 것을 무조건으로 위탁하는 증권이다. 약속어음은 발행인이 소지인에 대하여 일정기일에 일정금액을 지급할 것을 약속하는 어음이다.

7) 은행이 대금지급을 위해 어음과 서류를 취급하는 행위로 은행이 소지인(所持人)의 의뢰를 받아 어음을 지급인(支給人)에게 제시하여 지급하게 하는 일이다.

【수출입절차】

- 사업자등록/무역업고유번호신청
- 해외시장조사 및 신용조사
- 품목별수출입요령/관세율 확인
- 무역계약체결

Ⅰ. 계약체결단계

Ⅱ. 수출이행단계

- (필요시)수출승인(E/L) ← 수출제한품목
- 송금수령/L/C수취
- 수출물품확보 ← Local L/C, 구매확인서
- 수출신고 ← EDI 신고, C/S (Cargo Selectivity검사)
- 선박예약/보험가입
- Container Door
- Stuffing
- Sealing
- 내륙운송
- 보세구역(CY/CFS) 도착
- 선적 ← 해상보험 부보
- B/L 입수
- 수출대금회수(NEGO) ← 관세환급
- 사후관리(A/S)

Ⅲ. 수입이행단계

- 수입제한품목 → (필요시)수입승인(I/L)
- 사전송금 · L/C개설
- 선적서류입수/대금결제
- 입항/하역
- 보세장치장 입고 확인
- EDI 신고 → 수입신고
- C/S검사 → 수입신고수리
- 관세납부
- 수입대금 결제
- D/O(Delivery Oder) 입수
- 출고 요청
- 물품 상차
- 출고
- 국내유통 및 제조

CHAPTER 07

무역계약의 성립

section 01

무역계약 성립의 기초

1 무역계약 성립의 의의

계약은 일정한 채권의 발생을 목적으로 하는 복수당사자의 **서로 대립하는 의사표시의 합치로 성립하는 법률행위**이다. 일반적으로 계약이 성립하려면 당사자 사이에 서로 대립하는 여러 의사표시의 합치 즉, 합의가 반드시 있어야만 한다. 계약은 복수당사자의 서로 대립하는 의사표시의 합치에 의하여 성립하기 때문에 국제물품매매계약 역시 당사자 간 의사표시의 합치에 의하여 성립한다.

계약성립의 가장 중요한 요소는 **계약당사자 간의 의사의 합치**이다. 이러한 의사표시는 시간적으로 순차적이어야 한다. 즉, 앞의 의사표시는 뒤의 의사표시를 유도하는 인과관계에 있을 것을 요건으로 한다. 이 경우 **앞의 의사표시는 청약**(offer)**이 되고, 뒤의 의사표시는 승낙**(acceptance)이 된다. 결국, 계약이 성립되기 위해서는 먼저 복수의 의사표시가 있어야 하고, 이러한 의사표시의 내용이 일치하여야 하며, 2개의 의사표시는 당사자 간에 교환적으로 대립되어 있어야 한다.

계약성립에 있어서 어떠한 복잡한 교섭 과정을 거친 계약이더라도 최종적으로는 하나의 청약과 하나의 승낙에 의하여 성립한다. 청약과 승낙 중 어느 것을 결하여도 계약은 성립하지 않는다.

2 무역계약의 효력 발생요건

계약이 성립요건을 갖추게 되면, 당사자가 의도한 대로 효력이 발생한다. 계약의 구체적인 내용은 계약당사자의 자유의사 즉, 계약자유원칙에 따라 결정된다. 계약의 효력이 발생하면 당사자는 그 계약의 내용에 구속된다. 이와 같이 당사자 간의 의사의 합치로 계약이 성립되지만, 계약이 유효하기 위해서는 공법상, 민법상 및 계약법상의 제한을 받지 말아야 한다.

1) 내용의 확정성

계약의 내용이 확정되어 있거나, 또는 확정될 수 있어야 한다. 계약의 내용이 확정되어 있지 않거나, 또는 해석을 통해서 확정될 수 없는 경우 그 계약은 무효이다.

2) 내용의 가능성

계약의 **내용은 이행가능한 것**이어야 한다. 계약이 체결된 시기와 장소에 있어서 **사회적 경험칙에 따라 실현불가능한 급부를 목적으로 하는 계약은 효력이 발생할 수 없음은 당연**하다. 그리고 여기서 말하는 불가능은 사회생활에 있어서의 경험칙, 이른바 거래상의 통념에 의하여 결정되는 것이고, 자연과학적인 의미에 있어서의 불가능을 말하는 것은 아니다. 또한, 이행불가능은 원시적 불가능을 의미하며, 후발적 불가능을 말하는 것이 아니다. 후발적 불가능의 경우에는 채무불이행·위험부담 등의 문제가 생길 뿐이고, 계약이 무효로 되지 않는다.

3) 내용의 적법성과 사회적 타당성

계약의 내용은 **적법하고 사회적 타당성이 있어야 유효**하다. 즉, 계약의 내용이 일국의 강행법규(mandatory rules)를 위반하지 않아야 한다. 결국, **공법상의 효력규정에 위반하지 않아야 하며, 선량한 풍속, 기타의 사회질서에 위반하는 사항을 내용으로 하는 계약은 무효**이다. 여기서 공법상의 제한은 계약의 목적과 내용이 앞의 강행법규에 반하는 것이 아니어야 한다. 공법상의 제한에는 대표적으로 수출입허가 및 제한, 외환통제에 관한 법률이 있다. 이러한 공법상의 제한은 당사자 간의 합의보다 우선한다.

4) 행위능력의 하자

계약이 유효하게 성립하기 위해서는 **계약당사자의 행위능력에 하자가 없어야** 한다. 즉, **계약당사자는 행위능력이 있어야 하며**, **무능력**(incapacity), **무권한**(lack of authority), **부도덕**(immorality) **또는 불법**(illegality) **등에 의한 계약은 무효**이다.

5) 의사표시의 하자

계약당사자의 **의사표시는 착오**(mistake), **사기**(fraud), **강박**(threat) **및 현저한 불공정**(noticeable disparity)에 의한 경우가 아니어야 한다. 착오, 사기 등에 의한 계약은 하자가 있는 계약으로서 취소할 수 있다. 한편, UN통일매매법은 제4조에서 "계약이나 그 어떠한 조항 또는 어떤 관행의 유효성"에 관계하지 않는다고 규정하면서 이러한 문제는 법정지의 국제사법규칙에 따라 결정되는 국내법에 위임하고 있다.[8] 이것은 UNCITRAL에서 UN통일매매법을 제정할 때 각국 간의 조정과 타협이 어려워지자 계약의 유효성 문제를 국내법에 위임하였기 때문이다.

---

8) 제4조 제(a)항; In particular, except as otherwise expressly provided in this convention, it is not concerned with: (a) the validity of the contract or of any of its provisions or of any usage.

section 02

청약

1 청약의 개념 및 요건

1) 청약의 개념

청약(offer)은 피청약자의 무조건·절대적 승낙(unconditional and absolute acceptance)이 있으면 계약을 성립시킬 것을 목적으로 하는 **청약자의 피청약자에 대한 일방적·확정적 의사표시**이다. 예컨대, 매도인 A가 물품을 매도하겠다는 의사표시를 하고, 매수인 B가 그것을 매수하겠다고 의사표시를 하여 2개의 의사표시가 합치된 경우 매도인 A의 의사표시를 말한다. 매도인은 당사자 간 교환되는 통신문(communication)에 계약의 핵심적 요소들을 분명하게 명시하여야 한다.

청약은 단순한 의사표시에 불과하다. 즉, 청약은 그 자체만으로는 단독으로 법률효과를 발생시킬 수 없으며, 반드시 일방의 승낙에 의하여 일정한 법률효과를 발생시키는 것이기 때문에 법률행위가 아니며, 그를 구성하는 법률사실인 의사표시에 불과하다.

2) 청약의 요건

UN통일매매법상의 청약이 되기 위한 3가지 요건은 ① **1인 또는 그 이상의 특정인에 대한 의사표시여야 하고,** ② **내용이 충분히 확정적이어야 하며,** ③ **승낙이 있는 경우, 계약에 구속된다는 청약자의 의사**가 담겨있어야 한다.

(1) 피청약자의 특정성

UN통일매매법상 청약이 되기 위해서는 **1인 또는 그 이상의 특정인에 대한 계약체결의 의사표시**가 있어야 한다. 1인 또는 그 이상의 특정인에 대한 제의가 아닌 것, 즉, **확정적 의사표시가 아닌 것은 청약의 유인**에 불과하다. 따라서 광고물, 선전물, 카탈로그를 불특정다수에게 보내는 것은 청약으로 인정되지 않는다. 그러나 다수인이라도 특정의 사람에게만 보내는 경우에는 이러한 특정성의 요건이 충족된다.

(2) 내용의 확정 가능성

청약의 의사표시 내용은 충분히 확정적이어야 한다. 어떤 의사표시가 **물품을 나타내고 있고, 명시적 또는 묵시적으로 그 수량과 가격을 정하거나 이를 정하는 조항이 있는 경우**에는 내용이 충분히 확정적인 것이다.[9] 따라서 가격이 현재 확정되어 있는 경우뿐만 아니라 앞으로 확정될 수 있을 때에도 이 요건을 충족한다. 그러나 그 어느 것에 의해서도 가격이 확정될 수 있다는 근거가 존재하지 않는 경우 청약은 존재하지 않는 것으로 본다.

(3) 청약자의 구속의사

청약에는 상대방의 승낙이 있으면 그로 인해 성립된 **계약에 구속되겠다는 청약자의 의사**가 담겨있어야 한다. 이 요건은 계약에 구속되겠다는 의사이지 청약 자체에 구속되겠다는 의사가 아니므로 UN통일매매법 제16조에서 규정하고 있는 청약의 철회 자유와 모순되지 않는다.

9) 제14조 제(1)항; A proposal for concluding a contract addressed to one or more specific persons constitutes an offer if it is sufficiently definite and indicates the intention of the offeror to be bound in case of acceptance. A proposal is sufficiently definite if it indicates the goods and expressly or implicitly fixes or makes provision for determining the quantity and the price.

3) 청약의 유인

청약의 유인(Invitation to Offer)이란 거래상대방으로 하여금 청약을 하도록 유도하는 **계약체결을 위한 예비교섭단계의 의사표시**를 말한다. 따라서 상대방이 이를 수락하더라도 계약은 성립되지 않으며, 상대방을 구속하지 않을 뿐만 아니라 상대방의 승낙에 대한 유인한 측의 승낙이 있어야만 비로소 계약이 성립한다. 실무에서 청약과 청약의 유인을 구별하는 것은 쉽지 않다. 구별의 기준은 당사자의 의사와 거래관습 및 계약내용을 보고 판단해야 하므로 많은 논란의 여지가 있다. 예컨대, 방송이나 신문에 물품매매를 위한 광고를 게재하는 것, 가격이 적힌 카탈로그를 송부하는 것, 물품에 정가를 표시하여 쇼윈도(show window)에 진열하는 것 등은 청약의 유인에 불과하다. 결론적으로 청약이 1인 또는 그 이상의 특정인에 대한 제의가 아닌 것, 확정적 의사표시가 아닌 것, 그리고 구속의 의사표시가 없는 것은 청약의 유인으로 볼 수 있다.[10)]

2 청약의 종류

1) 매도청약(selling offer)과 매수청약(buying offer)

매도청약과 매수청약은 청약의 주체를 기준으로 분류한 것이다. 첫째, 매도청약은 판매청약이라고도 하며, 매도인의 매도의사를 표시한 청약이다. 일반적으로 국제상거래에서 청약이라 하면 매도청약을 말한다. 둘째, 매입청약은 구매청약이라고도 하며, 매수인의 매입의사를 말한다. 매입청약은 주로 매입주문서(Purchase Order; P/O) 등의 형식으로 사용된다.

---

10) statements made by and other conduct of a party are to be interpreted according to the understanding that a reasonable person of the same kind as the other party would have had in the same circumstances. (3) In determining the intent of a party or the understanding a reasonable person would have had, due consideration is to be given to all relevant circumstances of the case including the negotiations, any practices which the parties have established between themselves, usages and any subsequent conduct of the parties.

2) 원청약(original offer)과 대응청약(counter offer)

원청약은 최초로 발행된 청약을 말하며, 대응청약(반대청약)**은 원청약에 대하여 어떤 조건을 수정한 청약**을 말한다. 대응청약은 청약자의 청약에 대하여 피청약자가 청약 내용을 일부 추가, 제한 및 변경하여 새로운 조건을 제안하는 청약으로, 이는 원청약에 대한 거절이자 원청약의 효력을 소멸시키고, 동시에 피청약자가 제의하는 새로운 확정청약이 된다. 실제로 계약은 원청약과 대응청약이 반복되므로 흥정과 조정을 거쳐서 성립되거나 합의에 이르지 못하여 그 성립이 무산된다.

3) 확정청약(firm offer)과 자유청약(free offer)

(1) 확정청약

확정청약은 청약자가 청약의 내용에 대하여 승낙회답의 회신기간을 지정하고, 그 기간 안에 승낙하면 계약이 성립되도록 하는 청약이다. 또한, 승낙회답의 기간이 정해져 있지 않아도 확정적(firm) 또는 취소불능(irrevocable)이란 표시가 있으면 확정청약이다.

여러 종류의 청약 가운데 국제상거래에서 가장 중요한 청약은 확정청약이다. 확정청약은 통상 특정인 앞으로 발행되며, 이 확정청약에 의하여 무역계약이 체결된다. 왜냐하면 국제상거래는 그 성질상 신속하고 합리적으로 이루어지는 것을 필요로 하며, 이 확정청약을 통하여 청약자는 피청약자로부터 청약에 대한 승낙회신을 가급적 빨리 받을 수 있기 때문이다. 확정청약은 피청약자의 승낙 또는 거절의 회신기간이 정해져 있기 때문에 한정된 기간이 경과하면 청약은 자동 소멸된다. 회신기간은 거래 물품의 종류나 회신에 필요한 시간 등을 참작하여 청약자가 일방적으로 정한다.

국제상거래에서 청약과 승낙은 통상적으로 이메일, SNS, 인터넷을 이용한 전자문서의 방법으로 이루어지며, 우편, 전화 미팅 등으로도 행하여진다. 확정청약에는 품명, 품질, 수량, 선적시기, 가격, 지급조건 등에 관한 내용뿐만 아니라 승낙의 회신기간과 방법을 명시하는 것이 매우 중요하다. 통상적으로 사용되는 확정청약의 예문은 다음과 같다.

We offer you firm subject to your reply being received here by noon October 30, 2024 for the following goods;

(2) 자유청약

자유청약은 청약자가 청약 시에 승낙회신의 유효기간을 표시하지 않거나 확정적 (firm)**이라는 표시를 하지 아니한 청약**을 말한다. 다시 말하면 자유청약은 피청약자가 **승낙하기 이전에는 언제라도 청약 내용을 변경하거나 철회**할 수 있으며 또한, 이를 승낙하더라도 청약자의 최종 확인이 있어야 하는 청약을 말한다.

4) 조건부청약(conditional offer)

조건부청약은 **청약 내용에 단서가 포함**된 청약으로 피청약자의 승낙만으로는 계약이 성립하지 않고, 다시 청약자가 계약성립의 최종결정권을 가지는 청약이다. 조건부청약은 그 조건 내용에 따라 다음과 같이 구분할 수 있다.

(1) 재고잔류조건부청약(offer subject to being unsold)

시세의 변동이 심하거나 또는 공급이 제한되어 일정한 기간 가격 유지가 곤란한 경우에는 확정청약을 발행할 수 없다. 이 경우에는 재고잔류조건부청약(또는 **선착순판매조건부청약**, offer subject to prior sale)을 발행한다. 즉, **피청약자로부터 승낙을 받았을 때 아직 재고품이 남아 있으면 계약이 성립**하지만, 재고품이 없을 경우에는 그 승낙이 무효로 된다는 조건이 부가된 청약이다. 다시 말하면 선착순으로 승낙해 온 사람에게만 판매한다는 조건이 첨부된 청약이다. 이 청약은 재고상품을 조속히 처분하려고 할 경우, 또는 대금의 조기 회수를 목적으로 다수의 거래처에 청약을 보내면서 재고가 있을 경우에만 유효한 조건부청약을 발행할 목적으로 사용한다.

(2) 견본승인조건부청약(offer on approval)

물품을 상대편에게 발송하여 일단 실물을 점검하게 한 다음, 마음에 들면 매입하고 그렇지 않으면 청약자가 비용을 부담하여 반송하게 한다는 조건의 청약으로 **실물점검청약**이라고도 한다. 이 청약은 점검기간을 정하는 경우와 정하지 않는 경우가 있지만 전자의 경우가 일반적이며, 이 점검기간이 경과해도 아무 통지가 없으면 청약을 승낙하지 않는 것으로 간주한다. 실물점검청약은 신제품 등의 홍보 또는 판매촉진을 위한 방식으로 활용되며, 상대편에게 매우 유리한 조건의 청약이라고 할 수 있다.

(3) 반품허용조건부청약(offer on sale or return)

반환허용조건부청약이라고도 하며, 신제품 또는 기타 상품의 판매촉진을 위하여 상품을 사전에 상대편에게 발송하여 판매하도록 하고, **일정기간 동안 팔다 남은 재고품을 다시 인수한다는 조건이 붙은 청약**이다. 주로 잡지, 종교서적의 위탁판매에 사용된다.

(4) 시장변동조건부청약(offer subject to market fluctuation)

시황의 변동이 있으면 언제라도 자유로이 그 조건을 변경할 수 있는 청약으로서 **무확약청약**(offer without engagement)이라고도 한다.

3 청약의 효력

1) 청약의 효력 발생시기

청약의 효력 발생시기는 피청약자의 승낙의 효력이 발생하는 시기와 연계되며, 청약의 유효기간을 기산하는 기산일이 되기 때문에 중요하다. 일반적으로 **청약은** 상대방에게 전달되어야 하며, **상대방에게 도달되었을 때 법적 효력이 발생**한다. **청약의 효력 발생시기에 관하여** UN**통일매매법은 도달주의를 규정**하고 있다. 즉, 청약은 피청약자에게 도달한 때 그 효력이 발생한다. '도달'이라 함은 청약, 승낙의 선언 또는 기타의 의사표시는 그것이 수신인에게 구두로 전해지거나 수신인의 영업소 또는 우편송부처에 전달되는 것을 의미한다. 청약이 전자문서에 의하여 이루어진 경우, 수신자가 지정하거나 **수신자가 관리하는 컴퓨터에 입력된 때**를 도달시기로 보아야 한다. 이와 같이 청약은 피청약자에게 도달하기 전까지는 효력이 발생하지 않기 때문에 도달하기 전에는 당연히 철회할 수 있다.

2) 청약의 효력 소멸

(1) 승낙

청약은 승낙에 의하여 의사의 합치가 이루어져 계약이 성립하므로 승낙이 이루어지는 동시에 그 효력을 상실한다.

(2) 청약의 철회

청약의 철회(withdrawal)**란 청약으로서 효력이 발생하기 이전에 청약자가 청약의 효력을 소멸시키려고 하는 의사표시**로, 청약의 효력이 발생한 이후에 그 효력을 소멸시키려고 하는 취소와 구별된다. UN통일매매법에서는 "청약이 취소불능인 경우에도 청약철회의 통지가 청약의 도달 전 또는 청약과 동시에 피청약자에게 도달하는 경우에는 이를 철회할 수 있다[11]"라고 규정하여 청약의 철회가능성을 열어 두고 있다.

청약의 철회 사례

6월 1일에 매도인은 매수인에게 우편으로 서신을 발송했다. 이 서신은 특정한 물품을 명시된 가격으로 판매하겠다는 청약이었다. 또한, 서신에는 "이 청약은 7월 1일까지 유효하며 또한 취소불능이다"라고 기재되어 있었다. 매도인이 매수인에게 보내는 서신이 도착하기까지는 1주일이 소요된다. 매수인이 매도인의 6월 1일자 서신을 수령하기 이전인 6월 6일에, 매도인은 매수인에게 전화를 걸어 "본인이 6월 1일에 발송한 서신을 무시하라, 본인은 그 서신에 들어 있는 청약을 철회하기로 했다"라고 말했다. 매수인은 매도인의 서신을 받은 즉시 "본인은 6월 1일자 귀하의 청약을 승낙한다"라고 회신했다.

⇒ 위 사례에서 6월 6일 현재 청약은 아직 피청약자에게 도달하지 않았으며 따라서 아직 효력이 발생하지 않았다. 7월 1일까지는 청약의 취소가 불가능하다는 표시도 그 청약이 피청약자에게 도달한 이후에야 비로소 구속력을 가지게 된다. 왜냐하면 청약에 앞서 철회의 의사표시가 먼저 피청약자에게 도달했기 때문이다. 따라서 매도인의 청약 철회는 가능하다.

(3) 청약의 취소

청약의 취소(revocation)**는 청약이 상대방에게 일단 도착하여 효력을 발생시킨 후 승낙의 통지를 보내기 전에 취소시킬 수 있는 요인에 의하여 청약을 소멸**시키는 것을 말한다. UN통일매매법에서는 "피청약자가 승낙의 통지를 발송하기 전에 취소의 통지가 상대방에게 도달하는 경우에 청약은 취소될 수 있다"고 규정하고 있다.

하지만 청약이 취소될 수 없는 경우도 명확하게 규정하고 있다. 즉, "청약에서 승낙을 위한 지정된 기간을 명시하거나 또는 기타의 방법으로 그것이 취소불능임을 표시하고 있는 경우, 또는 피청약자가 청약을 취소불능이라고 신뢰하는 것이 합리적이고 또한, 피청약자가 그 청약을 신뢰하여 행동한 경우에는 청약을 취소할 수 없다"고 규정하고 있다.

11) 제15조 제(2)항; An offer, even if it is irrevocable, may be withdrawn if the withdrawal reaches the offeree before or at the same time as the offer.

청약 취소의 제한 사례

▸ 확정청약

6월 1일, 매도인은 매수인에게 청약을 보냈는데, 동 청약에는 "본 청약은 6월 15일까지 유효하다"고 명시되어 있었다. 6월 2일, 매도인은 매수인에게 다음의 내용을 이어서 보냈다. "본인은 6월 1일자의 청약을 취소한다." 6월 14일에, 매수인은 6월 1일자의 청약을 승낙한다고 매도인에게 통지했다.

⇒ 이 사례에서 청약을 취소하려는 매도인의 시도는 효력이 없다. 매수인은 매도인이 정한 기간 내에 청약을 승낙했으며, 따라서 당사자들은 계약에 구속된다.

청약 취소의 제한 사례

▸ 청약을 신뢰하여 행동한 경우

5월 1일에 건축업자는 특정한 수량의 벽돌을 매도하는 청약을 해줄 것을 벽돌공급업자에게 요청했다. 건축업자는 그 청약은 건설계약의 입찰에 응하는 데 필요하다고 설명했다. 건축업자는 6월 1일까지는 입찰서를 제출해야 하며, 그러면 6월 15일에 입찰이 개시되어 낙찰 여부가 결정될 것이라고 부언했다. 5월 7일에 벽돌공급업자는 건축업자에게 벽돌의 매도를 청약했고, 건축업자는 동 청약을 6월 1일자 건축계약의 입찰을 준비하는데 사용했다. 6월 10일에 벽돌공급업자는 건축업자에게 청약을 취소한다고 통지했다. 그 후 6월 15일에 입찰이 개시되었고, 건축업자가 낙찰되었다. 건축업자는 자신이 공급업자의 청약을 승낙한다고 벽돌공급업자에게 즉시 통지했다.

⇒ 이 사례에서 벽돌공급업자(청약자)는 건축업자가 자신의 청약을 건축계약에 입찰하는 데 사용하리라는 점을 알고 있었다. 따라서 피청약자(건축업자)가 청약이 취소불능임을 신뢰하는 것은 합리적이었다. 또한, 건축업자는 입찰에 응함에 있어 벽돌공급업자의 "청약을 신뢰하여 행동"했으며 이에 동 건축업자는 일정한 대금으로 건물을 건축하는 유효한 계약을 체결하게 된 것이다. 결국, UN통일매매법 제16조 2항의 2가지

요건(합리적 신뢰, 동 신뢰에 따른 행동)이 모두 충족되었으며, 벽돌공급업자가 청약을 취소하고자 하는 시도는 효력이 없다.

(4) 청약의 거절 혹은 대응청약

거절(rejection)이란 상대방의 요구, 제안, 선물, 부탁 따위를 받아들이지 않고 물리치는 것을 말한다. 따라서 청약의 거절이란 **청약자의 청약을 피청약자가 승낙하지 않겠다고 하는 의사표시**를 말한다. 일단 피청약자가 청약을 거절하게 되면, 청약은 그 효력을 상실하게 되어 청약의 효력은 종료된다. 만약, 피청약자가 청약을 승낙할 의도가 없다는 것을 청약자가 확증하게 되면 청약의 거절은 명시적일 필요는 없다. UN통일매매법에서도 "청약이 비록 취소불능이더라도 거절의 의사표시가 청약자에게 도달한 때에는 그 효력을 상실한다"고[12] 규정하고 있다.

(5) 시간의 경과

청약은 **기간의 경과에 의하여 효력을 상실**한다. 당사자들은 명시적으로 승낙기간을 규정하게 된다. 만약, 청약자가 승낙을 위한 시간제한을 두고 있다면 청약은 지정된 시간 내에 승낙될 것을 전제로 한 조건부가 된다. 시간의 경과에 관하여 UN통일매매법에서는 명문의 규정이 없지만, 영미법이나 독일 및 일본 등 대륙법계의 경우에는 시간의 경과에 따른 청약의 효력 상실을 인정하고 있다. 그리고 우리 민법에서도 "승낙기간을 정한 계약의 청약은 청약자가 그 기간 내에 승낙의 통지를 받지 못한 때에는 그 효력을 상실한다"라고 규정하고 있고 또한, "승낙기간을 정하지 아니한 계약의 청약은 청약자가 상당한 기간 내에 승낙의 통지를 받지 아니한 때에는 그 효력을 상실한다"고 규정하고 있다.

12) 제17조; An offer, even if it is irrevocable, is terminated when a rejection reaches the offeror.

(Logo)-회사로고

(Company Name)-회사명

Address: Tel: Fax: E-mail:

【Offer Sheet】

Date : 문서 발행일

Ref No. : 문서 번호(회사 내규)

MESSRS.: 매수인 회사명 및 주소

We are pleased to offer you as follows;

Item No.	HS CODE	Prouduct	Q'ty	Unit Price	Amount
제품번호	HS코드	제품명+설명	수량	단가	총 가격 (통화 기재)
				TOTAL :	

Country of Origin: 원산지명 예) SOUTH KOREA

Shipment: 선적 방법 예) By Ocean Freight, By Air Freight

Inspection: 검수 항목(대체로 판매자 최종 검수 내용 기재)

Payment: 송금 방법 예) T/T, L/C, Credit Card etc.

Validity: 오퍼 유효기간

Remarks: 기타 사항 및 수출입 요건 등 기재

Sincerely yours,

<u>영문 회사명 + 명판 + 직인</u>

APPENDIX(제품 이미지 및 간략한 상품 설명 기재)

section 03

승낙

1 승낙의 의의

1) 승낙의 개념

승낙(acceptance)은 **피청약자가 청약자의 청약에 따라 계약을 성립시킬 목적으로 청약자에게 행하는 동의의 의사표시**이다. 이러한 동의는 진술뿐만 아니라 기타의 행위[13]에 의해서도 가능하다. 합의를 성립시키는 것이 승낙의 목적이기 때문에 승낙은 청약의 내용과 완전히 일치해야 한다. 즉, 승낙은 청약에 대한 무조건·절대적 동의를 의미한다.

영미법에서는 이를 **완전일치의 법칙** 또는 **경상의 법칙**(mirror image rule)이라고 한다. 따라서 일정한 조건을 첨부한 승낙, 청약의 내용을 변경한 승낙, 청약자가 지정한 승낙 방법·시기 등을 따르지 않은 승낙은 계약 성립요건으로서의 효력을 발생하지 않는다. 그러므로 **승낙의 의도를 가지고 있다고 하여도 청약의 내용을 추가하거나 제한 또는 변경하는 내용이 담긴 응답은 승낙이 되지 못하며, 청약의 거절이면서 동시에 대응청약**(counter offer)이 된다.

UN통일매매법에서는 "청약에 대하여 동의를 표시하는 피청약자의 진술 또는 기타의 행위는 승낙이 된다"[14]고 규정하고 있는데, 이는 승낙이 청약에 대한 동의의 의사

13) 예컨대, 물품의 발송, 대금의 지급, 신용장의 개설 등에 의해서도 승낙이 가능하다.
14) 제18조 제(1)항; A statement made by or other conduct of the offeree indicating assent to an offer is an acceptance. Silence or inactivity does not in itself amount to acceptance.

표시임을 명백히 하고 있는 것이다. 또한, "청약의 성격상 또는 당사자 간에 이미 확립되어 있는 관행이나 관습의 결과로서 피청약자가 청약자에게 아무런 통지 없이 물품의 발송이나 대금의 지급과 같은 행위를 함으로써 동의의 의사표시를 하는 경우, 승낙은 그 행위가 행하여짐과 동시에 효력이 발생한다"[15]고 규정함으로써 청약의 성질이나 당사자 간의 관행·관습에 의해 인정되는 행위에 의한 승낙도 인정하고 있다.

2) 청약의 조건이 변경된 승낙

UN통일매매법에서는 변경된 승낙에 대하여 본질적 변경이 있는 경우와 비본질적 변경인 경우로 나누어 법적 성질을 달리하고 있다.

(1) 본질적 내용이 변경된 승낙

승낙은 원칙적으로 청약의 내용과 일치하여야 한다. 따라서 **청약의 조건에 대하여 변경을 가한 승낙은 원칙적으로 청약의 거절인 동시에 대응청약**(또는 반대청약)이 된다.[16] 즉, 본질적 내용이 변경된 승낙은 청약에 대한 거절이자 동시에 새로운 청약이 된다. 따라서 어떠한 내용의 변경이 본질적 내용의 변경으로 인정되는지가 중요하다. UN통일매매법에서는 특히 **가격, 대금지급, 물품의 품질과 수량, 인도의 장소와 시기, 책임의 범위 또는 분쟁의 해결**에 관한 추가적 또는 상이한 조건은 청약의 내용을 본질적으로 변경하는 것으로 본다.

15) 제18조 제(3)항; However, if, by virtue of the offer or as a result of practices which the parties have established between themselves or of usage, the offeree may indicate assent by performing an act, such as one relating to the dispatch of the goods or payment of the price, without notice to the offeror, the acceptance is effective at the moment the act is performed, provided that the act is performed within the period of time laid down in the preceding paragraph.

16) 제19조 제(1)항; A reply to an offer which purports to be an acceptance but contains additions, limitations or other modifications is a rejection of the offer and constitutes a counter-offer.

(2) 비본질적 내용이 변경된 승낙

UN통일매매법은 "피청약자의 응답이 청약에 대한 승낙을 의도하고 있고 또한, 청약의 조건을 본질적(실질적)으로 변경하지 아니하는 추가적 또는 상이한 조건을 담고 있는 청약에 대한 응답은 승낙으로 간주된다"고[17] 규정하고 있다. 즉, **변경된 승낙이 청약과 내용적으로 불일치하더라도 그 불일치가 비본질적**(비실질적)**인 것이라면 승낙의 내용으로 계약이 성립**할 수 있다. 하지만 비본질적인 내용을 변경한 승낙의 경우에도 청약자가 지체 없이 불일치에 대하여 구두로 반대하거나 반대의 취지의 통지를 발송하는 경우에는 승낙이 되지 않으므로 계약은 성립하지 않는다. 반대의 통지는 불일치에 관련된 것이어야 하고 통지는 서면, 구두 또는 전자적인 방식으로도 할 수 있으며 발송에 의하여 효력이 발생하므로 그 전달상의 위험은 승낙자가 부담하게 된다.

2 승낙의 방법

어떠한 방법으로 승낙의 통지를 발송할 것인가 하는 문제는 두 가지로 생각해 볼 수 있다. 첫째, 승낙의 방법을 청약서에 미리 지정하였을 경우이다. 이러한 경우에는 **지정된 방법에 의하여 승낙의 통지를 발송**하여야 한다. 둘째, 승낙의 방법에 대하여 별도의 약정이 없는 경우이다. 이러한 경우에는 승낙의 방법도 청약의 방법과 마찬가지로 원칙적으로 자유이다. 따라서 **서면이나 구두에 의하거나 또는 행위에 의한 승낙도 가능**하다.

그러나 승낙은 그 의사를 외부에 표현할 필요가 있다. 따라서 **침묵**(silence)**이나 무행위**(inactivity)**는 그 자체만으로는 승낙이 되지 않는다**. 예컨대, 주문하지도 않은 물품을 보내면서 반송하지 않으면 승낙으로 인정하겠다는 청약에 대해 침묵하거나, 물품

17) 제19조 제(3)항; Additional or different terms relating, among other things, to the price, payment, quality and quantity of the goods, place and time of delivery, extent of one party's liability to the other or the settlement of disputes are considered to alter the terms of the offer materially.

을 반송하지 않는다고 해서 승낙이 되지 않는다.[18] 여기서 청약·승낙의 내용으로서 행위의 이행을 요구하고 있는 경우에는 그 행위 자체가 승낙이므로 별도의 승낙 통지는 필요가 없다. 청약이 승낙의 내용으로서 행위의 이행을 요구하고 있는 이외의 경우에는 승낙의 통지가 필요하다.

따라서 실제거래에 있어서는 다음과 같이 취급하는 것이 좋다.

먼저 청약 시에 승낙의 방법이 명시적으로 정해져 있을 경우 그 방법에 따르고, 둘째, 청약 시에 승낙의 방법이 명시적으로 지정되어 있지 않았다면, 청약이 행하여진 방법대로 승낙한다.

3 승낙기간

매도인이 청약서에 일정한 승낙기간(예컨대, 15일간)을 지정하면서 승낙기간의 기산일을 명시하지 않거나 혹은 공휴일에 대해 다루고 있지 않다면, 승낙기간을 정하는 문구는 모호할 수 있다.

1) 승낙기간의 산정시점

UN통일매매법은 승낙기간의 산정시점을 통신수단에 따라 달리 규율하고 있다. 즉, ⓐ **통신수단이 전보인 경우에는 발송을 위해서 교부한 때**, ⓑ **서신인 경우에는 서신상에 기재된 일자**, ⓒ **그러한 일자가 표시되지 아니한 경우에는 봉투에 기재된 일자로부터 승낙기간이 시작**된다. 이처럼 서면의 경우에 승낙기간의 시점을 청약자 측에 고정시켜 놓은 이유는 청약자가 이것을 기준으로 승낙기간을 정할 수 있도록 하기 위해서이다. ⓓ **전화, 텔렉스 또는 기타의 동시적 통신수단**에 의하여 승낙기간을 정한

18) 하지만 실무상 당사자 간의 합의나 관행 또는 관례에 의한 침묵도 승낙이 될 수 있다. 이에 관하여는 CISG 제9조 제1항(The parties are bound by any usage to which they have agreed and by any practices which they have established between themselves. 당사자들은 그들이 동의한 관습과 그들이 그들 사이에서 확립한 관례에 구속된다)에서 그 근거를 찾을 수 있다.

때에는 **청약이 상대방에게 도달한 때로부터 기산**한다.[19] 왜냐하면 발신과 도달이 동시에 이루어지기 때문이다.

2) 공휴일에 관한 규정

법정공휴일 또는 비영업일은 승낙기간에 함께 산입된다. 그러나 승낙기간의 말일이 청약자 소재지의 법정공휴일 등에 해당할 경우에는 **후속하는 최초의 영업일까지 연장**된다.[20][21]

4 승낙의 의의

1) 승낙의 효력발생시기

승낙은 청약에 대한 동의의 의사표시로, 계약성립을 목적으로 한다. 계약이 성립하는 시점은 승낙의 효력발생시점과 관계되기 때문에 승낙의 효력이 발생하는 시기가 매우 중요하다. 그러나 청약자와 피청약자는 공간적으로 떨어져 존재하고 있기 때문에 승낙의 의사표시가 피청약자로부터 발송되어 청약자에게 도달하기까지 어느 시점에 계약이 성립하느냐 하는 문제가 생긴다. 이 시기에 관하여는 무역계약의 성립시기

19) 제20조 제(1)항; A period of time for acceptance fixed by the offeror in a telegram or a letter begins to run from the moment the telegram is handed in for dispatch or from the date shown on the letter or, if no such date is shown, from the date shown on the envelope. A period of time for acceptance fixed by the offeror by telephone, telex or other means of instantaneous communication, begins to run from the moment that the offer reaches the offeree.

20) 우리 민법 제161조에서는 만약 "기간의 말일이 공휴일에 해당하는 때에는 기간은 그 翌日로 만료한다"고 규정하고 있다.

21) 제20조 제(2)항; Official holidays or non-business days occurring during the period for acceptance are included in calculating the period. However, if,a notice of acceptance cannot be delivered at the address of the offeror on the last day of the period because that day falls on an official holiday or a non-business day at the place of business of the offeror, the period is extended until the first business day which follows.

에서 언급한 것처럼 발신주의, 도달주의, 요지주의의 세 가지 방법이 있다.

UN**통일매매법에 따르면 승낙은 청약자에게 도달하는 때에 그 효력이 발생**한다. 승낙의 효력이 발생할 때 계약이 성립하므로 승낙이 도달하는 장소와 시간이 곧 계약성립의 장소와 시점이 된다. 그러나 승낙은 청약자가 정한 기간 내에 도달하지 않는 때에는 승낙으로서의 효력이 발생하지 않는다. 또한, 청약자가 지정한 기간이 없다면, 청약자가 사용한 통신수단의 신속성을 포함하여 거래상황을 충분히 고려하여 합리적인 기간(reasonable time) 내에 도달하지 않는 때에 승낙의 효력은 발생하지 않는다. 그러나 구두에 의한 청약은 특별한 사정이 없는 한 즉시 이를 승낙하지 않으면 승낙의 효력이 발생하지 않는다.

2) 연착된 승낙의 효력발생

승낙기간 내에 도달하지 못한 연착된 승낙은 원칙적으로 효력이 없다.[22] 하지만 UN통일매매법은 연착된 승낙도 계약을 성립시킬 수 있는 가능성을 마련해 놓고 있다. 승낙의 통지가 연착된 경우에도 전달기관의 잘못으로 인하여 승낙의 통지가 연착된 경우와 그 외의 사유로 인하여 승낙의 통지가 연착된 경우로 나누어 달리 취급하고 있다.

첫째, 연착된 승낙이더라도 **전달이 정상적이었다면 승낙기간 내에 청약자에게 도달되었을 상황으로** 인정되는 경우에는 그 **연착된 승낙은 승낙으로서의 효력**이 있다. 예컨대, 전달기관이 다른 곳에 전달하거나 또는 빠뜨리고 있다가 후에 제대로 전달한 경우가 그것이다. 이러한 경우에 승낙자는 계약이 성립되었으리라고 예상하고 있으므로 그를 보호해 주기 위한 것이다. 그러나 이 경우에도 청약자가 상대방에게 지체 없이 청약이 실효되었다는 취지를 구두로 통고하거나 그러한 취지의 통지를 발송하는 경우에는 그 연착된 승낙은 효력을 잃고 계약은 성립하지 않는다. 이때에도 청약자의 발송

22) 제18조 제(2)항; An acceptance is not effective if the indication of assent does not reach the offeror within the time he has fixed or, if no time is fixed, within a reasonable time, due account being taken of the circumstances of the transaction, including the rapidity of the means of communication employed by the offeror.

만으로 충분하므로 전달 위험을 승낙자가 부담하게 된다.

둘째, **연착된 승낙이더라도 청약자가 그 연착된 승낙이 승낙의 효력을 가진다**는 뜻을 표시하는 경우에는 **승낙으로서 효력**을 가진다. 그러나 이때 청약자는 그러한 표시를 지체 없이 해야 하며 또한, 발송만으로 인정된다. 그러나 승낙의 효력은 연착된 승낙의 도달시점에서 생기며 이때 계약이 성립하게 된다.[23)]

연착된 승낙에 효력을 부여하는 통지 사례

6월 1일에 매도인은 매수인에게 "귀사의 승낙은 6월 30일까지 당사에 도달해야 한다"고 명시된 청약을 우편으로 발송했다. 매도인과 매수인 사이에서 우편의 전달은 통상 5일이 소요된다. 6월 29일에 매수인은 청약을 승낙하는 서신을 우편으로 발송했다. 동 매수인의 서신은 7월 4일에 정상적으로 매도인에게 도달했다. 7월 4일에 매도인은 다음의 전보를 매수인에게 발송했다. "6월 29일자의 귀사의 서신은 너무 늦게 발송되어 당사의 청약에서 정한 6월 30일까지 당사에 도달하지 못했으나 당사는 그것을 승낙으로 다루겠다."

⇒ **이 사례에서 비록 매수인이 즉시 계약체결에 반대하더라도** 또한, 비록 매수인이 6월 30일에 승낙을 철회하는 서신을 발송했더라도 **당사자들은 계약에 구속된다**. 매수인의 승낙이 우송 중이던 6월 29일에서 7월 4일까지의 5일 동안에 매수인의 계약상의 이해에 영향을 미치는 가격수준이나 여타의 요인들이 바뀔 수도 있다. 그럼에도 이러한 변화에 따른 부담은 매수인이 져야 한다.[24)]

23) 제21조 제(1)항; A late acceptance is nevertheless effective as an acceptance if without delay the offeror orally so informs the offeree or dispatches a notice to that effect.

24) 도달에 5일이 소요되는 통신수단을 선택한 매수인은 전달 속도가 보다 빠른 통신수단인 전화나 이메일을 이용함으로써 본 협약 후술 제22조에 따라 승낙을 철회할 수 있었지만 이러한 기회를 이용하지 않았다.

5 승낙의 철회 기간

승낙의 철회는 승낙자가 승낙의 효력이 발생하기 전에 승낙의 의사표시를 소멸시키는 것을 말한다. 따라서 승낙의 효력소멸을 위한 승낙의 철회에 대한 문제는 의사표시의 효력발생시기를 발신주의로 하느냐 아니면 도달주의로 하느냐에 따라 달라지는 것이지만, 이는 도달주의 입장을 취하는 경우에 논의의 대상이 될 것이다. 왜냐하면 발신주의를 취하는 경우 승낙이 발송되면 이미 계약이 성립하기 때문이다.

UN통일매매법에 따르면, 승낙은 그 효력이 발생하기 이전 즉, 승낙의 통지가 청약자에게 도달하기 전에 또는 그와 동시에 철회의 의사표시가 청약자에게 도달하면 철회할 수 있다.[25] 한편, 승낙의 의사표시가 청약자에게 도달하여 일단 승낙으로서 효력이 발생한 이후에는 원칙적으로 이를 소멸시킬 수 없다. 왜냐하면 승낙의 도달과 동시에 계약이 성립되기 때문이다. 따라서 승낙의 효력이 발생한 이후에 그 효력을 소멸시키는 것은 계약 자체의 취소 또는 해제에 해당하는 것이다.

25) 제22조; An acceptance may be withdrawal if the withdrawal reaches the offeror before or at the same as the acceptance would have become effective.

CHAPTER 08

무역계약의 기본조건

section 01

계약대상(물품)에 관한 조건

1 품질조건

1) 품질조건의 의의

매매의 목적이 자신이 원하는 물품의 취득에 있다면 품질이 바로 이러한 물적 성취 여부의 기준이 된다는 점에서 **품질조건은 매매계약의 가장 중요한 조건**이다. 따라서 계약당사자는 계약에서 물품의 품질에 관하여 가능한 한 상세하게 약정한다. 매도인의 기본의무는 매매계약에 약정된 물품을 매수인에게 제공하는 인도의무이며, **품질의 일치성은 물품 자체뿐만 아니라 용기와 포장까지도 계약과 일치**해야 함을 의미한다. 당사자 간 품질에 관한 구체적인 합의가 없는 경우에는 **물품**이 동일 명세의 **통상적인 목적에 적합**하여야 하며, 계약체결 시 명시적·묵시적으로 매도인에게 알려져 있는 특정 목적에 적합해야 한다. 따라서 매도인이 견본이나 모형을 제시했다면 이와 동일한 품질을 갖고 있어야 한다.

일반적으로 매매계약서(sales contract), 청약서(offer sheet), 주문서(order sheet) 등에는 품질에 관한 세부적 내용 즉, ① 품질결정방법, ② 품질결정시기, ③ 품질증명방법 등이 명기된다.

2) 품질결정방법

품질을 결정하는 방법으로 견본매매(sale by sample), 점검매매(sale by inspection), 표준품매매(sale by standard), 상표매매(sale by trade make or brand), 명세서매매(sale by specification), 규격매매(sale by grades) 등이 있으며, 경우에 따라서는 이들 방법을 혼합하여 사용할 수도 있다.

(1) 견본매매(sale by sample)

국제상거래는 선물거래이기 때문에 매수인은 계약체결 시 물품의 명세와 함께 **견본을 송부받고 이와 동질의 물품이 송부될 것을 전제로 계약을 체결**한다. 따라서 **매매계약서나 협정서에 매매 시 품질의 기준이 견본임을 명시할 필요**가 있다. 즉, "Goods sold on sample shall be warranted by the seller **to be equal to the sample** upon arrival at destination"으로 명시한다.

의류, 가방 등 규격제품이 아닌 경우 수주받을 욕심으로 견본은 최상의 품질로 제작하였으나 최종 납품하는 물품의 품질이 이에 따라가지 못하는 경우 품질 불일치로 인한 분쟁이 발생할 수 있다. 이러한 점을 고려하여 중간 품질을 견본으로 제시하는 관습도 바람직하다.

견본에는 매도인이 매수인에게 송부하는 **매도인 견본**(seller's sample), 매수인이 매도인에게 송부하는 **매수인 견본**(buyer's sample)이 있는데, 이는 품질의 기준을 약정하기 위한 원견본이 된다. 그리고 매도인 혹은 매수인이 보내는 최초의 견본을 **원견본**(original sample), 원견본에 수정을 가하여 새롭게 제시한 견본을 **대응견본**(counter sample)이라 한다. 또한, 원견본에 대하여 상대방이 수락하게 되면 **승인견본**(approval sample)이 되며, 매매계약의 성립 후 선적 시에 선적품 중에서 골라서 매수인에게 보내는 것을 **선적견본**(shipping sample)이라고 하는데, 이는 선적품의 품질이 계약상품과 동일한지 여부를 확인하기 위함이다.

그리고 계약체결 시 품질을 표시할 때 품질표시의 문구로는 quality to be same as sample, quality as per sample, quality to be equal to sample 등과 같은 엄격한 표현보다는 **quality to be about the same as sample, quality to be about equal to the sample, quality to be similar to the sample 등의 표현이 클레임의 예방**을 위하여 매도인에게 바람직하다.

(2) 점검매매(sale by inspection)

점검매매는 매수인이 거래물품을 **물품의 소재지에서 실제 점검**하여 품질을 결정하는 방법이다. 이 방법은 **보세창고도거래**(Bonded Warehouse Transaction; BWT)**나 현물상환도지급**(Cash On Delivery; COD) **방식** 등에서 주로 이용된다. 이것은 매수인이 직접 물품을 점검하고 구매하기 때문에 분쟁발생 가능성이 낮다.

(3) 표준품매매(sale by standard)

농산물, 임산물 또는 광산물과 같은 1차산품은 일정한 규격이 없으므로 품질을 약정하기가 곤란하다. 따라서 이러한 물품의 거래에서는 **일정한 표준품**(standard)**을 추상적으로 제시하여 대체로 이와 유사한 수준의 품질을 인도**하면 된다. 표준품매매의 품질표시방법에는 평균중등품질조건(Fair Average Quality; FAQ), 판매적격품질조건(Good Merchantable Quality; GMQ), 그리고 보통품질조건(Usual Standard Quality; USQ) 등이 있다.

① 평균중등품질조건(Fair Average Quality; FAQ)

평균중등품질조건이란 동종상품 중 그 품질이 평균적이며 중등의 수준에 해당하는 상품을 인도하면 되고, 이것이 표준품매매의 일반적인 것이다. 이 조건은 주로 **곡물이나 과일과 같은 농산물과 광산물 등의 매매에 이용**되며, 인도 물품의 품질은 당해 계절 출하품의 평균중등품질을 조건으로 하는 것을 의미한다. 표준품은 동종물품의 평균적인 중등의 품질을 선정하여 표준품의 대표품질로 한다. 위의 물품을 선물거래로 할 경우에는 **전년도 수확물의 평균중등품을 품질의 기준**으로 삼고 계약을 체결한 후 실제로 인도되는 물품은 **당해 연도 수확물의 평균중등품을 기준**으로 한다.

② 판매적격품질조건(Good Merchantable Quality; GMQ)

판매적격품질조건이란 **원목**(timber or lumber)**이나 냉동 수산물 등과 같이 외관상으로는 좋게 보이지만 그 내부가 부식되는 등 잠재하자 가능성이 높은 경우**와 선적된 물품이 도착지에서 매수인에게 인도 시 **판매적격성**(merchantability)**을 매도인이 보증하는 품질조건**이다. 즉, 매수인이 도착지에서 품질을 검사하여 판매적격성이 없을 경우 이에 대한 책임을 매도인이 지는 조건이다.

③ 보통품질조건(Usual Standard Quality; USQ)

당해 생산물을 관장하는 **공인검사기관 또는 공인표준기관에 의하여 확인된 보통품질을 표준품의 품질**로 정한다. 공인검사기관은 특정 물품의 품질을 그 등급에 따라 특등, 1등, 2등과 같이 표준화해 놓고 있다. 예컨대, 우리나라에서 수출하는 인삼이나 오징어, 해태(海苔, 김) 등은 1등품, 2등품 또는 A급, B급 등으로 구분하는데 이는 해당 수출조합이나 정부가 지정한 공공기관에서 품질을 판정하여 구분한다.

(4) 상표매매(sale by trade make or brand)

매매물품의 상표(trade mark, brand)**가 국제적으로 널리 알려져 있을 경우**에 견본을 제공할 필요 없이 그 상표 또는 브랜드를 신뢰하여 이를 **품질의 기준**으로 삼는다. 매도인이 약정된 상표나 브랜드가 부착된 물품을 제공하면 물품의 품질조건을 충족한 것으로 간주된다. 예컨대, SAMSUNG 스마트폰, LG 가전제품, HYUNDAI 자동차, Lancome 화장품, Rolex 시계, Channel 향수, Coca cola 음료 등이 브랜드 거래 품목이라고 할 수 있다.

(5) 명세서매매(sale by specification or dimensions)

선박, 대형운반기계, 의료기기, 철도차량 등은 견본이나 표준품으로 물품의 품질을 표시하는 것이 불가능하다. 또한, 화공약품, 의약품, 연료 등은 그 함유된 성분을 견본으로 입증하기 곤란하다. 이들 제품은 **소재, 구조, 규격, 성능 및 성분을 표시한 자세한 명세서로 품질의 기준**을 삼는다. 이러한 명세서의 보조물로 청사진(blue print), 도해목록(illustrated catalogue) 및 설계도(plan drawing) 등이 이용된다.

(6) 규격매매(sale by grades)

국제적으로 물품의 규격이 정해져 있거나 수출국의 법규에 의하여 물품의 규격이 정해져 있을 경우 이를 **품질의 기준**으로 삼고 거래가 이루어진다. 국제적인 규격의 예로는 국제표준기구(International Standardization Organization; ISO)의 규격이 있으며, 개별국가의 표준규격으로는 우리나라의 KS(Korea Standard), 일본의 JIS(Japan Industrial to Standard), 영국의 BSS(British Standard Specification) 등이 있다.

3) 품질결정시기

일반적으로 국제간 거래되는 물품은 **장기간에 걸쳐 운송**되므로 **선적 시와 양륙 시에 품질이 달라질 수 있다.** 따라서 어느 시점의 품질을 기준으로 할 것인지 미리 정해두지 않으면 매도인은 선적 시의 품질을 기준으로 하기 원하는 반면, 매수인은 양륙 시 품질을 기준으로 하기 원하기 때문에 계약당사자 간 분쟁이 발생할 수 있다. 품질의 결정시기를 크게 나누어 **선적 시를 기준으로 하는 선적품질조건과 도착 시를 기준으로 하는 양륙품질조건**으로 나눌 수 있다. 선적 시와 도착 시에 품질의 변화가 가장 큰 물품이 농산물이다.

(1) 일반상품의 품질결정방법

① 선적품질조건(shipped quality terms)

선적품질조건은 거래물품의 품질이 매매계약과 일치하는지 여부를 판정하는 **품질의 결정시기를 선적항에서의 선적 시로 하는 조건**이다. 선적품질조건은 일반 공산품 등에 널리 이용되고 있으며, 매도인은 운송 중에 변질된 물품에 대해서는 책임을 부담하지 않는 조건이다. 일반적으로 FCA, FAS, FOB, CFR, CIF, CPT, CIP조건은 선적품질조건이라고 할 수 있어 선적 시 품질을 기준으로 하는 것으로 본다.

② 양륙품질조건(landed quality terms)

양륙품질조건이란 거래물품의 품질이 매매계약과 일치하는지 여부를 판정하는 **품질의 결정시기를 물품의 도착, 양륙 또는 인도가 행해지는 목적항 또는 목적지에서 검품하는 조건**으로, 도착품질조건이라고도 한다. 양륙품질조건에서 매도인은 운송 중에 변질된 물품에 대해서는 책임을 부담하여야 한다. 실무적으로는 계약서나 협정서에 달리 규정한 바가 없으면 양륙인도조건인 DAP, DPU, DDP조건은 양륙품질조건으로 볼 수 있다.

(2) 곡물의 품질결정시기

곡물거래에 있어서는 일찍이 영국 London 곡물시장에서 정립되어 오늘날 널리 사용하고 있는 특수조건으로 **선적품질조건인** TQ·SD**와 양륙품질조건인** RT가 있다.

① Tale Quale(T.Q.)

곡물류의 **선적품질조건**으로 'as it is', 'just as they come'의 뜻이다. 즉, 운송 중 물품의 변질에 대하여 매도인이 책임을 지지 않는 조건이다.

② Sea Damage(S.D.)

이것은 일본에서 영국에 청완두 수출 시 사용했던 조건이다. 이것은 특약부 선적품질조건으로 해상운송 중 생긴 유손 즉, 해수유(sea water), 우유(rain), 담수유(fresh water), 증기유(heating), 습손(sweet), 곰팡이(mold) 등으로 인하여 야기되는 품질손해에 대해서는 매수인이 클레임을 제기할 수 있는 **조건부 선적품질조건**이다.

③ Rye Terms(R.T.)

곡물류의 **양륙품질조건**으로 운송 중의 변질에 대하여는 매도인이 모든 책임을 지는 조건으로 대부분의 곡물류 거래에 이 조건이 활용된다.

4) 품질의 증명

물품의 검사는 **매도인이 인도하는 물품이 계약에 일치하는지를 매수인이 확인**하는 방법이다. 당사자는 필요한 경우 매매계약서에 검사에 관한 조항을 삽입하여야 한다. 검사조항에는 검사시기, 검사장소, 검사인, 검사방법 및 검사비용 부담 등에 관하여 명시하여야 한다. 만약, 수출국의 검사규정에 따른 검사로 대신하고자 한다면 그 취지를 명기하여야 한다. 국제적인 전문검사기관으로는 영국의 Lloyd's Agent, 프랑스의 SGS(Societe Generale de Serveillance S.A), 미국의 Del Pan Inc. 등이 있다. 이들 검사기관이 검사 후 발표하는 감정보고서(survey report)는 국제적으로 신뢰를 받고 있다.

【INSPECTION CERTIFICATE】

KOREA INSPECTION CO., LTD.
171, Jang－dong, Yuseong－gu, Daejeon 305－343, Korea
Tel: 82－42－868－7401/Fax: 82－42－868－7402

* DESCRIPTION OF GOODS : 100% POLYESTER WOVEN FABRIC
58"HI COUNT DTY T/F
42,800MTS 12,784KG 13,500KG

TOTAL 42,800MTS 12,784KG 13,500KG
AS PER BENE.'P/I NO. HKD2002－05 DATE : 15.MAR.2024

* DOCUMENTARY CREDIT NUMBER 1200/85054652/CD

* L.C. ISSUING BANK BANK SEPAH FERDOSI SQ, BR., FERDOSI SQ., P.C.11319, TEHRAN,IRAN TEL NO.6709664 FAX NO.9711725

* CUSTOMS TARIFF NO. 7210/69

* SHIPMENT FROM BUSAN－KOREA TO BANDAR ABBAS PERSIAN GULF BY CLASSIFIED VESSEL

* NAME OF VESSEL APL MALATSIA 104W

* NOTIFY PARTY PARS KHAZAR INDUSTRIAL CO.THERAN/IRAN CREDIT NUMBER.1200/80504642/CD

* BENEFICIARY HONG KIL DONG CO., LTD 45, NAMDAENUM－RO 4GA, JUNG－GU SEOUL 100－743, KOREA

* MANUFACTURER HONG KIL DONG CO., LTD

* PACKING CASE IN CONTAINER

* TOLERANCE TOTAL QUANTITY ＋0/－10PCT

WE HEREBY CONFIRM AND CERITY THAT GOODS ARE PRODUCED IN CONFORMITY WITH STANDARD K.I.C C3314 AS DECLARED BY MANUFACTURER/SUPPLIER.

Signed by ＜검사기관장 서명＞

2 수량조건

1) 수량의 의의

무역계약에서 **수량(quantity)이란 개수만을 의미하는 것이 아니라 길이, 넓이, 부피, 중량 등을 의미**한다. 국제상거래에서 수량은 품질 다음으로 분쟁이 일어나기 쉬운 조건이다. 따라서 계약체결 시 수량의 단위, 수량의 결정시기 및 과부족용인조항 등에 주의가 필요하다.

2) 수량의 단위

수량을 표시하는 단위는 물품의 성질과 관습에 따라 개수(piece), 길이(length), 넓이(square), 부피(measurement), 중량(weight), 포장(package) 등으로 나눌 수 있다. 또한, 컨테이너의 경우에는 TEU(Twenty Feet Equivalent Unit)나 FEU(Forty Feet Equivalent Unit) 등이 있다.

(1) 개수

개수는 낱개로 거래되는 공산품의 대금계산 단위로, 주로 piece, each, set, unit, dozen 등의 단위를 사용한다. 특히, **dozen의 상세 표기**는 아래와 같다.

1dozen	12pieces
1small gross	10dozen(12x10)=120 pieces
1gross	12dozen(12x12)=144 pieces
1great gross	12gross(12x12x12)=1,728 pieces

(2) 길이 및 넓이

길이는 meter, inch(≒2.54㎝), feet(=12inch≒30.4㎝), yard(=3ft= 36inch≒91㎝) 등의 단위를, 넓이는 ㎡, ft2 등의 단위를 사용한다.

(3) 부피(용적)

용적은 물품을 담을 수 있는 부피 혹은 용기 안을 채우는 분량을 의미한다. 용적을 나타내는 단위로 m^3(cubic meter; CBM), ft3(cubic feet; CFT), TEU, FEU, liter, drum, gallon, barrel 등을 사용한다. 용적단위는 주로 액체나 목재 등의 거래에 사용되는데 목재 등은 CBM 또는 CFT, 합판이나 타일 등은 square feet 등이 사용된다. 유류 등에 사용되는 1drum은 200리터, 1gallon은 3.785리터, 1barrel은 158.984리터이다. 화물을 부피로 나타낼 때는 소량화물은 CBM으로 만재화물은 TEU 또는 FEU로 나타낸다.[26)]

(4) 중량

중량은 철강제품, 광물, 곡물 등의 거래에 주로 사용된다. 중량을 표시하는 단위는 pound(lb), kilogram(kg), Ton 등이 있다. Ton의 경우 중량을 표시하는 중량톤(Weight Ton; W/T)과 용적을 표시하는 용적톤(Measurement Ton; M/T)이 있다. 특히, **중량의 표시 단위는 아래와 같이 국가별로 차이**가 있다.

Long Ton(L/T)	1,016kg	2,240lbs	영국식
Short Ton(S/T)	907kg	2,000lbs	미국식
Metric Ton(M/T)	1,000kg	2,204lbs	프랑스, 독일, 한국 등

중량측정의 종류에는 총중량(Gross Weight)조건과 순중량(Net Weight)조건이 있다. **총중량조건**은 포장재료의 중량을 포함한 중량을 대금계산의 기준으로 하는 조건을 말하며, 포장용기 및 함유잡물이 일정한 면화, 소맥가루, 분말 등 그 성질상 포장과 분리가 어려운 특성을 지닌 제품에 한하여 사용된다. **순중량조건**은 총중량에서 포장재료의 중량을 공제한 것을 대금계산의 중량조건으로 하는 것을 말한다. 여기서 다시 순중량에서 함유잡물(dust)의 중량을 제외하거나(예컨대, 농산물), 부자재의 중량을 제외한

26) TEU(20피트) : twenty-feet equivalent unit(8feet×8feet×20feet), 33CBM(최대적재), 25CBM(평균적재)
FEU(40피트) : forty-feet equivalent unit(8feet×8feet×40feet), 67CBM(최대적재), 55CBM(평균적재)

(예컨대, 섬유제품) 중량을 정미순중량이라 한다. 한편, **법적순중량**(Legal Net Weight)은 중량관세의 부과를 위하여 사용되는 중량으로 총중량에서 겉포장재료의 무게를 공제한 중량을 말한다.

(5) 컨테이너

컨테이너는 길이에 따라 20ft(TEU), 40ft(FEU), 45ft(High Cubic) 컨테이너로 분류한다. 이러한 컨테이너의 폭과 높이는 각각 8ft×8.6ft, 8ft×8ft, 8ft×9.6ft이다. 이들 컨테이너 가운데 TEU는 컨테이너 전용선, 컨테이너 물품의 수량, 컨테이너 부두의 수용능력 등을 측정하는 기준이 된다.

3) 살화물(Bulk cargo)의 수량 약정

살물(撒物, bulk cargo)**이란 불가산**(uncountable)·**비포장상태**(unpacked)**로 거래되는 대량물품** 예컨대, 포대나 용기에 넣지 않은 곡물류, 석탄, 광석, 모래, 자갈 등을 말한다. 이러한 살물은 약정된 수량을 정확히 인도하는 것이 불가능하기 때문에 어느 정도 **과부족**(surplus or deficiency)**을 허용하는 조건으로 약정**해야 한다. 따라서 수량에 관한 분쟁을 미연에 방지하기 위해서 과부족용인조항이나 개산수량조항을 사용하여 수량을 표시하는 것이 좋다.

(1) 과부족용인조항(more or less clause; M/L clause)

곡물, 광산물 등과 같이 장기간의 운송 도중에 감량이 예상되는 경우, 또는 물품의 성질 혹은 생산이나 선복의 사정상 정확하게 계약대로 수량을 인도하기 곤란한 물품에 관하여는 약간의 과부족을 허용하는 조건을 명시해야 한다.

① 특약에 의한 과부족용인조항 설정

약정된 수량에서 **약간의 과부족이 발생하더라도 이를 계약위반으로 간주하여 클레임을 제기하지 않도록 과부족을 용인하는 조항**을 계약에 명기한다. 수량 과부족을 허용할 경우, 얼마만큼을 허용할 것인지 또는 과부족 선택권자를 누구로 할 것인지를 계약서에 명시하는 것이 좋다. 과부족용인조항에는 용인수량의 한도와 과부족의 선택권자를 명시한다. 예컨대, **"5% more or less at seller's option"**이나 "seller has the option of delivering 10% more or less on the contracted quantity" 등과 같은 조항이다. 수량 과부족을 인정하는 경우에 과부족 부분의 대금정산은 계약가격(Contract Price)에 의하는 것이 원칙이다.

② 신용장거래에서의 과부족용인조항

신용장통일규칙(UCP600) 제30조 제b항에서는 산화물의 과부족용인에 관한 전통적인 거래관습을 반영하여 반대의 명시가 없는 한 **±5%의 과부족을 허용하는 규정**을 두고 있다. 즉, "만일 신용장이 수량을 포장단위 또는 개별단위의 특정 숫자로 기재하지 않고 청구금액의 총액이 신용장의 금액을 초과하지 않는 경우에는 물품의 수량에서 5%를 초과하지 않는 범위 내의 많거나 적은 편차는 허용된다."고 규정하고 있다.[27] 주의할 점은 신용장통일규칙은 신용장거래에만 적용되기 때문에 송금 및 추심거래(D/A or D/P)에서는 과부족용인조항을 반드시 명시해 두어야 한다는 것이다.

(2) 개산수량조항(approximate terms)

개산수량조항이란 수량 표시에 "약"이란 뜻의 "about", "approximately" 등의 용어를 사용하는 조항이다. 개산수량조항은 물품의 수량을 정확한 수가 아닌 대략으로 나타낸 수 즉, 개수(槪數)로 표시한 조건을 말한다. 개산수량조항은 실제의 값은 알고 있으나 그대로의 정밀한 값을 사용할 필요가 없는 경우, 또는 실제의 정확한 값을 알 수 없을 경우 등에 쓰인다. 신용장통일규칙(UCP600) 제30조 제a항에서는 수량, 금액 및 단가 앞에 이러한 단어가 사용되었다면 10%의 과부족을 허용한다고 규정하고 있다.

27) 제30조 제(b)항; A tolerance not to exceed 5% more or 5% less than the quantity of the goods is allowed, provided the credit does not state the quantity in terms of a stipulated number of packing units or individual items and the total amount of the drawings does not exceed the amount of the credit.

주의할 점은 필요한 경우 금액 앞에 "about"을 사용하지 않고 수량에만 "about"을 붙였다면 이것으로 금액의 초과에는 이용할 수 없다. 또한, 신용장거래의 경우에도 단가, 수량, 금액을 제외한 예컨대, 선적기일, 운임 등에는 "about"의 10% 오차가 적용되지 않는다는 것이다.

4) 수량결정시기

품질조건에서 언급한 바와 같이 수량조건에서도 어느 시점의 수량을 계약상의 수량과 같아야 하느냐 하는 것이다. 품질조건의 경우와 마찬가지로 **선적 시의 수량을 기준으로 하는 선적수량조건**(shipped quantity terms)**과 양륙 시를 기준으로 하는 양륙수량조건**(landed quantity terms)이 있다. 첫째, 선적수량조건은 선적 시점에 검량한 수량이 계약에서 명시한 수량과 합치되면, 운송 도중의 감량은 매수인이 책임을 져야 한다. 일반적으로 FOB, CIF조건에 의한 거래는 특약이 없는 한 선적지인도조건으로, 선적수량조건에 의한다.

선적수량조건의 경우 매도인은 계약수량대로 선적하면 운송 중의 증감에 대해서는 책임을 지지 않으며, 선적 시의 수량에 대해서는 미리 매수인의 승인을 얻은 검사기관 또는 공인검량업자의 검량을 받아 그가 발행하는 중량용적증명서로 입증하여 이것을 운송서류의 일부로서 매수인에게 송부하여야 한다.

둘째, 양륙수량조건은 목적항에서 양륙하는 시점에 검량하여 인도수량이 계약수량과 일치하여야 하는 조건으로, 만일 운송 중 감량이 있는 경우에는 매도인이 책임을 부담하는 조건이다. 일반적으로 DAP, DPU, DDP조건에 의한 거래는 특약이 없는 한 양륙수량조건이다.

【CERTIFICATE OF QUANTITY/WEIGHT/MEASUREMENT】

HONG KIL DONG CO., LTD.

50, Namdaemun-Ro 1Ga, Jung-gu Seoul 100-710, Korea
Tel: (82-2)316-3302/Fax: (82-2)316-3500

1. MANUFACTURER

   HONG KIL DONG CO., LTD.

   50, Namdaemun-Ro 1Ga, Jung-gu Seoul 100-710, Korea

   Tel: (82-2)316-3302/Fax: (82-2)316-3500

2. EXPORTER

   HONG KIL DONG CO., LTD.

   50, Namdaemun-Ro 1Ga, Jung-gu Seoul 100-710, Korea

   Tel: (82-2)316-3302/Fax: (82-2)316-3500

3. DESCRIPTION OF GOODS

   100%POLYESTER WOVEN FABRIC 58"P/D

4. QUANTITY

   10,000YRD(G.W: 10,143KGS, N.W: 9,998KGS)

5. MAIN MANUFACTION STAGES COMPLETED BY THE MANUFACTURER ISSUING THE CERTIFICATE;

   WEAVING/DYEING/FINISHING: HONG KIL DONG CO., LTD.

   "I, THE UNDERSIGND, CERTIFY THAT THE GOODS COVERED BY THE CERTIFICATE WAS MANUFACTURED BY HONG KIL DONG CO., LTD.
   I UNDERTAKE THAT THE INFORMATION PROVIDED IN THIS CERTIFICATE IS CORRECT AND VERIFIABLE."

Signed by <신청업체 대표자 서명>

3 가격조건

무역계약의 조건 가운데 매매당사자의 관심이 가장 높은 것이 가격조건(price terms)이다. 왜냐하면 가격이 당사자의 이윤과 직결되기 때문에 청약에 대한 승낙의 가장 결정적인 조건이다. 가격조건에서는 가격표시방법, 가격결정방법, 요소비용 및 정형거래조건 등을 살펴볼 필요가 있다.

1) 가격표시방법

가격표시방법과 관련하여 "Price: US$125.75/set FOB Busan Port"**와 같이 통화, 단가**(unit price), **정형거래조건**(비용과 위험의 분기점) **등을 명기**하게 된다. 표시통화는 수출국통화, 수입국통화, 제3국통화가 있으며, 표시통화를 선택하는 데 있어서는 안정성, 유통성 및 교환성 등을 고려하여야 한다. 일반적으로 표시통화를 선택할 때에는 환시세의 변동에 따른 환위험이 적은 안정된 통화를 선택하는 것이 바람직하다.

매도인은 무역계약을 체결한 후 시장가격 상승, 매수인은 가격하락에 따른 위험을 부담한다. 수출국의 통화로 표시하면 환율변동에 따른 환위험(exchange risk)을 수입상이 부담하며, 수입국의 통화로 표시하면 이를 수출상이 부담한다. 제3국의 통화로 표시하면 환위험을 양 당사자가 모두 부담하게 된다. 통화 중에는 같은 명칭이라도 사용국가에 따라 가치가 다르다. 예컨대, dollar에는 US dollar, Canadian dollar, Hong Kong dollar 등이 있으므로 **반드시 통화명 앞에 국명을 붙여야 한다**.

2) 가격결정방법

수출입물품의 가격은 Price = **제조(구매)원가 + 이윤 + 요소비용의 공식에 따라 결정**하게 된다. 요소비용에 대하여는 운송·물류비, 보험료, 은행비용, 행정비용 및 부대비용 등이 계산된다. 수출입물품의 가격은 물품의 단가를 정하여 상대방에게 제시할 때 원래 물품의 제조원가와 영업비 및 이윤을 제외한 아래의 여러 가지 수출입비용 가운데 어느 항목까지 포함시켰느냐에 따라 달라질 수 있다.

국제거래에서는 이들 비용의 부담 정도에 따라 가격의 표시방법을 정형화하여 매매당사자의 선택에 따라 사용하도록 하고 있다. 이와 같이 정형화된 가격조건을 정형거래조건(trade terms)이라고 하며, 이에 관한 ICC의 해석규칙을 "정형거래조건의 해석에 관한 국제규칙"(International Rules for the Interpretation of Trade Terms), 영문약어로 Incoterms라 한다. Incoterms는 1936년에 제정되어 그 후 대략 10년 주기의 개정을 거쳐 2020년 1월 1일부터 Incoterms® 2020이 사용되고 있다.

【COMMERCIAL INVOICE】

<table>
<tr><td>① Shipper/Seller　KRGILTRA159SEO

GILDING TRADING CO., LTD.
159, SAMSUNG－DONG, KANGNAM－KU,
SEOUL, KOREA</td><td>⑦ Invoice No. and date
8905 BK 1007 MAR. 20. 2024

⑧ L/C No. and date

55352 MAR. 15. 2024</td></tr>
<tr><td>② Consignee(or For account & risk of Messrs)
MONARCH PRO CO., LTD.
5200 ANTHONY WAVUE DR.
DETROIT, MICHIGAN 48203
U. S. A</td><td>⑨ Buyer(if other than consignee)
MONARCH PRODUCTS CO., LTD.
5200 ANTHONY WAVUE DR.
DETROIT, MICHIGAN 48203
U. S. A</td></tr>
<tr><td>③ Departure date
MAR. 20, 2024</td><td>⑩ Other references
COUNTRY OF ORIGIN:
REPUBLIC OF KOREA</td></tr>
<tr><td>④ Vessel/flight　PHEONIC
⑤ From　BUSAN, KOREA
⑥ To　DETROIT, U.S.A</td><td>⑪ Terms of delivery and payment
F.O.B BUSAN
L/C AT SIGHT</td></tr>
</table>

⑫ Shipping Marks	⑬ No.&kind of packages	⑭ Goods description	⑮ Quantity	⑯ Unit price	⑰ Amount
		NYLON OXFORD	60,000M	US$1.00/M	US$60,000
MON/T	420 DP X 420D		1208.06KGS.		
DETROIT	MATERIAL.				
LOT NO	AS PER MONARCH PRODUCTS				
C/NO.1－53	INDENT NO. T. 858				
MADE IN KOREA					

Signed by
⑱

4 포장조건

1) 포장의 의의

국제상거래에서 포장은 운송 중 물품을 안전하게 보호하고, 경우에 따라서는 물품의 상품가치를 높이는 기능을 한다. 안전성을 너무 강조하면 과대포장이 될 가능성이 있다. 이러한 과대포장(over packing)은 포장비용을 높이고 운송비의 부담을 증가시킬 수 있다. 따라서 물품의 종류, 운송방법, 거리, 기후, 온도, 환적, 항만시설, 포장비 및 운임 등을 고려하여 가장 합리적인 포장을 하여야 한다. 필요할 경우 **계약서에 구체적인 포장방법과 포장재료를 명기**할 수 있다. 또한, 물품의 외장에는 다른 화물과 식별을 위하여 화인(cargo mark)을 하게 된다.

한편, UN**통일매매법에는 국제상거래에 있어서 포장이나 용기의 중요성을 인정하여 이들도 물품의 적합성을 가늠하는 기준에 포함**시키고 있다. 즉, "당사자가 달리 합의한 경우를 제외하고, 물품이 통상적인 방법으로 또는 그러한 방법이 없는 경우에는 그 물품을 보존하고 보호하는 데 적절한 방법으로 용기에 담거나 또는 포장되어 있어야만 그 물품은 계약과 일치하게 된다"고 규정하고 있다.

2) 포장의 종류

포장의 종류에는 **외장, 내장 및 개장**이 있다. 첫째, **외장**(outer packing)은 운송 중에 일어날 수 있는 물품의 변질이나 파손 또는 유실 등의 위험을 미연에 방지하고, 화물취급을 편리하게 할 수 있도록 수 개의 내장을 합쳐서 큰 단위로 포장하는 것을 말한다. 이러한 외장은 화물의 단위화(unitization)를 고려하여야 한다. 화물의 단위화에는 해상운송의 경우에는 팔레트(pallet)나 컨테이너(container), 항공운송의 경우에는 ULD(Unit Load Device)가 사용된다.

둘째, **내장**(inner packing, interior packing)은 개장 물품의 수송이나 취급에 편리하도록 수 개의 개장 물품을 모아서 포장하는 것이다. 내장에는 물품이 영향을 받을 수 있는 수분, 광열, 충격을 고려하여 물품의 보호를 위한 보호적 내장(inner protection)도 있다. 셋째, **개장**(unitary packing)은 물품 하나하나에 대한 포장으로, 각 물품의 보호기능과 소비자의 구매 의욕을 자극하기 위한 기능도 한다.

3) 화인

화인(marking)**은 화물의 식별과 취급을 용이하게 하기 위해 포장의 외장에 특정한 기호나 문자 따위를 표기하는 것**으로, 주화인(main mark), 부화인(counter mark), 화번(case number), 도착항표시(port mark), 중량표시(weight mark), 원산지표시(origin mark), 주의표시(care mark, side mark, caution mark) 및 주문번호(order no.), 지시표시(attention mark), 품질표시(quality mark) 등 여러 가지가 추가적으로 표시될 수 있다.

(1) 주화인(main mark)

다른 화물과의 식별을 용이하게 하기 위하여 **외장에 특정의 기호**(symbol)**를 표시하고 그 안에 상호 등의 약자를 삽입**한다. 기호로서는 삼각형(triangle), 정사각형(square), 직사각형(rectangle), 원형(circle), 동심원(concentric circle), 마름모(diamond) 등이 있다.

(2) 부화인(counter mark)

주화인만으로 다른 화물과 식별이 어려울 때 **생산자 또는 공급자의 약자를 보조적으로 표시**한다.

(3) 포장번호(case number)

매 포장마다 **일련번호를 부여**하여 송장이나 포장명세서 또는 운송서류상의 포장과 대조 확인할 수 있도록 한다.

(4) 도착항표시(port mark)

한 선박에 여러 화물이 함께 선적되기 때문에 화물의 선적과 양하 작업이 용이하도록 또는 배달 사고가 없도록 **도착항이나 경유항**[28)]을 표시한다.

(5) 품질 또는 중량표시(quality or weight mark)

내용물의 **품질 또는 등급**을 기호로써 표시하며 검사의 합격표시도 할 수 있다. 또한, 운임계산, 통관, 하역작업 등을 용이하게 할 수 있도록 **순중량과 총중량**을 표시한다.

(6) 원산지표시(origin mark)

당해 물품의 생산국을 외장의 맨 아래에 표시한다.

(7) 주의표시(care mark, caution mark)

화물 취급 시 주의할 점을 표시하는 것으로 외장의 측면에 도안이나 문자로 표시한다.

화인 예시

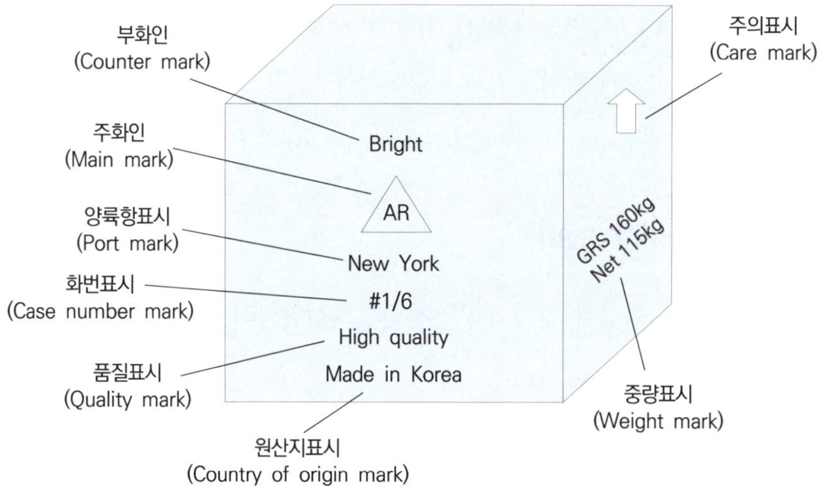

28) 예컨대, 파나마항이나 시애틀항을 경유할 경우 New York via Panama 또는 New York overland via Seattle 등으로 표시한다.

【PACKING LIST】

<table>
<tr><td colspan="3">① Seller
Gil Dong Trading Co., Ltd.</td><td colspan="3">⑧ Invoice No. and date
8905 HC 3108 May. 15, 2024.</td></tr>
<tr><td colspan="3">② Consignee(or For account & risk of Messrs.)
Monarch Products Co., Ltd.
P.O.Box 208
Bulawayo, Zimbabwe

③ Notify Party
Same as above.</td><td colspan="3">⑨ Buyer(if other than consignee)
Monarch Products Co., Ltd.
P.O.Box 208
Bulawayo, Zimbabwe</td></tr>
<tr><td colspan="3">④ Departure date
May. 20, 2024.</td><td colspan="3" rowspan="3">⑩ Other references
Country of Origin:
Republic of Korea</td></tr>
<tr><td>⑤ Vessel/flight
Phoenix</td><td colspan="2">⑥ From
BUSAN, KOREA</td></tr>
<tr><td colspan="3">⑦ To
Bulawayo, Zimbabwe</td></tr>
<tr><td>⑪ Shipping Marks</td><td>⑫ No.&kind of packages</td><td>⑬ Goods description</td><td>⑭ Quantity or net weight</td><td>⑮ Gross Weight</td><td>⑰ Measurement</td></tr>
<tr><td>MON/T
Bulawayo
LOT NO
C/NO.1－53
MADE IN KOREA</td><td>4200DX420D
Material,
As per Monarch
Products
Indent No T.858</td><td>Nylon Oxford</td><td>60,000M
1208.06Kgs</td><td>1,317kgs</td><td>24.5CBM</td></tr>
<tr><td colspan="6">//</td></tr>
<tr><td colspan="3"></td><td colspan="3">Signed by
⑱</td></tr>
</table>

section 02

계약이행에 관한 조건

1 선적조건

1) 선적과 인도

국제상거래에서 선적은 인도의 가장 대표적인 방법이다. FOB나 CIF조건에서 선적과 인도가 같은 개념이지만 DAP나 DDP 등에서는 그 개념이 다르다. 따라서 계약조건으로 인도조건(delivery terms)이란 용어를 사용하면 이것이 선적을 의미하는지, 위험의 이전을 의미하는지, 또는 매도인이 매수인의 관리하에 물품의 반입을 의미하는지 혼동하기 쉽다. **물품의 인도와 관련된 시기를 나타내는 계약조건은 선적조건**(shipment terms)**이라고 명기**하는 것이 좋다.

선적일과 관련하여 선적(shipment)은 해상운송뿐만 아니라 철도, 항공, 우편, 복합운송의 경우까지 확대하여 사용하고 있다. 구체적으로 선적은 본선적재(loading on board), 발송(dispatch), 수탁(taking in charge), 운송을 위한 인수(accepted for carriage), 우편수령(date of post receipt), 접수일(date of pick-up)까지 모두 포함된 광의의 개념이다.

2) 선적시기

(1) 선적시기의 표시

① 단월조건 : 선적시기와 관련하여 신용장상에 "Shipment shall be made during september"와 같이 합의하였다면 매도인은 9월 1일부터 9월 30일까지 선적하면 된다.

② 연월조건 : 선적시기와 관련하여 신용장상에 "Shipment shall be made during June and July" 또는 "June/July shipment"와 같이 합의하였다면 매도인은 6월 1일부터 7월 31일 사이에 선적하면 된다.

③ 특정일 이전 또는 이후 선적조건 : 선적시기와 관련하여 신용장상에 "Shipment shall be made till September 15, 2024."와 같이 합의하였다면 2024년 9월 15일까지 선적하면 된다. **선적기일 표시와 관련하여 "from", "till", "by", "until", "to" 등은 당해 일이 포함되나 "after"와 "before"는 당해 일이 제외**된다. 또한, **"on or about"(경)은 당일을 포함하여 명시된 일자의 전후 5일 즉, 총 11일 이내에 선적**되는 것으로 해석한다.

④ 특정일 이전을 표시하는 문언에는 "the latest shipping date" 또는 "not later than"과 같은 표현을 사용하기도 한다.

⑤ 특정월의 초순은 **"at the beginning of..."**, **중순은 "in the middle of ..."**, **하순은 "at the end of ..."로 표시**하고, 각각 해당 월의 1일부터 10일, 11일부터 20일, 그리고 21일부터 말일까지를 나타낸다. 또한, **특정 월을 전반과 후반으로 구분할 때는 각각 "the first half of..."와 "the second half of ..."**로 표시하고 전자는 1일부터 15일, 후자는 16일부터 말일까지를 나타낸다.

⑥ 선적시기와 관련하여 신용장에 **구체적인 일자나 기간을 명기하지 않고 "prompt", "immediate", 또는 "as soon as possible"과 같은 문언은 사용하지 말 것**을 권고하고 있다. 그럼에도 불구하고 이러한 용어나 이와 유사한 용어가 사용되었다면 은행은 이를 무시하도록 규정하고 있다.[29)]

(2) 선적시기와 신용장 유효기일과의 관계

신용장의 유효기일 또는 제시를 위한 최종일이 불가항력적인 사유 이외의 사유로

29) 신용장통일규칙(UCP600) 제3조; Unless required to be used in a document, words such as "prompt", "immediately or "as soon as possible" will be disregarded.

제시를 받아야 하는 은행의 휴업일에 해당하는 경우, 그 유효기일 또는 제시를 위한 최종일은 경우에 따라 최초의 다음 은행영업일까지 연장된다. 예컨대, 일요일, 국경일 또는 기타 은행 휴업일 등으로 인하여 은행이 휴업할 경우, 신용장의 유효기일은 다음 최초의 영업일까지 자동 연장된다. 하지만 선적을 위한 최종일은 이러한 이유로 연장되지 않는다. 왜냐하면 선적 작업은 공휴일에도 가능하기 때문이다.

(3) 선적지연(delayed shipment)

약정된 물품을 계약서나 신용장상에 명기된 기간 내에 선적하지 못하면 선적지연이 된다. 일반적으로 선적지연은 매도인의 고의 또는 과실이나 불가항력적 사정에 의하여 발생한다. 만약 선적지연이 매도인의 고의 또는 과실로 발생했다면 이것은 **계약위반**(breach of contract)이 되며 매수인에 대하여 **손해배상책임**을 져야 한다. 실무에서는 **인도지연이나 불인도 시 매도인이 지연 기간에 따라 약정된 손해배상금액을 지급하도록 하는 약정손해배상액약관**(liquidated damage clause)**을 사용**하기도 한다.

물론, 매도인이 미리 인도지연을 예상하고 매수인과 연락하여 선적기간의 연장 등 가능한 조치를 취할 수 있다. 한편, 선적지연이 매도인이 통제할 수 없는 사유 즉, **불가항력**에 의한 경우에는 매도인은 원칙적으로 **손해배상책임이 면제**된다. 이 경우 지연이 허용되는 기간은 계약에 의하여 정해진다. 불가항력에 따른 이행기간의 연장은 불가항력에 대한 매도인의 입증책임을 전제로 하기 때문에 매도인은 지체 없이 자국의 상공회의소, 수출국에 거주하는 수입국의 영사관 등 관련기관으로부터 증명서를 교부받아 매수인에게 이를 송부하여야 한다.

3) 분할선적 및 환적

(1) 분할선적

물량 또는 금액이 많은 거래에서는 매도인이 그 전체를 한꺼번에 생산하여 선적하기 곤란한 경우도 있고, 매도인이 조속한 자금 회수를 위하여 먼저 생산한 물품을 가능한 빨리 선적하기를 원할 수 있다. 또한, 매수인도 자신의 판매계획이나 시황에 따라 전체를 일시에 선적되길 원할 수도, 원하지 않을 수도 있다. 이와 같이 **약정 수량을 한꺼번에 선적하지 않고 수차례에 걸쳐 나누어 선적하도록 하는 것을 분할선적**(partial shipment)이라 한다.

(2) 환적

환적(transshipment)**이란 일단 선적한 화물을 내려서 다른 선박이나 다른 종류의 운송수단에 적재하는 것**을 말한다. 매수인의 입장에서 보면 물품이 환적될 경우 그 과정에서 파손위험이 있기 때문에 환적을 원하지 않을 수 있다. 그렇지만 매도인의 입장에서는 약정된 선적기일까지 목적항으로 출항하는 직항선이 없다면 환적이 허용되는 경우 일단 선적할 수 있으므로 신용장상의 선적기일을 지킬 수 있다. 이와 같이 환적도 매매당사자의 이해관계가 다를 수 있기 때문에 만약 **매수인이 환적 금지를 원한다면 신용장상에 "transshipment is prohibited" 또는 "transshipment is not allowed"라고 명기**하여야 한다.

특수한 사정 때문에 동일선박에서 화물을 양륙한 후 당해 선박에 다시 적재하는 것은 환적이 아니다. 선적지에서 목적지까지 직항선(direct line)이 없는 경우에는 환적이 불가피하다. 이와 같은 경우 매수인은 신용장상에 환적 허용 문언을 삽입하거나 이에 관하여 언급하지 말아야 한다. 만약 신용장상에 환적 금지 문언이 있을 경우, 매도인은 매수인에게 이를 알려 조건을 변경하도록 하여야 한다. 정기선 운항에서 운송인은 채산성을 고려하여 모선(mother vessel)은 주요 항구에만 기항할 경우, 나머지 작은 항구에서 주요 항구까지의 운송은 지선(feeder vessel)이 담당하게 된다. 이 경우에도 환적이 가능해야만 지선운송을 이용할 수 있다.

계약서에 선적조건으로 "direct shipment"(직항선적) 또는 "direct steamer"(직항선)이라고 명기될 수 있다. 이들은 환적 금지의 의미뿐 아니라 관습적 항로(customary route)로 항해할 것을 묵시하고 있다. 그렇지만 **직항선적의 경우에도 해난을 만나 피난항에 기항하거나 선용품의 조달을 위하여 일시적으로 기항하는 것은 예외**이다.

4) 선적일의 증명

매도인은 자신이 계약상 선적조건을 지켰음을 증명해 보여야 하는데 바로 그것이 운송서류이다. 매도인의 지연선적 여부를 판단할 때 기준이 되는 것은 운송서류의 일자이다. 해상운송의 경우 **선적선하증권(shipped B/L)이 사용되는 경우에는 선하증권의 발급일이 곧 선적일이 된다.** 그렇지만 수취선하증권(received for shipment B/L)이 발급되는 경우 운송인이 화물수취 후 선적되었음을 나타내는 "on board notation"에 표시(부기표시)된 일자를 선적일로 간주한다.

【Bill of Lading】

① SHIPPER/EXPORTER Charlie Trading Corporation 159－1, Samsung－Dong, Kangnam－Gu, Seoul, 135－729, Korea		Bill of Lading B/L No.: SW5E HMM
② CONSIGNEE To the order of ANZ Bank of Australia		
③ NOTIFY PARTY Inline Business Consulting 27, Penrose Avenue, Cherrybrook, NSW 2121, Australia		
PRECARRIAGE BY	④ PLACE OF RECEIPT Busan CY	
⑤ OCEAN VESSEL/VOYAGE/FLAG J. Elroy	⑥ PORT OF LOADING Busan, Korea	⑨ FOR TRANSSHIPMENT TO
⑦ PORT OF DISCHARGE Hobart, Australia.	⑧ PLACE OF DELIVERY	⑨－1 FINAL DESTINATION

PARTICULARS FURNISHED BY SHIPPER

MARKS \ AND NUMBERS	NO. OF CONT. OR OTHER PKGS.	DESCRIPTION OF PACKAGES AND GOODS	GROSS WEIGHT (KGS)	MEASUREMENT (CBM)
⑩ **"W S" In triangle** **C/No. 1－2500** **Item: Pant** **Size:** **Q'ty:** ⑪ Container/Seal No. －－－－－－－－ 20'IWTU4102/3/4/5/6/7 S/034334/5/6/7/8/9 CY/CY Total No. of CNTNR or Pkgs(in words)	⑫ 2,500 Cartons 6 X 20'	⑬ Container **"Shipper's Load & Count & Sealed"** Said to contain: 1,000 Pieces of Jean Pant "Freight Prepaid" L/C No. IMP101133 Say: six(6) container only ⑰	⑭ 15, 370 Kgs	⑮ 148 CBM ⑯ On Board Date: February 15, 2025

FREIGHT AND CHARGES ⑱ REVENUE TONS RATE PER	PRE PAID	COLLECT	
"Freight As Arranged" ⑲ **No. of Original Bls: Three(3)** ⑲－1 Freight Prepaid at: **Seoul, Korea** ⑲－2 Freight Payable at:			Received in apparent good order and condition unless otherwise specified on board the aforementioned ves－sel the goods described above the particulars given being supplied by the Shipper and the measurement, wight, quantity, brand contents, marks mumbers, quality and value being unknown to the carrier) for the carriage to the port of discharge or so near there－unto as she may safely go subject to the terms and condition and .... IN WITNESS WHEREOF, the master or agent of the said ship has affirmed to THREE(3) bills of lading, all of this tenor and date, ONE of which being accom－plished, the others to stand void. B/L NO. SN3E | ⑲－3DATED: <u>February 15, 2025</u> <u>Seoul, Korea</u> Sung Nam Asia Shipping Line BY______⑳______ As Agent on behalf of Carrier

2 보험조건

운송 중인 물품이 예상치 못한 위험을 만나면 손해(loss or damage)가 발생할 가능성이 있기 때문에 이러한 **위험을 담보하기 위하여 적하보험**(cargo insurance) **부보가 필요하다**. 적하보험은 해상운송의 경우 해상적하보험(marine cargo insurance), 육상운송의 경우 운송보험(transport insurance), 항공운송의 경우 항공적하보험(air transport insurance)이 이용된다.

계약체결 시 보험조건에 포함되어야 할 내용은 ① 보험계약체결자와 보험료부담자, ② 사고발생 시 보험금을 받게 될 피보험자, ③ 담보위험과 담보기간, ④ 손해보상범위 등이 있다. 매매계약체결 시 보험조건을 두어 이러한 문제들을 규정할 필요가 있지만, 대부분의 경우 보험에 관하여 별도의 약정을 하지 않는 경우도 많다. **명시의 약정이 없을 경우, 묵시계약의 성격을 갖는 정형거래조건에 의하여 위의 문제들이 해결**될 수 있다.

1) 보험계약당사자

보험계약의 직접 당사자는 보험자와 보험계약자 또는 피보험자이다. ⓐ **보험자**(insurer)는 보험료를 지급받고 보험사고가 발생한 경우에 보험금액을 지급할 것을 약속하는 자이고, ⓑ **보험계약자**(policy holder)는 보험자와 보험계약을 체결하고 보험료를 지급하는 자로서, 피보험자와 반드시 일치하는 것은 아니다. ⓒ **피보험자**(insured)는 피보험이익의 소유자 즉, 손해를 입고 보험금액을 지급받는 자이다.

매매당사자 중 누가 보험계약을 체결하며, 보험금을 지급받는 피보험자는 누구인지는 정형거래조건에 따라 결정된다. 정형거래조건은 보험계약체결의 의무가 누구에게 있는지를 규정하고 있으며, 위험의 이전 시기를 규정하여 피보험이익(insurable interest)이 누구에게 귀속되는지를 알 수 있다. 통상, 위험을 부담하는 자가 보험계약을 체결하지만 CIF와 CIP조건에서는 위험부담자가 매수인인데 반하여, 매도인이 보험계약체결과 보험료지급의무를 지고 있다. **Incoterms® 2020에서는 양 당사자 간 별도의 합의**

가 없는 경우, CIF조건은 매도인의 최저담보를, CIP조건은 매도인의 최대담보를 규정하고 있다.

2) 피보험이익

피보험이익(insurable interest)은 **피보험목적물과 특정인 간의 이해관계**를 말하며, 피보험이익이 바로 보험계약의 목적이며, 보험 보호의 대상이 된다. 해상보험계약의 목적은 담보위험에 의하여 입은 피보험목적물에 대한 손해를 피보험자로 하여금 보상받도록 하는 것이다. 이러한 손해를 보상받기 위해서 피보험자는 위험에 직면한 부보된 재산에 이해관계(interest)를 가져야 한다. 만약, 이해관계가 없다면 손해를 당할 일도, 보상받을 일도 없게 된다.

피보험이익이 성립하기 위해서는 반드시 피보험목적물을 금전적으로 평가할 수 있어야 하고(**경제성**), 피보험목적물이 적법한 것이어야 한다(**적법성**). 또한, 피보험이익은 손해가 발생할 때까지는 금전적으로 확정되고 그 귀속이 결정되어야 한다(**확정성**).

3) 보험가액과 보험금액

보험가액(insurable value)**은 피보험목적물의 평가액** 즉, 일정한 피보험이익에 대하여 발생가능한 경제적인 손해의 최고한도액을 말한다. 따라서 보험가액은 계속 변동할 가능성이 있으므로 보험계약을 체결할 때 일정금액으로 협정하고 이를 변하지 않는 것으로 한다. 이를 보험가액불변의 원칙이라 한다. 이렇게 보험계약 당사자가 임의로 합의한 보험가액을 협정보험가액이라고 하고, 보험계약을 체결할 때 보험가액을 명시적으로 약정하지 아니한 경우, 법으로써 정한 표준적인 가액을 적용하는데, 이를 법정보험가액이라고 한다.

한편, **보험금액**(insured amount)은 보험사고 또는 소정의 **손해가 발생한 경우 보험자**(insurer; assurer)**가 지급해야 하는 금액 또는 그 최고한도의 금액**으로, 보험계약의 체결에 있어서 보험자와 피보험자(insured; assured) 간에 약정된 금액을 말한다. 따라서 보험가액에 비하여 보험금액이 낮을 때를 일부보험(partial insurance), 양자가 일치할 때는 전부보험(full insurance), 보험금액이 보험가액보다 높을 때는 초과보험(over insurance)이라 한다.

실무적으로 물품의 운송책임을 부담하는 당사자가 보험자와 보험계약을 체결하는 경우, 그 보험금액과 부보의 범위를 결정하면 된다. 그러나 CIF나 CIP조건과 같이 보험계약자와 피보험자가 상이한 경우에는 보험금액에 대한 별도의 약정이 필요하다. 특히, CIF조건의 경우 최소부보금액으로 110% of the CIF invoice value, the amount of invoice plus 10%와 같이 보통 송장금액에 10%를 가산한 금액이 된다.

4) 보험증권과 보험약관

보험증권(insurance policy)**은 보험계약이 성립한 후에 보험계약의 내용을 증명**하기 위하여 **보험자가 발행하는 일종의 증거증권**이다. **보험약관**(保險約款)은 보험자가 동종 또는 다수의 보험계약을 체결하기 위하여 **계약의 내용 및 조건** 등을 미리 정하여 놓은 정형화된 계약조항을 말한다. 보험약관은 보험증권의 뒷면에 기재되는 것이 일반적이다.

보험계약은 운송계약과 같이 보험자가 다수의 계약자와 계약을 체결하므로 계약자유의 원칙에 따라 계약조건 하나하나를 상호 협의하여 정하지 않고 보험자가 제시하는 약인을 보험계약자가 승인함으로써 체결되는 **부합계약**(contract of adhesion) **형식**을 따르고 있다. 따라서 보험계약자는 담보위험에 관하여 제시된 담보조건 중의 하나를 선택하게 된다.

담보조건은 런던보험자협회(Institute of London Underwriters; ILU)가 제정한 **협회적하약관**(Institute Cargo Clauses; ICC)이다. 협회적하약관은 구약관과 신약관이 있으며, 구약관은 전위험담보(All Risks; A/R), 분손담보(With Average; WA) 및 분손부담보(Free from Particular Average; FPA) 약관이 있다. 신약관은 ICC(A), ICC(B) 및 ICC(C)가 있다.

【Marine Insurance Policy】

<table>
<tr><td colspan="3">Assured(s), etc ② THE SAMWON CORPORATION</td></tr>
<tr><td colspan="2">Certificate No.
① 002599A65334</td><td>Ref. No.③ Invoice No. DS－070228
L/C No. IOMP20748</td></tr>
<tr><td colspan="2">Claim, if any, payable at : ⑥
GELLATLY HANKEY MARINE SERVICE
842 Seventh Avenue New York 10018
Tel(201)881－9412
Claims are payable in</td><td>Amount insured ④
USD 65,120.－
(USD59,200 XC 110%)</td></tr>
<tr><td colspan="2">Survey should be approved by ⑦
THE SAME AS ABOVE</td><td rowspan="5">Conditions ⑤
* INSTITUTE CARGO CLAUSE(A) 2009
* CLAIMS ARE PAYABLE IN AMERICA IN THE CURRENCY OF THE DRAFT.</td></tr>
<tr><td>⑧ Local Vessel or Conveyance</td><td>⑨ From(interior port or place of loading)</td></tr>
<tr><td>Ship or Vessel called the
⑩ KAJA－HO V－27</td><td>Sailing on or about
⑪ MARCH 3, 2025</td></tr>
<tr><td>at and from
⑫ BUSAN, KOREA</td><td>⑬ transshipped at</td></tr>
<tr><td>arrived at
⑭ NEW YORK</td><td>⑮ thence to</td></tr>
<tr><td colspan="2">Goods and Merchandises ⑯
16,000YDS OF PATCHWORK COWHIDE LEATHER</td><td>Subject to the following Clauses as per back hereof institute Cargo Clauses Institute War Clauses(Cargo) Institute War Cancellation Clauses(Cargo) Institute Strikes Riots and Civil Commotions Clauses Institute Air Cargo Clauses(All Risks) Institute Classification Clauses Special Replacement Clause(applying to machinery) Institute Radioactive Contamination Exclusion Clauses Co－Insurance Clause Marks and Numbers as</td></tr>
<tr><td colspan="3">Place and Date signed in SEOUL, KOREA MARCH 2, 2024 No. of Certificates issued, TWO.
This Certificate represents and takes the place of the Policy and conveys all rights of the original policy－holder
(for the purpose of collecting any loss or claim) as fully as if the property was covered by a Open Policy direct to the holder of this Certificate.
This Company agrees lossed, if any, shall be payable to the order of Assured on surrender of this Certificate. Settlement under one copy shall render all others null and void.
Contrary to the wording of this form, this insurance is governed by the standard from of English Marine Insurance Policy.
In the event of loss or damage arising under this insurance, no claims will be admitted unless a survey has been held with the approval of this Company's office or Agents specified in this Certificate.

SEE IMPORTANT INSTRUCTIONS ON REVERSE
⑲ KB Insurance Co., Ltd.

AUTHORIZED SIGNATORY

This Certificate is not valid unless the Declaration be signed by an authorized representative of the Assured.</td></tr>
</table>

3 결제조건

국제상거래에서 매도인의 주 의무가 물품인도의무라면 매수인의 주 의무는 대금지급의무이다. 대금을 받는 일은 매도인뿐만 아니라 수출국의 외국환 관리측면에서도 매우 중요하다. 수출상은 안전한 결제조건(terms of payment)을 선택하여 신용위험을 줄이고자 한다. 즉, 국제상거래 시 수출상은 선적에 앞서 대금을 미리 받고 싶어 하지만, 반대로 수입상은 대금지급에 앞서 물품을 수령하기를 원한다. 이러한 사전 또는 사후 송금에 의한 대금결제방식은 수출상 또는 수입상 한쪽에게만 유리한 조건이기 때문에 신뢰가 쌓인 거래선이 아니면 선뜻 선택할 수 없을 것이다. 따라서 사전 또는 사후 송금방식의 위험을 줄이기 위해서 전통적인 대금결제방식인 신용장 방식과 추심방식이 이용되기도 한다.

1) 지급시기

매도인이 대금지급을 받는 시기에 따라 선지급(payment in advance), 동시지급(concurrent payment), 후지급 또는 연지급(deferred payment)으로 나눌 수 있다.

(1) 선지급

매도인이 물품을 선적하기 전에 물품대금을 지급받는 방식이다. 선지급은 통상 매수인이 미리 물품확보를 할 수 있도록 하기 위하여 주문 시나 계약 시에 대금을 지급하는 방식으로 **주문도방식**(Cash With Order; CWO)과 신용장거래에서 선지급방식인 **선대(전대)신용장**(Red Clause L/C)이 있다.

이러한 선지급방식은 매도인에게는 대금회수에 따른 위험이 없으므로 안전한 거래방식이나, 매수인 측면에서는 미리 대금을 지급하였기 때문에 물품의 적기 입수에 따른 위험을 부담하여야 한다. 선지급은 견본구매나 소액거래 시 이루어지며 지급방식은 송금수표나 우편환 또는 전신환 등이 이용된다.

(2) 동시지급

동시지급은 약정된 물품 또는 이와 동일시되는 선적서류 등과 상환으로 대금을 결제하는 방식이다. 수입지에서 물품인도와 동시에 대금지급이 이루어지는 **현물상환지급방식**(Cash on Delivery; COD)과 수출지에서 서류 인도와 교환으로 대금지급이 이루어지는 **서류상환지급방식**(Cash against Document; CAD)이 있다. 또한, **지급인도**(Document against Payment; D/P)**와 일람출급신용장**(sight L/C) 방식이 있다.

(3) 후지급 또는 연지급

물품 또는 서류가 매수인에게 인도되고 일정기간 경과 후에 매도인이 대금을 지급받는 방식을 말한다. 후지급은 매수인의 입장에서는 자금부담 없이 물품을 수령하여 이를 판매 후 그 대금으로 결제할 수 있으나, 매도인의 입장에서는 대금회수에 따른 위험을 부담하여야 한다. 후지급방식에는 신용장의 경우 환어음이 발행되는 **기한부신용장**(Usance L/C), 환어음이 발행되지 않는 **연지급신용장**(Deferred Payment Credit)이 있으며, 계약서에 의한 거래로는 **인수인도**(Document against Acceptance; D/A)**방식**이 있다.

(4) 누진 또는 할부지급

누진 또는 할부지급(progressive or installment payment)은 거래의 각 단계별 즉, 계약 시, 주문 시, 인도 시, 그리고 인도 후 일정기간까지 각 단계별로 대금을 지급하는 방식이다. 기계류나 플랜트 등과 같이 중장기연불수출 등에서 계약금액이 매우 크기 때문에 그 대금을 누진 또는 할부방식으로 결제한다.

2) 결제방식

결제방식에는 전통적인 송금방식(remittance basis), 추심방식(collection basis), 신용장방식(letter of credit basis) 및 혼합방식이 있다. 이러한 방식 이외에도 국제팩토링(international factoring), 포페이팅(forfeiting), 신용카드(credit card), 국제리스(international lease), 에스크로우(escrow), 전자결제(bolero project or trade card), 페이팔(paypal) 등이 있다.

【Irrevocable Documentary Credit】

TO : ANZ Bank (Reopen 구분 : □ 1차발행 □ 2차발행) 1. Date : May 6, 20xx

※2 Advising Bank : KOREA EXCHANGE BANK (BIC CODE :)

※2-1 Credit No. : 용도구분 : (예시 :NS, ES)

3. Applicant : Inline Business Consulting, 25, Penrose Avenue, Cherrybrook, NSW, 2126, AUSTRALIA

4. Beneficiary : Charlie's Trading Corp., 159-1, Samsung-dong, Kangnam-Gu, Seoul, 135-729, Korea

5. Amount : 통화 US DOLLAR 금액 (Tolerance : /)

6. Expiry Date : May 30, 20xx 7. Latest date of shipment : May 20, 20xx

8. Tenor of Draft ☑ At Sight (□ Reimburse □ Remittance)
□ Usance days

9. For % of the invoice value(Usance L/C only : □ Banker's □ Shipper's □ Domestic

DOCUMENTS REQUIRED(46A:)

10. ☑ Full set of clean on board ocean bills of lading made out of the order of ANZ Bank marked "Freight PREPAID and notify (☑ Accountee □ Other :)

11. ☑ Insurance Policy or certificate in duplicate endorsed in blank for 110% of the invoice value, stipulating that claims are payable in the currency of the draft and also indicating a claim setting agent in America.
Insurance must include : the Institute Cargo Clause : ICC(A) with ICC(WARS)

12. □ Signed commercial invoice in 3 FOLD 13. □ Certificate of analysis in

14. □ Packing list in 3FOLD

15. □ Certificate of Origin in ONE ORIGINAL AND TWO COPIES issued by AN AUTHORIZED INSTITUTE

16. □ Inspection Certificate in 2 FOLD issued by ALLY HOUSE CO., LTD16-1 JANGAN-DONG

17. ☑ Other documents (if any)
-BENEFICIARY CERTIFICATE THAT WE HAVE ALREADY SENT A COPY OF ALL DOCUMENTS TO APPLICANT BY COURIER SERVICE AT THE TIME OF SHIPMENT.

18. Description of goods and/or services (45A :) 19. (Price Term :)

Commodity Description		Quantity	Unit price	Amount
(H.S. CODE) 6203.42-1000, 500 PCS OF JEAN PANT 6204.62-1000, 500 PCS OF JEAN PANT				
Country of Origin	R.O.K		Total	

20. Shipment From : BUSAN, KOREA Shipment To : SYDNEY, AUSTRALIA

21. Partial Shipment : □ Allowed ☑ Prohibited 22. Transshipment : ☑ Allowed □ Prohibited

23. Confirmation : □
Confirmation charges : □ Beneficiary □ Applicant

24. Transfer : □ Allowed (Transferring Bank :)

25. Documents must be presented within(10)days after the date of shipment of B/L or transportation documents.
Additional Conditions (47A:) 26.
☑All banking charges including reim charges outside Korea are for account of □ Beneficiary □ Applicant
□ Stale B/L or AWB is acceptable □ Charter Parry B/L is acceptable
□ Third Party documents is acceptable □ Short Form B/L is not acceptable
□ Bills of lading or Air Waybill should be issued by
□ ( )% More or less in quantity and amount to be acceptable.
□ Acceptance commission and discount charges are for account of
□ Other conditions :

※ Drawee Bank(42A:) :

※ Reimbursement Bank(53A:)

Except so far as otherwise expressly stated, This DC is subject to the UCP 600(2007 Revision)ICC Pub No.600

위와 같이 신용장발행을 신청함에 있어서 따로 제출한 외환약정서의 해당조항을 따를 것을 확약하며, 아울러 위 수입물품에 관한 모든 권리를 귀행에 양도하겠습니다.

승인신청번호 : 주 소 : 25, Penrose Avenue, Cherrybrook, NSW, 2126, AUSTRALIA
고객번호 : 신 청 인 : Inline Business Consulting,

4 기타조건

국제상거래에서 당사자 간의 계약위반으로 분쟁이 발생한 경우, 중재제도를 이용할 수 있다. 중재는 당사자 쌍방의 중재합의로, 무역분쟁을 법원의 소송절차에 의하지 않고 **공정한 제3자를 중재인(arbitrator)으로 선정**하여 중재판정부(arbitral tribunal)를 구성하고, 그곳에서 내려진 **중재판정**(arbitral award)에 양 당사자가 **무조건 승복함으로써 클레임을 해결하는 방법**이다. 중재판정은 법원의 확정판결과 동일한 효력을 지니며, 외국중재판정의 승인 및 집행에 관한 국제연합협약(United Nations Convention on the Recognition and Enforcement of Foreign Arbitral Awards; 뉴욕협약, 1958)에 따라 각 체약국 내에서는 외국중재판정의 승인 및 집행을 보장받게 된다.

중재는 소송에 비하여 저렴한 비용, 빠른 판정(단심제), 회사 기밀보호(비공개 원칙), 전문성, 집행력(뉴욕협약)에서 장점을 가지고 있다. 반면, 중재인이 법률 전문가가 아닌 관계로 충분한 법률적 판단이 이루어지지 않을 수 있다는 단점이 있다. 중재계약이 유효하기 위해서는 중재지, 중재기관, 준거법을 반드시 서면으로 약정해야 한다. 중재제도에 대해서는 본서의 마지막 장에서 상세히 기술한다.

CHAPTER 09

Incoterms® 2020

section 01

개요

1 정형거래조건의 의의

1) 정형거래조건의 개념

국제상거래는 매도인과 매수인의 상호합의에 따른 국제물품매매계약에서 비롯하는데, 당사자들이 매번 계약상의 다양한 의무를 일일이 합의한다는 것은 무척이나 번거로운 일이고, 설령 그러한 수고를 기꺼이 감내하더라도 그 합의를 항상 정확하게 도출하는 것은 쉬운 일이 아니다. 이에 국제상거래에 종사하는 상인들은 오래전부터 FOB나 CIF와 같은 정형거래조건(trade term)을 사용하여 그러한 불편과 어려움을 극복하여 왔다.

정형거래조건이란 국제상거래에 있어 국제적으로 정형화된 표준거래조건(예: FOB, CIF)과 같은 약어를 말하며, 물품이 매도인으로부터 매수인에게 이르기까지 운송과 수출입통관을 비롯하여 모든 비용과 위험부담의 당사자를 구분해 주는 국제매매계약의 주된 요소를 말한다.

이러한 정형거래조건들을 통하여 당사자들은 물품이 매도인에게서 매수인에게로 이르는 동안에 그 물품에 관한 위험과 비용을 누가 부담하여야 하는지, 물품의 국제적 운송과 수출입통관에 필요한 일은 누가 담당하여야 하는지 등의 국제물품매매계약에서 보편적이고 공통적인 기본문제들을 해결할 수 있기 때문이다. 따라서 이러한 관습을 그 성격에 따라 부호화하여 사용하고 또한, 각 부호가 함축하고 있는 계약내용을 국제규칙으로 정하여 두고 있다.

2) Incoterms의 목적

그러나 그러한 정형거래조건들은 국가나 지역에 따라 달리 해석되었고, 이로 인하여 국제상거래에서 불필요한 오해와 분쟁이 초래되기도 하였다. 이러한 문제를 해결하고자 국제상업회의소(International Chamber of Commerce; ICC)는 『Incoterms』를 제정하였는데, 이는 '정형거래조건의 해석과 적용에 관한 국제적 통일규칙'이라 하며, 간단히 '정형거래조건통일규칙'이라 한다. Incoterms라는 용어는 "International Commercial Terms"에서 각각 "In"과 "co" 및 "terms"를 발췌·합성하여 조어(造語)되었다. ICC의 이러한 노력은 대체로 매우 성공적인 것으로 평가되고 있으며 특히, Incoterms가 CISG로 널리 통용되고 있는 1980년 『국제물품매매계약에 관한 UN협약』(United Nations Convention on Contracts for the International Sale of Goods; CISG) 특히, 위험이전 규정에 큰 영향을 준 것은 역사적인 일이다.

3) Incoterms의 적용 범위

Incoterms는 컴퓨터 소프트웨어와 같은 무형재를 제외하고 유형재로서 매매되는 물품의 인도와 관련된 계약당사자의 권리와 의무에 관련된 사안에 한하여 적용된다. 즉, Incoterms는 매매계약에서의 당사자 관계만을 규정할 뿐 매매계약의 종속계약인 운송계약, 보험계약, 결제계약 등에는 적용되지 않는다. 또한, Incoterms는 매매계약에서의 소유권 이전 문제 및 계약위반과 구제 등에 대해 다루지 않는다. 이러한 문제들은 무역계약서를 작성할 때 준거법(Governing Law)에 따라 해결되어야 한다.

4) Incoterms의 기능

Incoterms는 가격조건과 인도조건의 기능을 하고 있다. 첫째, 가격조건으로서의 Incoterms는 무역가격을 산정하는 기초가 되며, 그 가격의 구성 내용을 나타낸다. 예컨대, FOB 가격은 물품이 본선에서 인도되기까지의 비용이 포함된 것을 의미한다. 둘째, 인도조건으로서 Incoterms는 국제간의 물품매매에 따른 당사자 간 계약상의 책임을 정하고 있다. 즉, 계약물품에 대한 위험의 부담이 매도인으로부터 매수인에게 어느 시점에 이전되는가 하는 위험부담의 문제를 규정하고 있다.

5) Incoterms® 2020

ICC는 1936년, 최초 『Incoterms 1936』을 제정하였고, 이후 1953년, 1967년, 1976년, 1980년, 1990년, 2000년, 2010년 그리고 가장 최근인 2020년에 이를 각각 개정하였다. 2020년 1월 1일부터 시행되고 있는 『Incoterms® 2020』은 범세계적으로 관세자유지역(customs-free zone)의 확대, 전자적 통신수단(electronic communications)의 사용 증대, 국제적인 물류보안(security)의 규제 강화, 국제운송실무의 변화에 순응하고자 하였다.

특히, 『ICC rules for the use of domestic and international trade terms』(국내·국제거래조건의 사용에 관한 ICC 규칙)이라는 공식부제(公式副題)를 채택함으로써, EU 등에서 국경의 중요성이 점차 감소하여 국내거래와 국제거래의 차이가 소멸되고 있는데다가 실무상 순수한 국내매매계약에서도 Incoterms가 흔히 사용되고 있는 현실을 반영함과 아울러 Incoterms도 (신용장통일규칙이나 청구보증통일규칙 등과 같이) ICC의 "규칙"(rules)으로 의도되어 있음을 강조하였다. 또한, ICC의 상표등록에 따라 『Incoterms® 2020』이 등록상표가 되었고, 따라서 "incoterms"로 "i"를 소문자로 표기하거나 개별 정형거래조건을 지칭하기 위하여 "Incoterm"이라는 단수형을 사용하는 것은 옳지 않다. 무엇보다도 이번 개정에서는 매매물품이 컨테이너화물로 운송되는 경우, 매매계약에서 종래의 FOB나 CIF와 같은 해상운송조건을 사용하는 것이 옳지 않음에도 불구하고 실무에서 지금까지 그렇게 하지 못하고 있는 문제를 해결하고자 하였다.

첫째, 『Incoterms® 2020』에서는 11개의 정형거래조건을 "Rules for Any Mode or Modes of Transport"(어떠한 단일 또는 복수의 운송방식에 사용가능한 조건)와 "Rules for Sea and Inland Waterway Transport"(해상운송과 내수로운송에 사용가능한 조건)로 양분하고 있다. EXW, FCA, CPT, CIP, DAP, DPU, DDP의 7가지 조건이 전자에 속하고, FAS, FOB, CFR, CIF의 4가지 조건이 후자에 속한다. 전자는 복합운송을 포함한 모든 운송방식에 사용가능한 데 반하여, 후자는 해상운송을 포함한 수상운송방식에 한하여 사용될 수 있다. 이에 종래 실무에서는 편의상 전자를 "복합운송조건"으로, 후자를 "해상운송조건"으로 부르기도 하였는데, 이번 개정에서는 매매물품이 복합운송에 의하여 운송되는 경우에는 복합운송에 사용가능한 조건이 올바르게 사용될 수 있도록 하자는 취지에서 복합운송을 포함한 모든 운송방식에 사용가능한 조건을 전면에 배치하고 있다.

다음으로, **이번 개정에서는 DAT를 DPU(Delivered at Place Unloaded)로 변경하였고, 매도인의 의무부담의 순서를 DAP-DPU-DDP로 조정하였으며**, CIF(최소담보조건 ICC(C))**와** CIP(최대담보조건 ICC(A)) **간의 부보 수준에 차등**을 두었다. 1980년 이후로 Incoterms는 대략 10년을 주기로 개정되고 있는바, 『Incoterms® 2020』은 오는 2030년까지 시행될 것으로 예상된다. 모쪼록 이번 개정의 취지가 충분히 이해되고, 널리 『Incoterms® 2020』이 올바르게 사용되길 희망한다.

2 Incoterms® 2020 편제와 특징

제1그룹(운송방식불문조건)		제2그룹(해상운송전용조건)	
(Rules for Any Mode or Modes of Transport)		(Rules for Sea and Inland Waterway Transport)	
EXW	Ex Works	FAS	Free Alongside Ship
FCA	Free Carrier	FOB	Free On Board
CPT	Carriage Paid To	CFR	Cost and Freight
CIP	Carriage and Insurance Paid to	CIF	Cost Insurance and Freight
DAP	Delivered At Place		
DPU	Delivered at Place Unloaded		
DDP	Delivered Duty Paid		

구분 / 거래조건	위험이전	비용이전	수출입절차
EXW(Ex Works) (공장인도)	• 지정 인도장소(매도인의 영업장, 창고 등)에서 매수인의 처분에 맡겨진 때	• 매도인은 위험이전까지 모든 비용부담	• 수출허가/통관 매수인 부담 • 수입허가/통관 매수인 부담
FCA(Free Carrier) (운송인인도)	• 매수인이 지명한 운송인 또는 그 밖의 당사자에게 인도된 때(매도인의 영업장 또는 기타의 장소)	〃	• 수출허가/통관 매도인 부담 • 수입허가/통관 매수인 부담
CPT(Carriage Paid To) (운송비지급인도)	• 매도인에 의해 지명된 운송인 또는 기타 당사자에게 물품을 인도한 때	• 매도인은 FCA조건+지정된 목적지까지의 물품운송비(복합운송개념에서의 운송비) 부담	〃
CIP(Carriage and Insurance Paid To) (운송비 · 보험료지급인도)	• 매도인에 의해 지명된 운송인 또는 기타 당사자에게 물품을 인도한 때	• 매도인은 CPT조건+지정된 목적지까지의 적하보험료 부담	〃
DAP(Delivered at Place) (도착지인도)	• 지정된 목적지의 합의된 지점에 도착한 운송수단에서 양하하지 않은 상태로 매수인의 처분하에 놓인 때	• 매도인은 위험이전까지의 모든 비용 부담 (하역비 매수인부담)	〃
DPU(Delivered at Place Unloaded) (도착지양하인도)	• 지정된 목적지의 합의된 지점에서 도착한 운송수단으로부터 양하된 상태로 매수인의 처분하에 놓인 때	• 매도인은 위험이전까지의 모든 비용 부담 (하역비 매도인부담)	〃
DDP(Delivered Duty Paid) (관세지급인도)	• 지정된 목적지의 합의된 지점에 도착한 운송수단에서 양하하지 않은 상태로 매수인의 처분하에 놓인 때	• 매도인은 위험이전까지의 모든 비용 부담 (하역비 매수인부담)	• 수출허가/통관 매도인 부담 • 수입허가/통관 매도인 부담
FAS (Free Alongside Ship) (선측인도)	• 물품이 지정선적항의 부두에 혹은 부선으로 선측에 인도되었을 때(일반적으로 선적항의 부두)	• 매도인은 위험이전까지 모든 비용부담	• 수출허가/통관 매도인 부담 • 수입허가/통관 매수인 부담
FOB(Free On Board) (본선인도)	• 물품이 지정선적항에서 매수인이 지정한 본선상에 적재한 때	〃	〃
CFR(Cost and Freight) (운임포함인도)	• 물품이 지정선적항에서 본선상에 적재하여 인도한 때	• 매도인은 적재시까지의 모든 비용+목적항까지의 운임	〃
CIF(Cost, Insurance and Freight) (운임·보험료포함인도)	〃	• 매도인은 적재시까지의 모든 비용+목적항까지의 운임 및 보험료	〃

section 02

Incoterms® 2020의 내용

1 공장인도(EXW)

EXW(EX WORKS)

EXW(insert named place of delivery) Incoterms® 2020

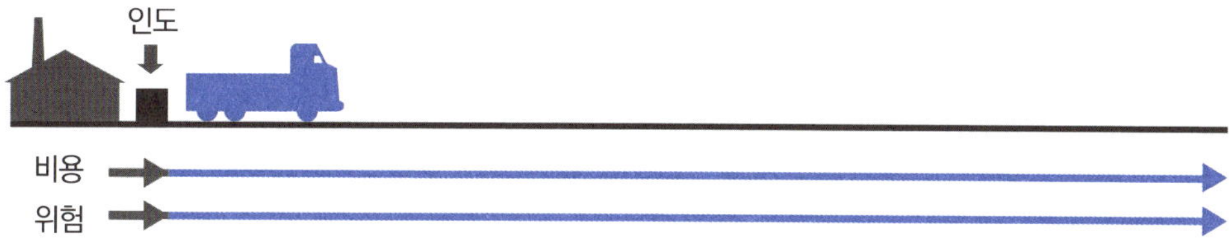

1) 인도의무의 이행 및 위험·비용의 분기점

이 규칙은 선택된 운송방식을 가리지 않고 사용될 수 있으며 둘 이상의 운송방식이 채택된 경우에도 사용될 수 있다. 이 규칙은 국내거래에 적합하고, 국제거래에서는 통상 FCA가 보다 적절하다.

"공장인도"는 매도인이 그의 영업구내 또는 기타 지정장소(예컨대, 작업장, 공장, 창고 등)**에서 물품을 매수인의 처분하에 두는 때에 매도인이 인도하는 것**을 의미한다. 매도인은 물품을 수취용 차량에 적재하지 않아도 되고, 물품의 수출통관이 요구되더라도 이를 수행할 필요가 없다. 당사자들은 지정장소 내의 지점을 가급적 명확하게 명시하는 것이 바람직하다. 그러한 지점까지 비용과 위험을 매도인이 부담하기 때문이다. 매수인은 지정인도장소에 합의된 지점이 있는 때에는 그 지점부터 물품의 수령에 수반되는 모든 비용과 위험을 부담한다.

2) 당사자의 주요 의무

EXW는 **매도인의 최소의무를 표방**한다. 이 규칙은 다음과 같이 주의하여 사용하여야 한다.

a) 매도인은 매수인에 대하여 물품적재의무가 없으며, 이는 실제로 물품을 적재하는 데 매도인이 보다 나은 지위에 있더라도 마찬가지다. 매도인이 물품을 적재하는 경우에 매도인으로서는 매수인의 위험과 비용으로 그렇게 한다. 물품을 적재하기에 매도인이 보다 나은 지위에 있는 경우에, 매도인이 자신의 위험과 비용으로 물품적재의무를 부담하는 FCA가 통상적으로 보다 적절하다.

b) 수출을 목적으로 매도인으로부터 EXW조건으로 구매하는 매수인은 매도인으로서는 수출을 실행하는 매수인의 요청에 따라 단지 협조를 제공할 의무를 부담할 뿐이고 수출통관을 주도할 의무가 없다는 것을 유의하여야 한다. 따라서 매수인이 직접 또는 간접으로 수출통관을 수행할 수 없는 경우에는 EXW를 사용하지 않는 것이 좋다.

c) 매수인은 물품의 수출에 관한 정보를 매도인에게 제공할 한정적 의무를 부담한다. 그러나 매도인은 예컨대, 조세 또는 보고의 목적으로 그러한 정보가 필요할 수 있다.

2 운송인인도(FCA)

FCA(Free Carrier)

FCA(insert named place of delivery) Incoterms® 2020

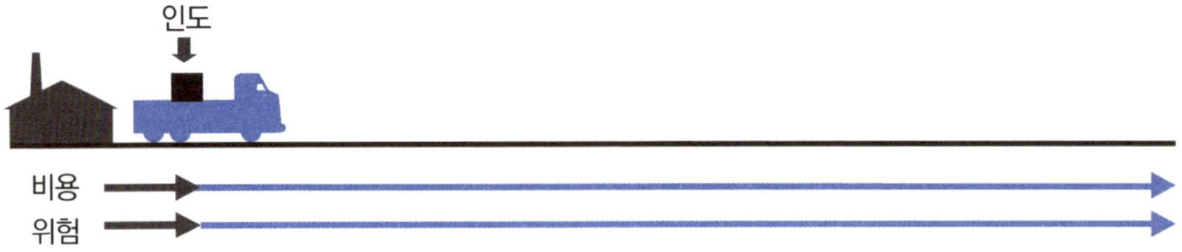

1) 인도의무의 이행 및 위험·비용의 분기점

이 규칙은 선택된 운송방식을 가리지 않고 사용될 수 있으며 둘 이상의 운송방식이 채택된 경우에도 사용될 수 있다.

"운송인인도"는 매도인이 물품을 그의 영업구내 또는 기타 지정장소에서 매수인이 지정한 운송인이나 제3자에게 인도하는 것을 의미한다. 당사자들은 지정인도장소 내의 지점을 가급적 명확하게 명시하는 것이 바람직하다. 그러한 지점에서 위험이 매수인에게 이전하기 때문이다.

2) 당사자의 주요 의무

매도인의 영업구내에서 물품을 인도하고자 하는 경우, 당사자들은 영업장의 주소를 지정인도장소로 명시하여야 한다. 그러나 다른 어떤 장소에서 물품을 인도하고자 하는 경우, 당사자들은 그러한 다른 인도장소를 명시하여야 한다.

FCA에서 해당되는 경우에 물품의 수출통관은 매도인이 하여야 한다. 그러나 매도인은 물품을 수입통관하거나 수입관세를 지급하거나 수입통관절차를 수행할 의무가 없다.

(매수인은 매도인의 물품인도를 위한 운송인을 지정하고 운송방식과 물품의 인도기일 및 장소를 통지하여야 하며, 매도인에게 특별히 운송계약을 요청하지 아니하는 한 지정장소로부터 물품의 운송을 위한 운송계약을 체결하고 운송비를 지급하여야 한다).

3 운송비지급인도(CPT)

CPT(CARRIAGE PAID TO)

CPT(insert named place of destination) Incoterms® 2020

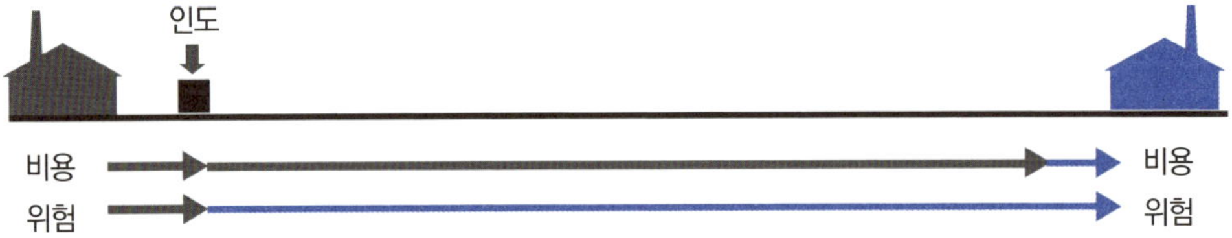

1) 인도의무의 이행 및 위험·비용의 분기점

이 규칙은 선택된 운송방식을 가리지 않고 사용될 수 있으며 둘 이상의 운송방식이 채택된 경우에도 사용될 수 있다.

"운송비지급인도"는 매도인이 합의된 장소(당사자 간에 이러한 장소의 합의가 있는 경우) **에서 물품을 자신이 지정한 운송인이나 제3자에게 인도하고 매도인이 물품을 지정목적지까지 운송하는 데 필요한 계약을 체결하고 그 운송비용을 부담하여야 하는 것**을 의미한다.

CPT, CIP, CFR 또는 CIF가 사용되는 경우, 매도인은 물품이 목적지에 도착한 때가 아니라 운송인에게 물품을 교부하는 때에 그의 인도의무를 이행한 것으로 된다.

이 규칙은 두 가지의 분기점을 갖는다. 왜냐하면 위험과 비용이 상이한 장소에서 이전되기 때문이다. 당사자들은 위험이 매수인에게 이전되는 장소인 인도장소 및 매도인이 체결하는 운송계약의 목적지인 지정목적지를 계약 내에서 가급적 정확하게 지정하는 것이 좋다. 합의된 목적지까지 운송하는 데 여러 운송인이 사용되고, 당사자들이 특정한 인도지점에 관하여 합의하지 않은 경우, 위험은 전적으로 매도인에 의하여 선택되어 매수인으로서는 아무런 통제도 할 수 없는 지점에서 물품이 최초운송인에게 인도되는 때에 이전되는 것이 기본규칙이다. 그 후의 어느 단계(예컨대, 항구 또는 공항)에서 위험이 이전되기를 원하는 경우, 당사자들은 이를 매매계약에 명시하여야 한다.

2) 당사자의 주요 의무

또한, 당사자들은 합의된 목적지 내의 지점을 가급적 정확하게 특정하는 것이 바람직하다. 그러한 지점까지의 비용은 매도인이 부담하기 때문이다. 매도인은 이러한 선택을 정확하게 만족하는 내용으로 운송계약을 체결하는 것이 좋다. 매도인이 그의 운송계약에 따라 지정목적지에서 양하와 관련한 비용을 지출한 경우, 당사자 간에 달리 합의하지 않았다면 매도인은 그러한 비용을 매수인에게 구상할 수 없다.

CPT에서 매도인은 해당되는 경우에 물품의 수출통관을 하여야 한다. 그러나 매도인은 물품을 수입통관하거나 수입관세를 부담하거나 수입통관절차를 수행할 의무가 없다.

(매수인은 물품이 운송인에게 인도되고 상업송장과 운송서류가 자신에게 제시되면 목적지에서 운송인으로부터 물품을 수령하여야 한다. 또한, 목적지에서 양하비가 운송비에 포함되어 있지 아니할 경우에는 이를 지급하여야 하고, 매도인에 대한 통지 불이행으로 인하여 물품의 인도가 지연되어 발생하는 모든 위험과 추가적인 비용을 부담하여야 한다).

4 운송비·보험료지급인도(CIP)

CIP(CARRIAGE AND INSURANCE PAID TO)

CIP(insert named place of destination) Incoterms® 2020

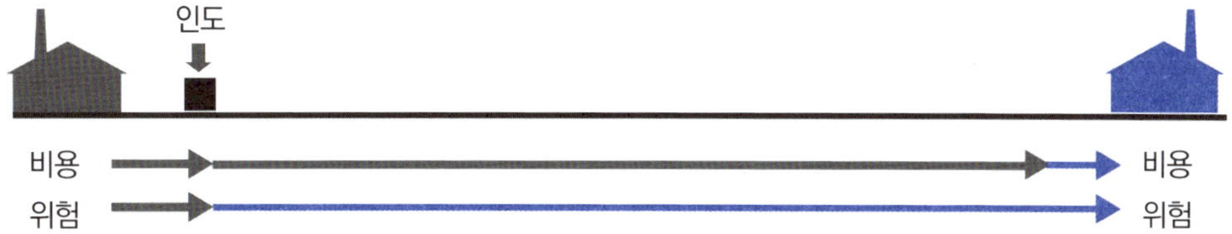

1) 인도의무의 이행 및 위험·비용의 분기점

이 규칙은 선택된 운송방식을 가리지 않고 사용될 수 있으며 둘 이상의 운송방식이 채택된 경우에도 사용될 수 있다.

"운송비·보험료지급인도"는 매도인이 합의된 장소(당사자 간에 이러한 장소의 합의가 있는 경우)**에서 물품을 자신이 지정한 운송인이나 제3자에게 인도하고, 지정목적지까지 운송하는 데 필요한 계약을 체결, 그 운송비용을 부담하여야 하는 것**을 의미한다.

매도인은 또한, 인도지점부터 적어도 목적지점까지 매수인의 물품 멸실 또는 훼손 위험에 대하여 보험계약을 체결하여야 한다(이는 목적지 국가가 자국의 보험자에게 부보하도록 요구하는 경우에는 어려움을 야기할 수 있다. 이러한 경우에 당사자들은 CPT로 매매하는 것을 고려하여야 한다). 또한, 매수인은 Incoterms® 2020 CIP조건에서 매도인이 협회적화약관의 C-약관에 의한 제한적인 담보조건이 아니라 **협회적하약관의 A-약관이나 그와 유사한 약관에 따른 광범위한 담보조건으로 부보하여야 한다는 것을 유의**하여야 한다. 그러나 당사자들은 여전히 더 낮은 수준의 담보조건으로 부보하기로 합의할 수 있다.

2) 당사자의 주요 의무

CPT, CIP, CFR 또는 CIF가 사용되는 경우에, 매도인은 물품이 목적지에 도착한 때가 아니라 운송인에게 물품을 교부하는 때에 그의 인도의무를 이행한 것으로 된다.

이 규칙은 두 가지의 분기점을 갖는다. 왜냐하면 위험과 비용이 상이한 장소에서 이전되기 때문이다. 당사자들은 위험이 매수인에게 이전되는 장소인 인도장소 및 매도인이 체결하는 운송계약의 목적지인 지정목적지를 계약 내에서 가급적 정확하게 지정하는 것이 좋다. 합의된 목적지까지 운송하는 데 여러 운송인이 사용되고 당사자들이 특정한 인도지점에 관하여 합의하지 않은 경우, 위험은 전적으로 매도인에 의하여 선택된 최초운송인에게 인도되는 때에 이전되는 것이 기본규칙이다.

또한, 당사자들은 합의된 목적지 내의 지점을 가급적 정확하게 특정하는 것이 바람직하다. 그러한 지점까지의 비용은 매도인이 부담하기 때문이다. 매도인은 이러한 선택을 정확하게 만족하는 내용으로 운송계약을 체결하는 것이 좋다. 매도인이 그의 운송계약에 따라 지정목적지에서 양하와 관련한 비용을 지출한 경우, 당사자 간에 달리 합의하지 않았다면 매도인은 그러한 비용을 매수인에게 구상할 수 없다.

CIP에서 매도인은 해당되는 경우에 물품의 수출통관을 하여야 한다. 그러나 매도인은 물품을 수입통관하거나 수입관세를 부담하거나 수입통관절차를 수행할 의무가 없다.

(매수인은 물품이 운송인에게 인도되고 상업송장, 보험서류 및 운송서류가 자신에게 제시되면 목적지에서 이들 서류를 제시하고 운송인으로부터 물품을 수령하여야 한다. 또한, 목적지에서 양하비가 운송비에 포함되어 있지 아니할 경우에는 이를 지급하여야 하고, 매도인에 대한 통지 불이행으로 인하여 물품의 인도가 지연되어 발생하는 모든 위험과 추가적인 비용을 부담하여야 한다).

5 도착장소인도(DAP)

DAP(DELIVERED AT PLACE)

DAP(insert named place of destination) Incoterms® 2020

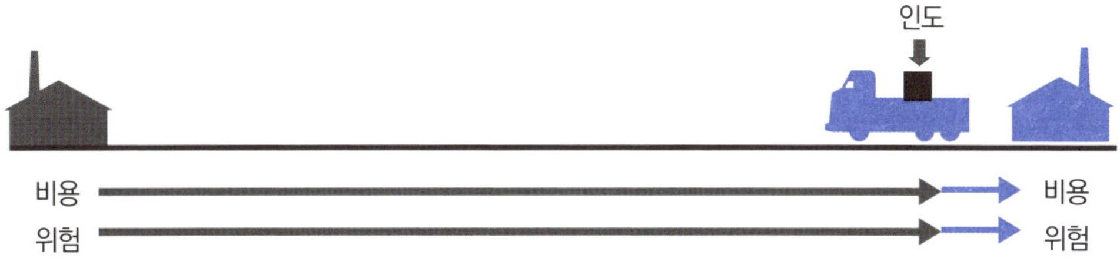

1) 인도의무의 이행 및 위험·비용의 분기점

이 규칙은 선택된 운송방식을 가리지 않고 사용될 수 있으며 둘 이상의 운송방식이 채택된 경우에도 사용될 수 있다.

"도착장소인도"란 물품이 지정목적지에서 도착운송수단에 실린 채 양하준비된 상태로 매수인의 처분하에 놓이는 때에 매도인이 인도하는 것을 말한다. 매도인은 그러한 지정장소까지 물품을 운송하는 데 수반하는 모든 위험을 부담한다.

당사자들은 합의된 목적지 내의 지점을 가급적 명확하게 명시하는 것이 바람직하다. 그러한 지점까지의 위험은 매도인이 부담하기 때문이다. 매도인은 이러한 선택을 정확하게 만족하는 내용으로 운송계약을 체결하는 것이 좋다. 매도인이 그의 운송계약에 따라 목적지에서 양하에 관한 비용을 지출한 경우, 당사자 간에 달리 합의하지 않았다면 매도인은 이를 매수인에게 구상할 수 없다.

2) 당사자의 주요 의무

DAP에서 매도인은 해당되는 경우에 물품의 수출통관을 하여야 한다. 그러나 매도인은 물품을 수입통관하거나 수입관세를 부담하거나 수입통관절차를 수행할 의무가 없다. 당사자 간에 매도인이 물품을 수입통관하고 수입관세를 부담하며 수입통관절차를 수행하도록 원하는 때에는, DDP가 사용되어야 한다.

(매수인은 양하 준비된 상태로 매수인의 처분하에 인도된 물품을 수령하여야 하고, 물품이 인도되는 때로부터 물품에 관련된 모든 비용을 부담하여야 한다. 또한, 자신의 비용부담으로 물품의 수입허가와 수입통관의 절차를 이행하고 이에 따른 관세 등을 지급하여야 한다).

6 도착지양하인도(DPU)

DPU(Delivered At Place Unloaded)

DPU(insert named place of destination) Incoterms® 2020

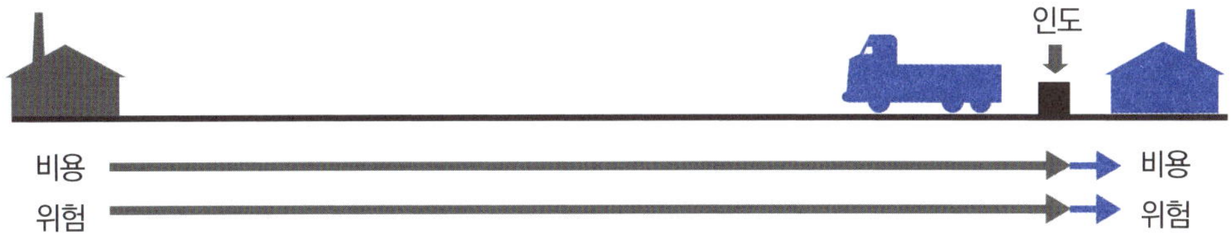

1) 인도의무의 이행 및 위험·비용의 분기점

이 규칙은 선택된 운송방식을 가리지 않고 사용될 수 있으며 둘 이상의 운송방식이 채택된 경우에도 사용될 수 있다.

매도인은 물품을 지정목적지까지 가져가서 그곳에서 물품을 양하하는 데 수반되는 모든 위험을 부담한다. 따라서 본 인코텀즈규칙에서 인도와 목적지의 도착은 같은 것이다. DPU는 **매도인이 목적지에서 물품을 양하하도록 하는 유일한 인코텀즈규칙**이다. 따라서 매도인은 자신이 그러한 지정장소에서 양하를 할 수 있는 입장에 있는지를 확실히 하여야 한다. 당사자들은 매도인이 양하의 위험과 비용을 부담하기를 원하지 않는 경우, DPU를 피하고 그 대신 DAP를 사용하여야 한다.

2) 당사자의 주요 의무

DPU에서 매도인은 해당되는 경우에 물품의 수출통관을 하여야 한다. 그러나 매도인은 물품을 수입통관하거나 수입관세를 부담하거나 수입통관절차를 수행할 의무가 없다.

(매수인은 지정목적항이나 목적지에 있는 소정의 지정터미널에서 자신의 처분하에 인도된 물품을 수령하여야 한다. 또한, 물품의 수입허가와 수입통관절차를 이행하고, 이에 따른 관세, 조세, 기타 부과금 및 최종목적지까지의 운송비를 부담하여야 한다).

7 관세지급인도(DDP)

DDP(DELIVERED DUTY PAID)

DDP(insert named place of destination) Incoterms® 2020

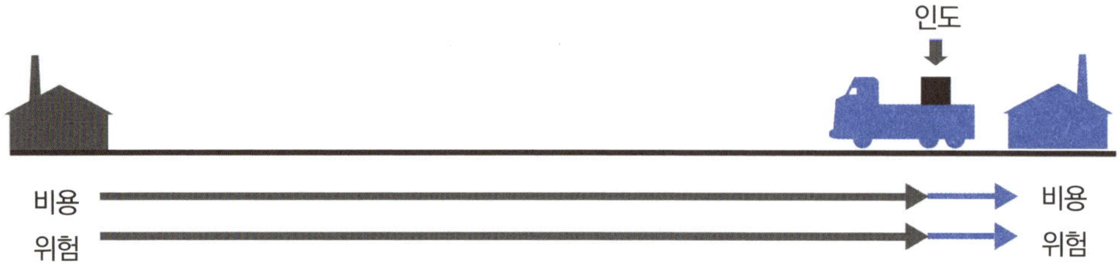

1) 인도의무의 이행 및 위험·비용의 분기점

이 규칙은 선택된 운송방식을 가리지 않고 사용될 수 있으며 둘 이상의 운송방식이 채택된 경우에도 사용될 수 있다.

"관세지급인도"는 수출통관된 물품이 지정목적지에서 도착운송수단에 실린 채 양하 준비된 상태로 매수인의 처분하에 놓이는 때에 매도인이 인도하는 것을 말한다. 매도인은 그러한 목적지까지 물품을 운송하는 데 수반하는 모든 위험을 부담하고 또한, 물품의 수출통관 및 수입통관을 모두 하여야 하고, 수출관세 및 수입관세를 모두 부담하여야 하며, 모든 통관절차를 수행하여야 하는 의무를 부담한다.

2) 당사자의 주요 의무

DDP는 매도인의 최대의무를 표방한다.

당사자들은 합의된 목적지 내의 지점을 가급적 명확하게 명시하는 것이 바람직하다. 그러한 지점까지의 위험은 매도인이 부담하기 때문이다. 매도인은 이러한 선택을 정확하게 만족하는 내용으로 운송계약을 체결하는 것이 좋다. 매도인이 그의 운송계약에 따라 목적지에서 양하에 관한 비용을 지출한 경우, 당사자 간 달리 합의하지 않았다면 매도인은 이를 매수인에게 구상할 수 없다.

매도인이 직접 또는 간접으로 수입통관을 수행할 수 없는 경우에는 DDP를 사용하지 않는 것이 좋다. 만약, 당사자들이 수입통관에 관한 모든 비용과 위험을 매수인이 부담하기를 원하는 때에는 DAP가 사용되어야 한다. 수입 시에 부과되는 부가가치세 및 기타 세금은 매도인이 부담하되 다만, 매매계약에서 명시적으로 달리 합의된 때에는 그에 따른다.

(매수인은 목적지에서 자신의 임의처분하에 인도된 물품을 수령하고, 운송수단으로부터 이를 양하하여야 한다).

8 선측인도(FAS)

FAS(FREE ALONGSIDE SHIP)

FAS(insert named port of shipment) Incoterms® 2020

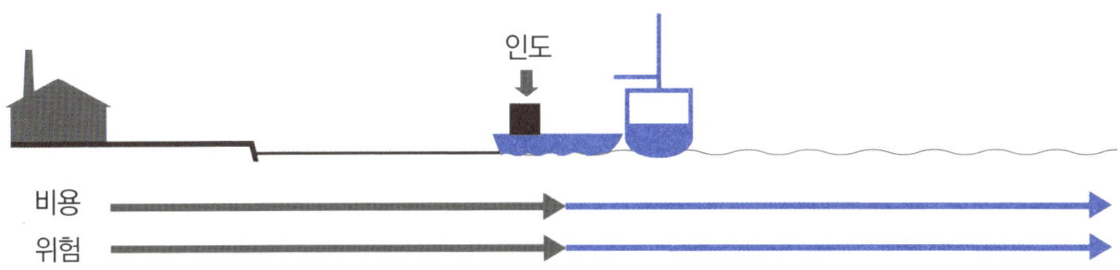

1) 인도의무의 이행 및 위험·비용의 분기점

이 규칙은 오직 해상운송이나 내수로운송의 경우에만 사용되어야 한다.

“선측인도”는 물품이 지정선적항에서 매수인에 의하여 지정된 본선의 선측(예컨대, 부두 혹은 바지선)**에 놓이는 때에 매도인이 인도하는 것**을 의미한다. 물품의 멸실 또는 손상의 위험은 물품이 선측에 놓인 때에 이전하며 매수인은 그러한 시점 이후의 모든 비용을 부담한다.

당사자들은 지정선적항 내의 적재지점을 가급적 명확하게 명시하는 것이 바람직하다. 그러한 지점까지 비용과 위험을 매도인이 부담하고 또한, 그러한 비용 및 관련 화물취급비용이 그 항구의 관행에 따라 다양하기 때문이다.

2) 당사자의 주요 의무

매도인은 물품을 선측에 인도하거나 이미 선적을 위하여 그렇게 인도된 물품을 조달하여야 한다. 여기에 "조달"(procure)을 규정한 것은 특히, 일차산품거래(commodity trade)에서 보편적인 복수의 연속적 매매("연속매매")에 대응하기 위함이다.

물품이 컨테이너에 적재되는 경우에는 매도인이 물품을 선측이 아니라 터미널에서 운송인에게 교부하는 것이 전형적이다. 이러한 경우에, FAS규칙은 부적절하며 FCA규칙이 사용되어야 한다. FAS에서 매도인은 해당되는 경우에 물품의 수출통관을 하여야 한다. 그러나 매도인은 물품의 수입통관을 하거나 수입관세를 부담하거나 수입통관절차를 수행할 의무가 없다.

(매수인은 자신의 위험과 비용부담으로 수입허가, 수입통관 및 기타 공적 승인을 취득하여야 하며, 자신의 비용부담으로 목적항까지 물품의 운송계약을 체결하고, 선박명, 적재장소 및 시기를 매도인에게 통지하여야 한다. 또한, 매도인에 대한 통지불이행, 지정선박의 입항지연이나 물품의 수령불이행 등이 있을 경우에는 합의된 인도기일부터 이로 인한 모든 위험과 비용을 부담하여야 한다).

9 본선인도(FOB)

FOB(FREE ON BOARD)

FOB(insert named port of shipment) Incoterms® 2020

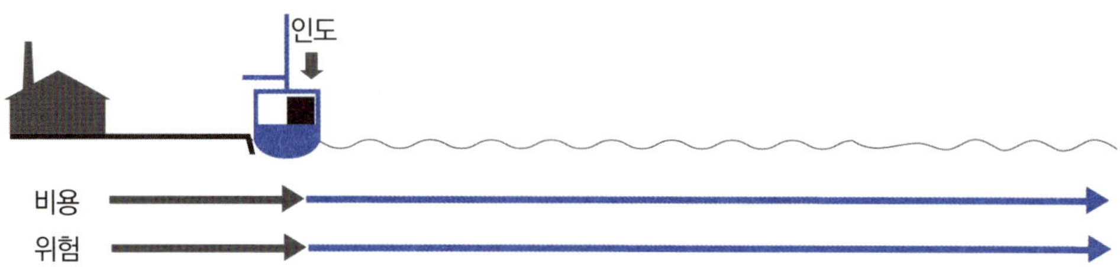

1) 인도의무의 이행 및 위험·비용의 분기점

이 규칙은 오직 해상운송이나 내수로 운송의 경우에만 사용되어야 한다.

"본선인도"는 매도인이 물품을 지정선적항에서 매수인에 의하여 지정된 본선에 적재하여 인도하거나 이미 그렇게 인도된 물품을 조달하는 것을 의미한다. 물품의 멸실 또는 손상의 위험은 물품이 본선에 적재된 때에 이전하며, 매수인은 그러한 시점 이후의 모든 비용을 부담한다.

매도인은 물품을 본선에 적재하여 인도하거나 이미 선적을 위하여 그렇게 인도된 물품을 조달하여야 한다. 여기에 "조달"(procure)을 규정한 것은 특히, 일차산품거래(commodity trade)에서 보편적인 복수의 연속적 매매("연속매매")에 대응하기 위함이다. FOB는 예컨대, 전형적으로 터미널에서 인도되는 컨테이너화물과 같이 물품이 본선에 적재되기 전에 운송인에게 교부되는 경우에는 적절하지 않다. 이러한 경우에는 FCA 규칙이 사용되어야 한다.

2) 당사자의 주요 의무

FOB에서 매도인은 해당되는 경우에 물품의 수출통관을 하여야 한다. 그러나 매도인은 물품을 수입통관하거나 수입관세를 부담하거나 수입통관절차를 수행할 의무가 없다.

(매수인은 자신의 비용부담으로 목적항까지 물품의 운송계약을 체결하고, 선박명, 적재장소 및 시기를 매도인에게 통지하여야 한다. 또한, 본선적재비가 운임에 포함되어 있는 경우, 이 적재비용 및 목적항에서의 양륙비를 지급하여야 한다. 나아가, 매도인에 대한 통지불이행, 지정선박의 입항지연이나 물품의 수령불이행 등으로 인한 모든 위험과 추가적인 비용을 부담하여야 한다).

10 운임포함인도(CFR)

CFR(COST AND FREIGHT)

CFR(insert named port of destination) Incoterms® 2020

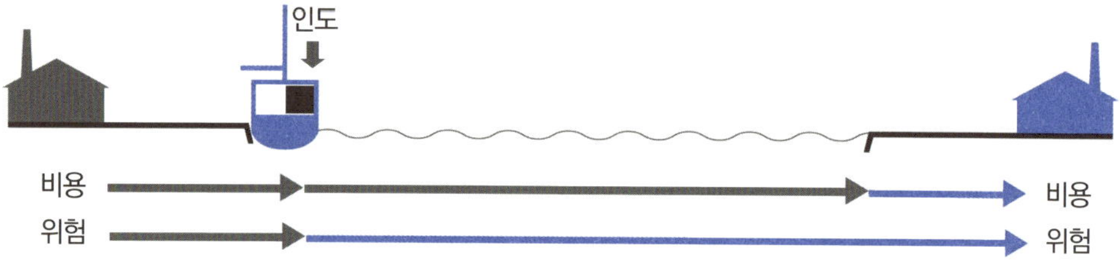

1) 인도의무의 이행 및 위험·비용의 분기점

이 규칙은 오직 해상운송이나 내수로운송의 경우에만 사용되어야 한다.

"운임포함인도"는 매도인이 물품을 본선에 적재하여 인도하거나 이미 그렇게 인도된 물품을 조달하는 것을 의미한다. 물품의 멸실 또는 손상의 위험은 물품이 본선에 적재된 때에 이전한다. 매도인은 물품을 지정목적항까지 운송하는 데 필요한 계약을 체결하고 그에 따른 비용과 운임을 부담하여야 한다.

CPT, CIP, CFR 또는 CIF가 사용되는 경우, 매도인은 물품이 목적지에 도착한 때가 아니라 선택된 당해 규칙에 명시된 방법으로 운송인에게 물품을 교부하는 때에 그의 인도의무를 이행한 것으로 된다.

이 규칙은 두 가지의 분기점을 갖는다. 왜냐하면 위험과 비용이 상이한 장소에서 이전되기 때문이다. 계약에서 항상 목적항을 명시하면서도 선적항은 명시하지 않지만, 위험은 선적항에서 매수인에게 이전한다. 선적항에 대하여 매수인이 특별한 이해관계를 갖는 경우에, 당사자들은 계약에서 이를 가급적 정확하게 특정하는 것이 바람직하다.

당사자들은 합의된 목적항 내의 지점을 가급적 정확하게 특정하는 것이 바람직하다. 그러한 지점까지의 비용은 매도인이 부담하기 때문이다. 매도인은 이러한 선택을 정확하게 만족하는 내용으로 운송계약을 체결하는 것이 좋다. 매도인이 그의 운송계약에 따라 목적항 내의 명시된 지점에서 양륙비용을 지출한 경우, 당사자 간에 달리 합의하지 않았다면 매도인은 이를 매수인에게 구상할 수 없다.

2) 당사자의 주요 의무

매도인은 물품을 본선에 적재하여 인도하거나 이미 목적항까지 선적을 위하여 그렇게 인도된 물품을 조달하여야 한다. 또한, 매도인은 운송계약을 체결하거나 그러한 계약을 조달하여야 한다. 여기에 "조달"(procure)을 규정한 것은 특히, 일차산품거래(commodity trade)에서 보편적인 복수의 연속적 매매("연속매매")에 대응하기 위함이다.

CFR은 예컨대, 전형적으로 터미널에서 인도되는 컨테이너화물과 같이 물품이 본선에 적재되기 전에 운송인에게 교부되는 경우에는 적절하지 않다. 이러한 경우에는 CPT규칙이 사용되어야 한다. CFR에서 매도인은 해당되는 경우에 물품의 수출통관을 하여야 한다. 그러나 매도인은 물품을 수입통관하거나 수입관세를 부담하거나 수입통관절차를 수행할 의무가 없다.

(매수인은 상업송장과 운송서류가 자신에게 전달되면 물품이 선적항에서 본선의 갑판에 인도된 때에 이를 승낙하고, 목적항에서 운송인으로부터 물품을 수령하여야 한다. 또한, 목적항에서 양륙비가 운임에 포함되어 있지 아니한 경우에는 이를 지급하여야 한다).

11 운임·보험료포함인도(CIF)

CIF(COST INSURANCE AND FREIGHT)

CIF(insert named port of destination) Incoterms® 2020

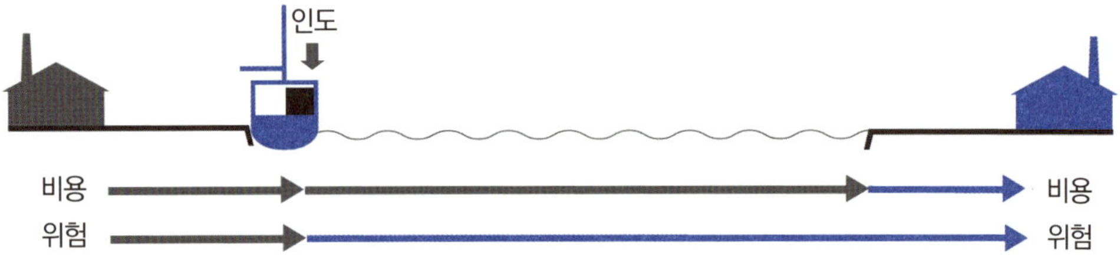

1) 인도의무의 이행 및 위험·비용의 분기점

이 규칙은 오직 해상운송이나 내수로 운송의 경우에만 사용되어야 한다.

"운임·보험료포함인도"는 매도인이 물품을 본선에 적재하여 인도하거나 이미 그렇게 인도된 물품을 조달하는 것을 의미한다. 물품의 멸실 또는 손상의 위험은 물품이 본선에 적재된 때에 이전한다. 매도인은 물품을 지정목적항까지 운송하는 데 필요한 계약을 체결하고 그에 따른 비용과 운임을 부담하여야 한다.

매도인은 또한, 운송 중 매수인의 물품의 멸실 또는 손상의 위험에 대비하여 보험계약을 체결한다. 매수인이 유의할 것으로, **CIF에서 매도인은 단지 최소조건으로 부보하도록 요구될 뿐이다. 보다 넓은 보험의 보호를 원한다면 매수인은 매도인과 명시적으로 그렇게 합의하든지, 아니면 스스로 자신의 추가보험을 들어야 한다.**

CPT, CIP, CFR 또는 CIF가 사용되는 경우, 매도인은 물품이 목적지에 도착한 때가 아니라 선택된 당해 규칙에 명시된 방법으로 운송인에게 물품을 교부하는 때에 그의 인도의무를 이행한 것으로 된다.

이 규칙은 2개의 분기점을 갖는다. 왜냐하면 위험과 비용이 상이한 장소에서 이전되기 때문이다. 계약에서 항상 목적항을 명시하면서도 선적항은 명시하지 않지만, 위험은 선적항에서 매수인에게 이전한다. 선적항에 대하여 매수인이 특별한 이해관계를 갖는 경우에, 당사자들은 계약에서 이를 가급적 정확하게 특정하는 것이 바람직하다.

당사자들은 합의된 목적항 내의 지점을 가급적 정확하게 특정하는 것이 바람직하다. 그러한 지점까지의 비용은 매도인이 부담하기 때문이다. 매도인은 이러한 선택을 정확하게 만족하는 내용으로 운송계약을 체결하는 것이 좋다. 매도인이 그의 운송계약에 따라 목적항 내의 명시된 지점에서 양륙비용을 지출한 경우, 당사자 간에 달리 합의하지 않았다면 매도인은 이를 매수인에게 구상할 수 없다.

2) 당사자의 주요 의무

매도인은 물품을 본선에 적재하여 인도하거나 이미 목적항까지 선적을 위하여 그렇게 인도된 물품을 조달하여야 한다. 또한, 매도인은 운송계약을 체결하거나 그러한 계약을 조달하여야 한다. 여기에 "조달"(procure)을 규정한 것은 특히, 일차산품거래(commodity trade)에서 보편적인 복수의 연속적 매매("연속매매")에 대응하기 위함이다.

CIF는 예컨대, 전형적으로 터미널에서 인도되는 컨테이너화물과 같이 물품이 본선에 적재되기 전에 운송인에게 교부되는 경우에는 적절하지 않다. 이러한 경우에는 CIP규칙이 사용되어야 한다. CIF에서 매도인은 해당되는 경우에 물품의 수출통관을 하여야 한다. 그러나 매도인은 물품을 수입통관하거나 수입관세를 부담하거나 수입통관절차를 수행할 의무가 없다.

(매수인은 상업송장, 운송서류 및 보험서류가 자신에게 전달되면 물품이 선적항에서 본선의 갑판에 인도된 때 이를 승낙한다. 또한, 목적항에서 운송인으로부터 물품을 수령하여야 하고, 목적항에서 양륙비가 운임에 포함되지 아니할 경우에는 이를 지급하여야 한다. 나아가, 매도인에 대한 통지불이행으로 인하여 발생하는 모든 위험과 추가적인 비용을 부담하여야 한다).

CHAPTER
10

국제운송

section 01

개요

1 의의

국제물류(international physical distribution)는 생산과 소비가 2개국 이상에 걸쳐 이루어지는 경우 생산과 소비의 시간적, 공간적 차이를 극복하기 위한 재화에 대한 물리적인 국제경제활동이라 할 수 있다. 국제물류는 운송, 보관, 하역, 포장 및 정보 등의 기능을 포괄하는 개념이며 물자의 시간적, 공간적인 효용의 창조가 중요하기 때문에 **국제물류 중에서 특히 운송부분이 차지하는 비중이 크다**. 무역운송은 무역거래에 수반되는 국제운송이다. 운송은 물품의 생산지와 소비지 사이에 존재하는 공간적 거리를 좁히고 물품의 공간적 이동과 시간적인 극복을 통하여 재화의 효용가치를 증대시키는 행위이다.

과거 생산자 중심의 산업사회에서는 운송의 중요성이 부각되지 않았으나, 오늘날에는 산업구조의 고도화, 국제경쟁의 심화, 세계시장의 통합, 소비자 욕구의 다양화 등으로 인해 무역운송의 중요성이 나날이 강조되고 있다. 즉, 보다 많은 수량을 얼마나 안전하고 신속하게, 보다 저렴한 비용으로 운송하느냐가 전체 마케팅 비용의 절감과 고객서비스의 향상에 직결되기 때문에 무역운송의 역할이 크다고 할 수 있다. 우리나라의 경우 운송이 전체 물류비에서 차지하는 비중이 약 50%에 달하고 있으며 전체 물류비는 기업의 매출액의 10% 내외에 이르고 있다.

2 운송의 종류

장소적 관점에서 국내운송과 국제운송으로 구별되며, 국내운송(domestic transport)은 운송이 동일 국가 내에서 이루어지는 반면에 국제운송(international transport)은 한 국가의 범위를 넘어 다른 국가 간에 이루어지는 운송이다. 즉, 국내운송은 수출상의 창고나 공장에서 선적항까지의 운송 또는 도착항에서 수입상의 창고나 공장까지의 운송을 의미하고, 국제운송은 선적항에서 도착항 혹은 최종목적지까지의 운송을 의미한다. 운송수단에 따라 트럭에 의한 도로운송, 기차에 의한 철도운송, 선박에 의한 해상운송, 화물(항공)기에 의한 항공운송 등으로 구분할 수 있다.

하주입장에서 최적의 운송수단의 선택은 수출입단가, 고객서비스 등에 지대한 영향을 미치기 때문에 국제경쟁력 제고 차원에서 매우 중요하다. **최적의 운송수단을 선택하는 판단 기준으로** ① **물품의 종류,** ② **중량 및 용적,** ③ **운송경로,** ④ **운송거리,** ⑤ **운송일수(시간),** ⑥ **운송비(운임) 등을 고려하되, 납품시기 등도 함께 고려**해야 한다.[30)]

오늘날 국제운송에서 운송의 효율성 증대와 물류비 절감이라는 측면에서 한 운송인이 하주에게 모든 책임을 지고 두 가지 이상의 운송수단을 결합하여 송하인의 문전에서 수하인의 문전까지 일관운송(through transportation, door to door)을 담당하는 복합운송(multimodal transportation)이 많이 이용되고 있다.

30) 오원석 · 박광서, 전게서, pp. 345~347.

section 02

해상운송

1 개요

1) 해상운송의 의의

해상운송(marine transportation)**이란 해상에서 선박을 이용하여 인간 및 재화의 장소적·공간적 이전을 목적으로 하는 해상서비스를 의미**한다. 즉, 선박이라는 고정적 생산설비를 이용하여 선박의 장소적 이동에 따라 해운서비스를 생산하고, 이 운송서비스를 수요자에게 제공하여 그 반대급부로써 운임을 획득하는 상행위이다.

해상운송은 육상운송이나 항공운송과 비교하여 ① 대량수송, ② 원거리운송, ③ 자유로운 운송로, ④ 저렴한 운송비, ⑤ 국제성, ⑥ 느린 속력이라는 특성을 가지고 있기 때문에 다음과 같은 장·단점을 지니게 된다.

해상운송의 장·단점

장점	단점
• 대량수송이 용이 • 장거리 수송에 적합 • 운송비의 저렴성 • 부피, 중량이 큰 화물의 운송 가능	• 항만시설에 하역기기 등의 설치 필요 • 기후에 민감 • 운송시간의 장기화 • 타 운송수단에 비해 높은 위험도 존재

해상운송은 원거리, 대량수송으로 운임이 다른 운송수단보다 저렴하다는 특성 이외에도 선박만 있으면 세계 모든 나라의 영해와 항구를 거의 자유롭게 입·출항할 수 있기 때문에 국제적 경쟁 산업이며 국가전략산업이다. 오늘날의 해상운송은 조선기술의 발달,

전자 및 정보통신의 발달 등 계속적인 기술혁신에 의하여 선박운송의 안정성이 크게 높아졌으며 선박의 대형화, 고속화, 전용선화, 컨테이너선화가 크게 진전되었다.

2) 해상운송계약

해상운송계약은 운송인(carrier)이 해상에 있어서 선박에 의하여 행하는 물품운송을 인수하는 계약이며, 개개의 운송물품을 계약의 목적으로 하는 개품운송계약과 선박의 전부 또는 일부를 계약의 목적으로 하는 용선계약(charter party)이 있다. 개품운송계약은 정기선(liner)에 의하여, 용선운송계약은 부정기선(tramper)에 의하여 운송서비스가 제공된다. 정기선운송은 주로 컨테이너 화물이 이용되며, 부정기선운송은 주로 벌크(재래)화물이 이용된다.

개품운송계약 vs. 용선계약

	개품운송계약	용선계약
계약의 목적	개개의 물품운송	선복의 일부 또는 전부
운송방법	정기선(liner)	부정기선(tramper)
적용법규	성문법(statute law)	보통법(Common law)
책임관계	운송인 면책확대 불인정	운송인 책임 수정가능
당사자	선주와 송하인	선주와 용선자
하주	불특정 다수 하주	특정 하주
화물	잡화와 같은 비교적 적은 화물	대량산화물(원유, 철강, 곡물 등)
계약의 증빙	선하증권(B/L)	용선계약서(C/P)
운임률	공표운임률(Tariff Rate)	수급에 의한 시세(open rate)
운임조건	Berth(Liner) Term	FI, FO, FIO

정기선의 경우 선사들이 배선표(shipping schedule)를 공표하면, 하주는 선복요청서(shipping request)를 제출하고 선주가 이를 승낙하는 인수확약서(booking note)를 교부함으로써 운송계약이 체결된다. 개품운송계약에서는 개별계약서가 작성되지 않고 선하증권이 발행된다. 이때 선하증권은 운송계약 성립의 추정적 증빙(prima facie proof)이 된다. 개품운송의 경우에는 1인의 선주와 다수의 하주가 계약을 체결하기 때문에 계약자유의 원칙이 제한을 받으며 운송인이 제시한 계약내용이 인쇄된 선하증권을 수

령함으로써 계약책임을 져야 하는 부합계약(附合契約, contract of adhesion)적 성격을 갖고 있다.

부정기선의 경우는 용선계약서가 작성되고 그 후 용선한 선박에 화물이 적재되면 용선자는 하주에게 용선계약선하증권(charterparty B/L)을 발행한다. 용선계약에서 선복(shipping space)을 임차하는 방식에 따라 일정기간을 중심으로 한 기간용선(time charter), 특정항해단위를 중심으로 한 항해용선(voyage charter) 그리고 선박 자체만을 임차하는 나용선(bareboat charter)이 있다.[31)]

2 정기선운송과 해운동맹

1) 정기선운송

정기선이란 정기항로에 취항하고 있는 선박을 지칭하며, 특정항로를 화물의 수량에 관계없이 규칙적으로 반복·운항하는 운송형태이다. 정기선은 정기적이고 고속으로 운항하기 때문에 부정기선화물과는 달리 주로 제품화된 공산품과 포장화물을 운송한다. 정기선 운송인은 전문운송인(common carrier)이며, 선박도 고가이고 표준계약서와 운임률표(freight tariff)에 따라 운송서비스를 제공한다.

2) 해운동맹

해운동맹(shipping conference)은 특정 항로에 취항하고 있는 둘 이상의 정기선사가 상호 독립성을 유지하면서 대내적으로 과당경쟁을 배제하고, 대외적으로는 독점력을 강화하여 회원사 상호간의 경제적 지위를 향상·유지시킬 목적으로 운임, 적취량, 배선, 기타 운송조건에 관해 협정 또는 계약을 체결한 국제적인 선사 카르텔(cartel)이다. 이 카르텔에 가맹을 희망하는 선박회사를 가입시키는 개방식 동맹(open conference, 미

---

31) 오원석·박광서, 전게서, pp. 358~360.

국식)과 일정한 조건을 갖추지 않거나 회원의 이익을 해한다고 생각되는 경우에 가입을 인정하지 않는 폐쇄식 동맹(closed conference, 영국식)이 있다. 해운동맹이 선주 상호간의 경쟁방지를 목적으로 하고 있지만 운임의 안정과 정기적 운항 등으로 하주에게도 많은 경제적 이점이 있다.

3 부정기선운송

1) 부정기선운송의 의의

부정기선(tramper)**은 화물이 있을 때 또는 하주의 요구가 있을 때 하주와 계약을 체결하고 부정기적으로 운항하는 운송형태**이다. 부정기선은 통상 화물의 성질 또는 형태에 따라 특수한 시설과 구조를 갖춘 선박이나 특수 전용선이 이용된다. 즉, 원유, 철광석, 석탄, 곡물, 시멘트 등 저가의 대량화물 등의 운송에 이용되며, 특수전용선으로는 유조선(oil tanker), 냉동선(refrigerated ship), 목재전용선(timber carrier), 자동차전용선(car carrier) 등이 있다.

부정기선의 특징은 첫째, 화물의 운송은 지역별·시기별로 불규칙적이고 수요에 따라 항로가 결정되므로 범세계적 시장(global market)을 형성한다. 둘째, 단일기업으로는 시장점유율이 크지 못하므로 독점이 어렵고 카르텔의 형성도 어렵다. 셋째, 부정기선 시장은 동맹결성이 어렵기 때문에 경쟁원리가 적용되며, 가격인 운임이나 용선료는 수급에 따라 결정된다. 부정기선은 매번 흥정을 통하여 운임이 결정되고 선주와 하주 간 용선계약서가 작성된다. 그러므로 부정기선은 주로 용선계약에 따라 하주의 요구대로 운항하기 때문에 부정기선운송과 용선운송은 동의어로 이해된다.

용선계약의 체결은 용선중개인(charter broker)을 통해 선박 확보를 위한 문의(inquiry)를 한다. 선박회사는 문의를 받고 하주의 요구조건을 검토한 후 하주에게 확정청약을 신청한다. 이에 하주가 승낙하면 용선계약이 성립되고 그 증빙으로 선복확정서(fixture note)를 작성한다. 이를 근거로 용선계약서(charter party)를 작성한다. 부정기선의 운항주체는 일반선사가 선박을 보유하여 운항하는 전문운송인(common carrier) 또는 공중운송인(public carrier)과 하주 자신이 선박을 소유하여 화물을 직접 수송하는 자가 운송인(private carrier) 또는 산업운송인(industrial carrier)으로 구분한다.

2) 용선계약의 종류

용선계약(傭船契約)은 화물운송계약인 **항해용선**(voyage charter, trip charter), 혼합계약인 **정기용선**(time charter) 그리고 선박임대차계약인 **나용선**(裸傭船, demise charter, bareboat charter)으로 구분된다. 항해용선은 부정기선사가 선복의 전부 또는 일부를 사용하여 용선자(charterer)에게 어떤 화물을 어느 항구에서 어느 항구까지 특정의 조건으로 운송해 주기로 약정하는 화물운송계약을 말한다.

이때 용선자가 선주에게 지급하는 운송대가는 운임(freight)이며, 운임계산방법에는 물량용선(freight charter)과 총괄운임용선(lump sum charter)이 있다. 물량용선은 운임이 화물의 양에 따라 결정되는 것을 말하며, 총괄운임용선은 운임이 적재량과 관계없이 일항차 총괄운임을 정하여 적재량에 관계없이 부과하는 방법이다.

정기용선계약은 용선기간에 따라 용선료(charterage 또는 hire)를 지급하는 운송계약 형태이다. 선주는 선박의 설비 및 선구를 갖추고 선원을 승선시킨 상태에서 일정기간을 용선자에게 빌려준다. 정기용선은 통상 운항선사가 일시적으로 선복이 부족할 경우 일정기간 타선사의 선박을 빌려 운항할 때 사용되고 있다. 이때 선박의 점유권은 선주에게 있고 선장은 용선자의 지시를 받아야 하므로 선박임대차와 노무공급계약이 혼합된 혼합계약의 성격을 갖는다.

나용선계약은 용선자가 선박 이외에 선장, 선원, 장비 및 소모품에 대하여 모든 책임을 지는 계약이다. 따라서 용선자가 선박의 점유권과 통제권을 가지며 선장은 법적으로 용선자의 대리인이다. 나용선계약은 자본력이 약한 선사가 선박을 보충하면서 선대(fleet)를 늘리는 일종의 장기 임대차계약이라고 할 수 있다. 통상 나용선계약은 10~20년의 장기간에 걸쳐 체결되고 계약이 만료되면 선박의 소유권은 선주로부터 용선자에게 이전된다.

section 03

운임 결정방법

1 정기선 운임

화주가 운송인에게 운임을 문의할 경우 운송인은 국제운송에 소요되는 전체 요금이 아닌 해상운임(ocean freight) 또는 항공운임(air freight) 만을 알려주기 때문에 실제 운임 지불 시 발생하는 금액의 차이에 당혹해 하는 경우가 있다. 수출입 물류비용은 기본운임 외 부대비용이 발생하기 때문에 기본운임보다 할증료 및 부대비가 더 부담스러울 수 있다. 이하에서는 해상운송에서의 기본운임, 할증료 및 부대비용에 대해 살펴본다.

해상운임(ocean freight)이란 운송인이 선박을 이용하여 사람이나 화물을 운송한 대가로서 수취하는 보수로서 운임의 결정은 수요·공급법칙에 따라 결정된다. 일반적으로 정기선 운송 시 항로별로 해운동맹이 결성되어 있어 요율표(tariff)가 책정되어 있으나 역외 선사(outsiders)와의 경쟁으로 인해 실제로 선사가 징수하는 시장운임(market rate)은 표정운임(表定運賃, tariff rate)보다 낮은 경우가 대부분이며 시황에 따라 변동폭도 크다.

화주가 선박회사에 정기선 운송을 의뢰하면 기본운임 외에 할증료(surcharge), 추가운임(additional charges) 및 기타요금도 지불해야 하는 경우가 있다. 따라서 화주는 선복예약(booking) 시 선사가 알려주는 운임이 기본운임을 말하는 것인지 부대비용을 포함한 것인지 명확히 해두어야 한다.

1) 기본운임

지급시기에 따른 분류로 ① **선불운임**(freight prepaid)은 예컨대 CFR 또는 CIF 조건의 경우 수출업자가 선적지에서 운임을 선지급하는 경우로서 일반적으로 선사는 선화증권 발급 시 운임을 징수한다. 또한 선불운임의 계산 시기는 선적 시에 송화인이 신고한 용적 또는 중량을 기준으로 산출되며, 외화 표시 선불운임은 선화증권 작성일이나 선적지 본선입항일의 환율에 따른다. ② **후불운임**(freight to collect)은 예컨대 FOB 조건의 경우 수입업자가 화물의 도착지에서 운임을 지급하는 경우로서 화물인도지시서(D/O; Delivery Order) 발행 시 징수한다. 후불운임의 계산도 선불운임과 마찬가지로 선적 당시에 신고된 용적 또는 중량을 기초로 하여 산출되며, 외화 표시 후불운임은 양륙지 본선입항일의 활율에 따른다.

부과방법(산정 기준)에 따라서 ① **종가운임**(ad valorem freight)은 귀금속 등 고가품의 운송에 있어 화물의 가격(송장가격)에 일정율을 곱하여 산출하는 운임이다. ② **최저운임**(minimum rate)은 화물의 용적이나 중량이 일정 기준 이하일 경우 설정된 최저운임을 부과한다. ③ **차별운임**(discrimination rate)은 화물, 장소, 화주에 따라 운임을 차별적으로 부과하는 운임이고 무차별운임(freight all kinds rate)은 운송거리를 기준으로 일률적으로 책정하는 운임이다. ④ **중량운임**(weight rate)은 실제 중량(ton)을 기준으로 부과하는 운임이다. ⑤ **용적운임**(Measurement rate)은 용적(CBM)을 기준으로 부과하는 운임이다. ⑥ **운임톤**(R/T; Revenue Ton)은 중량(weight) 또는 용적(measurement) 중 운임이 높은 쪽으로 실제 운임을 부과하는 운임이다. ⑦ **Box Rate**는 톤당 운임에 기초한 운임 산정의 번거로움을 줄이기 위하여 화물 종류나 중량에 관계없이 컨테이너당 받는 운임을 말하며, 화물의 품목별로 나누어 적용되는 품목별 운임이 있다.

선내 하역비 부담에 따라서 ① **Berth Term(Liner Term) 운임**은 적재 및 양륙 비용은 물론, 항비 등 일체를 선주가 부담하는 운임이다. 이와는 반대로 Net Term은 용선자가 적재 및 양륙 비용뿐만 아니라 본선 적재 준비 완료 시로부터 최종 양륙항에서의 양륙 종료 시까지의 일체의 항비를 부담하는 운임이다. 이는 선주가 잘 알지 못하는 항로에 배선하거나 또는 화주가 자신의 하역시설을 보유하고 있는 경우에 주로 이용된다. ② FIO(Free In & Out) **운임**은 적재 및 양륙 비용을 용선자가 별도로 부담하는 운임이다. ③ FI(Free In) **운임**은 용선자가 적재 비용을 부담하는 운임이다. ④ FO(Free Out) **운임**은 용선자가 양륙 비용을 부담하는 운임이다. ⑤ FIOS(Free In, Out & Stowage) **운임**은 운임에 적재, 양륙 및 적부 비용이 포함되지 않는 조건이다. 즉 이 조건에서 적재, 양륙 및 적부 비용은 용선자가 별도로 부담하여야 한다.

2) 할증운임

할증운임은 정기항로에서 수시로 발생하는 운송조건 및 환경 변화에 대처하기 위하여 운임표에 공시된 기본운임에 할증하여 부과하는 운임이다.

① 중량 · 장척 · 산화물 할증료: 일반화물과는 달리 중량화물이나 장척화물 등에 대하여 기본운임에 할증하여 부과하는 운임이다. 즉, 일정 한도 이상의 중량화물 운송에는 대형 기중기 등 특수장비를 요하며, 용적이나 길이가 긴 장척화물 등도 적재의 어려움이 존재할 뿐 아니라 취급상 시간 및 비용이 소요되므로 일정율의 할증운임을 부과하게 된다.

② 양륙항선택할증료(Optional Surcharge): 양륙항이 확정되지 않은 채 선적된·화물을 출항 후에 화주가 가장 편리한 양륙항을 선택 · 지정하여 양륙되도록 하는 양륙지선택화물(optional cargo)에 부과하는 할증운임을 말한다. 이 경우 선화증권의 양륙항란에는 "Busan/Inchon option"과 같이 2개 이상의 항구를 명시하고, 화주는 최초의 기항지에 도착하기 48시간 전에 양륙항을 결정하여 그 항구에 있는 선박회사의 대리점에 통보해야 한다.

③ 양륙항변경할증료(Diversion Surcharge): 당초 지정된 양륙항을 운송도중에 변경하는 양륙지 변경 화물에 부과하는 할증운임이다. 양륙항의 변경은 양륙항의 변경으로 인해 별도의 작업을 요하지 않거나, 또는 본선의 운항에 하등의 지장을 초래하지 않는 경우에만 허용된다.

④ 피지항할증료(Out Port Surcharge): 해운동맹이 지정한 주항구 이외의 피지항에서 하역할 경우에 부과되는 할증운임을 말한다.

⑤ 체선 · 체화할증료(Congestion Surcharge): 특정항구의 하역능력 부족으로 인한 체선으로 장기간의 정박을 요할 경우 그 항구를 목적으로 하는 화물에 대하여 임시로 징수하는 할증운임을 말한다.

⑥ 유류할증료(BAF; Bunker Adjustment Factor): 선박의 운항비용 중 연료비가 20~30%를 차지하는데, 선박의 주 연료인 벙커유의 가격변동에 따른 손실을 보전하기 위해 부과하는 할증료로서 기본운임에 대하여 일정비율(%) 또는 일정액을 징수하고 있다.

⑦ 통화할증료(CAF; Currency Adjustment Factor): 운임표시 통화의 가치하락에 따른 손실을 보전하기 위해 도입한 할증료로서 일정기간 해당 통화의 가치변동률을 감안하여 기본운임의 일정비율(%)을 부과하고 있다.

3) 부대비용

부대비용(additional charge)은 선사들이 운항비의 증가 또는 운항수입의 감소를 보전하기 위하여 부과하는 것으로서, 통상 기본운임의 몇 %로 정하거나 컨테이너당 또는 톤당 일정액을 정하여 공시한다.

① 터미널화물처리비(THC; Terminal Handling Charge): 수출화물의 CY 입고시점부터 선측까지, 그리고 수입화물의 본선 선측에서 CY게이트 통과 시까지 화물의 이동에 따르는 화물처리비용을 말한다. 우리나라, 대만, 홍콩, ASEAN, 유럽에서는 THC를, 일본은 아시아 항로에 CHC(Container Handling Charge)를 부과하고 있으며, 미국은 DDC(Destination Delivery Charge)라고 하여 THC에 내륙운송비를 추가하여 부과하고 있다.

② CFS 작업료(CFS charge): 선사가 컨테이너 한 개의 분량이 못 되는 소량화물(LCL cargo)을 운송하는 경우 선적지 및 도착지의 CFS에서 화물의 혼재 또는 분류작업을 하게 되는데, 이때 발생하는 비용을 CFS Charge라 한다. 따라서 FCL 화물에 CFS charge를 청구해서는 안 된다.

③ 서류발급비(Documentation Fee) : 선사가 일반관리비 보전을 목적으로, 수출 시에는 선화증권을 발급할 때, 수입 시에는 화물인도지시서(D/O)를 발급할 때 징수하는 비용이다.

④ 컨테이너세(Container Tax): 컨테이너세는 항만, 배후 도로, 건설 등 운송시설의 확충을 위하여 항만 배후 도로를 운송하는 컨테이너차량에 대하여 부과하는 교통유발부담금을 말한다.

⑤ 지체료(Detention Charge): 화주가 컨테이너 또는 트레일러를 대여할 경우 규정된 시간(free time) 내에 반환을 못할 경우 벌과금으로 운송업체에게 지불해야 하는 비용이다. 정기선사들은 보통 4일~10일 기간의 free time을 설정해 두고 그 이상을 경과하면 하루당 10$ 정도의 지체료를 징수하고 있다.

2 부정기선 운임

부정기선 운임은 해운시황에 따라 등락을 하기 때문에 정기선 운임과 달리 안정되지 않고, 선적되는 화물의 톤(중량 혹은 용적)당 얼마의 형식으로 표시된다. 부정기선 운임은 장기적으로는 경제성장과 교역량, 중기적으로는 경제적·정치적 변수, 그리고 단기적으로는 일시적 수요 증감에 따른 선복 과부족에 따라 결정된다.

1) 운임의 종류

① 장기운송계약운임(Long Term Contract Freight): 원료 및 제품을 장기적·반복적

으로 수송하기 위한 장기운송계약 체결 시의 운임을 말하며 '몇 년간 몇 항차' 또는 '몇 년간 몇만 톤'으로 계약한다.

② 부적운임(공적운임, Dead Freight): 용선자가 계약한 화물량보다 적은 화물량을 선적화였을 때 선적화지 않은 화물량에 대하여 선주에게 지급하는 운임을 말한다. 이는 운임이라고는 하지만 일종의 위약금에 해당한다.

③ 선복운임(Lump Sum Freight): 화물의 개수, 중량 혹은 용적과 관계없이 일항해(trip or voyage) 혹은 선복(space)을 기준으로 하여 일괄 계산하는 운임이다.

④ 일대용선운임(Daily Charter Rate): 본선이 계약지정 선적항에서 화물을 적재한 날로부터 기산하여 계약지정 양륙항까지 운송하여 화물을 인도 완료할 때까지 1일(24시간) 계산하는 운임이다.

⑤ 반송운임(Back Freight): 화물이 송화인에게 반송되거나 또는 다른 장소로 반송된 경우에 송화인이 선주에게 지급하는 할증운임을 말한다. 즉, 목적항에 화물이 도착하였으나 수화인의 화물인수 거절이나 파업 등 목적항의 사정으로 화물을 양륙할 수 없는 경우, 송화인이 지정된 목적항이 아닌 다른 항구로 화물의 인도를 지시한 경우, 송화인의 과실 등 선주의 귀책사유가 아닌 원인으로 화물이 오송되어 선적항으로 다시 반송된 경우에 송화인이 선주에게 지급하여야 하는 운임이다.

⑥ 현물운임(Spot Rate): 용선계약의 체결 직후에 단기간 내에 선적할 수 있는 선박에 대하여 지급하는 운임으로서, 통상적으로 선복이나 화물에 제한이 있기 때문에 그 수급비율에 따라 운임의 변동 폭이 크다.

⑦ 선물운임(Forward Rate): 용선계약의 체결 후 장기간이 지난 다음 본선에 화물을 적재하기로 하는 경우 미리 운임률을 합의하는 운임이다. 미리 운임률을 합의하기 때문에 투기적인 요소가 개입된다고 볼 수 있다.

2) 정박기간의 표시

정박기간(Laydays; Laytime)이란 화주가 계약 화물의 전량을 용선한 선박에 하역(적재 또는 양륙)할 수 있도록 그 선박을 선적항 또는 양륙항에 정박시킬 수 있는 기간을 말한다. 계약당사자는 서로 약정한 정박기간을 용선계약서에 기재하고, **화주가 약정된 정박기간 내에 하역을 끝내지 못하여 그 기간을 초과한 경우에는 그 초과 정박기간에 대하여 체선료(demurrage)를 지급**하여야 하고, 반대로 **약정된 정박기간보다 빨리 하역을 종료하면 조출료(despatch money)**를 받게 된다. 통상 조출료는 체선료의 반액이다.

① 관습적 조속하역(CQD; Customary Quick Despatch): 이는 당해 항구의 관습적 하역방법 및 하역능력에 따라 가능한 한 빨리 적재 및 양륙을 실시하는 조건을 말한다. 이 조건에서 불가항력에 의한 하역불능을 정박기간에서 공제하고, 일요일·공휴일이나 야간작업에 대하여는 특약이 없는 한 관습에 따른다.

② 연속 24시간(Running Laydays): 이는 우천, 스트라이크, 기타 불가항력 등 어떠한 원인에도 관계없이 하역의 개시시로부터 종료시까지의 모든 날짜를 정박기간에 산입하는 방법이다. 일요일이나 공휴일 제외라는 명시가 없는 한 정박기간에 산입되고, 야간하역은 화주의 이익을 위한 것이므로 야간하역에 따른 초과시간 등의 모든 비용은 화주가 부담한다.

③ 호천 작업일(WWD; Weather Working Days): 이는 기상조건이 양호하여 하역작업이 가능한 날만을 산입하는 방법으로서, 우천 등의 악천후에 기인하여 하역이 불가능한 작업일은 정박기간에 산입되지 않는다. 화물의 종류에 따라 하역가능한 기상조건의 적용이 달라지기 때문에 이러한 문제를 해결하기 위하여는 선장과 화주가 협의하여 결정하는 것이 바람직하다.

section

04 선하증권

1 의의

선하증권(B/L; Bill of Lading)**은 운송인이 화주로부터 물품을 수령 또는 선적하여 도착항까지 물품을 운송한 후 증권의 정당한 소지인에게 인도할 것을 약속하는 유가증권**(valuable instrument, 유가증권은 재산권을 나타내는 증서로 권리의 발생 및 행사가 증서를 통하여 이루어진다)이자 권리증권(document of title)이다.

B/L 소지인은 B/L을 통한 채권적 효력과 물권적 효력을 갖는다. **債權的 效力이란** B/L **소지인이 운송인에 대한 운송계약상의 채무이행을 요구하고 불이행의 경우에는 손해배상을 청구할 수 있는 효력**을 말하며, **物權的 效力이란** B/L**을 통한 물품에 대한 권리로** B/L**의 양도는 물품에 대한 권리가 이전됨을 의미**하며 B/L을 통하여 물품인도 청구권을 갖는다.

오늘날 무역에서의 인도는 매도인으로부터 매수인에게 현실적 인도(actual delivery)가 이루어지지 않고, 선하증권을 포함한 선적서류에 의한 상징적 인도(symbolic delivery)로 이행된다. 특히 B/L은 환어음(bill of exchange)과 결부되어 화환계약을 통하여, 매도인은 인도의무의 이행과 이에 대한 대금수령이 가능하게 되고, 화환계약에 개입하는 은행은 유통성 B/L을 물적 담보로 확보하여 안심하고 매수인을 대신하여 대금을 결제하기 때문에 매도인이 발행한 화환어음의 결제가 가능하게 되어 결국 무역이 이루어지게 된다. 특히, 환어음에 선적서류가 결합된 화환어음(documentary bill of exchange)은 다시 신용장제도와 결부하여 개설은행의 지급확약 수단이 된다.

2 법적 성질

선하증권은 다음과 같은 법적 성질을 가진다. 첫째, 요인증권이다. 선하증권은 운송인이나 그 대리인이 물품의 선적 또는 선적을 위한 수취 등의 원인행위에 대해서만 발행되는 요인증권이며, 반면에 수표나 어음은 원인행위 없이도 발행되는 무인증권이다.

둘째, 요식증권이다. 선하증권의 기재사항에는 법정기재사항과 임의기재사항이 있다. 선하증권의 본질이 훼손되지 않는 한 법정기재사항의 일부가 누락되더라도 선하증권의 본질적 기능에는 문제가 없다. 따라서 선하증권은 일정한 요식을 필요로 하는 요식증권이지만 그 요식성이 엄격하지는 않다.

셋째, 채권증권이다. 선하증권의 정당한 소지인은 이를 발급한 운송인에 대하여 물품을 청구할 수 있는 채권과 같은 효력이 있다. 넷째, 지시증권이다. 선하증권은 통상 지시식으로 발행되며, 배서 및 인도로 양도된다. 다섯째, 상환증권이다. 물품의 인도는 선하증권과의 상환으로만 청구할 수 있다. 여섯째, 유통증권·유가증권이다. 선하증권은 재산적 가치를 갖고 있는 유가증권이며, 모든 유가증권이 갖고 있는 성질인 유통성을 갖고 있다. 선하증권의 유통은 보통 배서에 의하지만 전자식 선하증권의 경우 통지에 의하여 유통된다.

한편, 물품이 선하증권보다 먼저 도착하여 수화인이 선하증권의 도착을 기다릴 여유 없이 물품을 수령하고자 할 경우 수입물품선취보증장을 이용할 수 있다.

※ 수입물품선취보증장(L/G; Letter of Guarantee)

해상운송에서 물품이 선적서류보다 먼저 도착했을 때, 수입업자가 물품을 먼저 받기 위해 은행의 보증을 받아 선박회사에 제출하는 서류이다. 무역 상대국이 가까운 거리에 위치할 때 자주 발생하는 것으로, 수입업자는 선하증권 원본이 도착하면 선박회사에 제출할 것을 서약한 뒤 이 서류를 제시하고 물품을 인도받을 수 있다. 선박회사의 입장에서는 이러한 방식의 거래를 물품의 보증도(保證渡)라고 한다.

3 선하증권의 기능

1) 물품영수증

운송인이 B/L을 발행하면 B/L은 그곳에 기재된 물품과 물품의 수량, 중량 및 상태와 똑같은 **물품을 운송인이 송화인으로부터 수령하였다는 것을 나타내는 추정적 증거**(prima facie evidence)이다. 따라서 운송인은 선적된 물품이 B/L상 기재된 내용과 다르다는 것 또는 물품이 면책위험(excepted perils)에 의해 멸실 또는 손상된 것이 아닌 한 B/L상 기재된 그대로의 물품을 인도하여야 한다.

2) 권리증권

B/L의 기능 중에서 가장 중요한 것이 B/L **그 자체가 물품에 대한 권리를 나타내는 유가증권(有價證券)**이라는 것이다. 정당한 방법으로 선하증권을 소지한 자는 물품을 청구할 수 있는 청구권과 이를 처분할 수 있는 처분권을 갖는다. 운송인은 반드시 정당한 선하증권을 제시하는 자에게만 물품을 인도하여야 하고 비록 수화인이라 하더라도 B/L이 기명식(straight B/L)으로 발행되지 않는 한 정당하게 배서된 B/L의 제시 없이 물품을 청구할 권리가 없다.

3) 운송계약의 증빙

개품운송계약은 청약에 해당하는 선복신청서(S/R; Shipping Request)와 승낙에 해당하는 인수확약서(B/N; Booking Note)에 의하여 성립되지만 별도의 운송계약서가 작성되지는 않는다. 따라서 **선하증권이 유일한 운송계약의 추정적 증거**(prima facie evidence)가 된다. 이는 실제 운송계약의 내용이 선하증권의 내용과 다름을 입증하면 선하증권의 기재내용을 수정하도록 요청할 수 있음을 의미한다. 그렇지만 발행된 선하증권을 일단 수락하여 유통시키면 제3자에 대하여는 선하증권이 유일한 운송계약의 증빙이 된다.

4 선하증권의 종류[32]

1) 선적선하증권과 수취선하증권

선적선하증권(shipped or on board B/L)**이란 선박회사가 화주로부터 수령한 운송물품을 선적한 후에 발행**하는 선하증권으로서 증권면에 선적완료 사실이 'Shipped' 또는 'Shipped on Board'로서 표시된다. **수취선하증권**(received B/L)**은 물품을 선적할 선박이 물품을 적재하기 위하여 항내에 정박 중이거나 아직 입항되지는 아니하였으나 선박이 지정된 경우에 선박회사가 물품을 수령하고 선적 전에 발행**하는 선하증권이다. **수취선하증권에** "on board notation"(부기표시)**이 있으면 선적선하증권과 동일한 효력이 있다.**

미국의 해운관습은 화주의 청구가 있을 때는 선적전이라도 운송인이 지정한 창고에 물품이 입고되면 일단 B/L을 발행해주고 선적이 끝난 후에 선적일자를 스탬프한 후 서명함으로써 Shipped B/L로서의 효력을 갖도록 하는 것이 보편화되어 있으며, '94년부터 Hamburg Rules이 발효됨으로써 국제적으로 Received B/L이 당연히 그리고 자동적으로 효력을 갖게 되었다. 매수인이 수취선하증권보다 선적선하증권을 선호하여 L/C상에 이를 요구하는 이유는 수취선하증권의 경우 언제 선적될 것인지 불안하고 수입항에 도착할 일자를 예상할 수 없기 때문이다.

2) 무사고선하증권과 사고 또는 고장(부)선하증권

무사고선하증권(clean B/L) **또는 무고장화증권은 선하증권의 비고란에 기재사항이 없는 것**을 말한다. B/L에는 "외관상 양호한 상태로 적재되었음..."(shipped on board in apparent good order and condition...)과 같은 문언이 인쇄되어 있기 때문에 remarks에 아무런 내용이 없으면 자동적으로 무고장선하증권이 된다. 신용장통일규칙에도 "은행은 무고장 운송서류만을 수리한다. 무고장 운송서류는 물품 또는 포장에 하자가 있는 상태를 명시적으로 표시하는 조항이나 단서가 기재되어 있지 아니한 것"을 말한다.

---

32) 선하증권의 종류는 오원석·박광서, 전게서, pp. 410~414의 내용을 수정 인용하였음.

※ Article 27 Clean Transport Document

A bank will only accept a clean transport document. A clean transport document is one bearing no clause or notation expressly declaring a defective condition of the goods or their packaging. The word "clean" need not appear on a transport document, even if a credit has a requirement for that transport document to be "clean on board".

제27조 무고장운송서류

은행은 오직 무고장운송서류만을 수리한다. 무고장운송서류는 물품이나 그 포장의 하자상태(defective conditions)를 명시적으로 선언하는 조항이나 표기가 없는 운송서류를 말한다. "무고장"이라는 단어가 운송서류상에 나타날 필요는 없으며, 이는 비록 신용장에서 운송서류가 "무고장 적재"이어야 한다고 요구하였더라도 같다.

고장(부)선하증권(dirty or foul B/L)**은 물품이나 포장상태의 하자에 관한 기록이 B/L 상에 기재**되어 있다. 통상 사고선하증권은 은행에서 수리되지 않으며 이에 따라 수출상은 수출대금을 수령할 수 없다. 파손물품의 대체나 교환이 시간적으로 가능하지 않을 경우 수출상은 선박회사에 파손물품(화물)보상장(L/I; letter of indemnity)을 제출하고 무사고선하증권을 발급받는다. 그렇지만 이러한 L/I는 송화인과 선박회사 사이에만 유효한 보상약속이므로 운송인은 선의의 제3자인 수화인이나 보험자에 대하여는 대항할 수 없다. 특히 보험회사도 L/I에 대하여는 보상약속이 없기 때문에 수출상은 이를 보험자에게 고지하여야 한다. 그렇지 않으면 고지의무위반이 되어 보험계약이 취소된다.

※ 파손화물보상장

실제로는 사고선하증권으로 발급받아야 할 선하증권을 무고장선하증권으로 바꾸어 받기 위해 선박회사에 제시하는 보상장을 파손화물보상장이라고 한다. 은행은 Foul

B/L을 수리하지 않기 때문에, 화주는 하자로 인하여 생기는 물품의 손상에 대해 책임을 지며, 도착항에서 선박회사가 수화인으로부터 손해의 배상을 요구받아도 선박회사는 면책된다는 뜻을 기재한 보상장(파손화물보상장)을 제시하고 무사고선하증권으로 바꾸어 받는다. L/I는 선박회사와 송화인 간의 보상약속이므로 선박회사와 송화인 사이에만 유효하다.

3) 기명식선하증권(straight B/L)과 지시식선하증권(order B/L)

기명식선하증권은 수화인(consignee)**란에 특정인이 기명되는 경우**이므로 기명된 자를 제외하고는 아무도 물품을 수령할 수가 없다. 따라서 기명식선하증권은 유통에 제한을 받는다. 통상 유통기간이 짧아서 운송도중 유통의 실익이 없는 Air Waybill이나 해상운송도중 유통할 필요가 없는 Sea Waybill의 경우에 기명식으로 발행된다.

지시식선하증권은 수화인란에 특정인을 기명하지 않고 'to order', 'to order of seller' **또는** 'to order of xxxbank' **등으로 기입**된다. 지시식선하증권의 경우 지시에 의하여 양도된 선하증권의 소지인은 물품청구권을 갖기 때문에 선하증권의 담보물권적 기능이 충분히 발휘된다.

지시식선하증권은 화환신용장제도와 조화를 이룬다. 은행이 국제대금결제에 개입하려면 질권확보가 되어야 하는데, 정당하게 지시된 선하증권을 질권으로(채권자가 채무담보로서 채무자나 제3자(물상보증인)로부터 인수한 물건을 채무변제가 있을 때까지 유치하여 채무변제를 간접적으로 강제하다가, 채무자가 변제하지 않을 경우 그 물건을 현금화(환가)하여 우선적 변제를 받을 수 있는 담보물권(擔保物權)이다) 확보하고 대금을 지급한다. 신용장거래에서는 주로 선하증권의 수화인란을 개설은행의 지시인 'to the order of A bank'로 기재할 것을 요구한다. 이것은 개설은행이 L/C 개설 시 충분한 담보를 확보하지 않은 경우 자신의 지시 없이는 수화인이 물품수령을 할 수 없도록 함으로써 물품에 대한 권리를 결제 시까지 확보하기 위한 방법이다.

4) 집단선하증권과 혼재선하증권

집단선하증권(Groupage B/L)**은 운송할 화물이 한 컨테이너를 채울 수 없는 소량화물**(LCL cargo)**인 경우 운송주선인이 동일한 목적지로 가는 화물을 혼재하여 하나의 그룹으로 만들어 선적할 때 선박회사가 운송주선인에게 발행**하는 선하증권을 말한다. 집단선하증권은 소량의 화물을 운송하는 경우 개별적으로 운송하는 것보다 포장비나 운송비 등의 물류비를 절감할 수 있으며, 신속하게 운송할 수 있는 이점이 있다. 반면에 **혼재선하증권**(House B/L)**은 혼재를 주선한 운송주선인이 운송인으로부터 원 선하증권**(Master B/L)**을 발급받고 각 화주들에게 발행**해 주는 선하증권을 말한다. 실제로 물품을 운송하는 선박회사가 아닌 이를 대행하는 운송주선인 또는 운송중개인이 물품을 인도받았다는 표시로 발행하는 선하증권으로서 통상적으로 약관에 "Taken in charge..."로 시작된다. 선하증권(forwarder's B/L)의 서명인란에 "Acting as agent for...(...를 위하여 대리인으로 행동하는)" 등과 같은 표시가 되어 있는 경우에는 이는 운송주선인이 실제 선박회사(운송인)를 대행하여 발행한다는 의미이므로 운송주선인이 발행하였더라도 은행이 이를 수리한다.

5) 통선하증권

통선하증권(through B/L)은 해상을 포함하는 2개 이상의 운송방식을 이용하여 운송물품을 목적지까지 운송하는데 최초의 운송인인 선주가 다른 선박회사의 선박을 이용하거나 해운과 육운을 교대로 이용할 경우 최초의 운송인이 전 구간의 운송에 대하여 책임을 지고 발행하는 운송증권을 말한다. 특히 미국에서 해상과 육상운송을 겸한 선하증권을 Overland B/L이라고 하여 많이 이용되고 있다.

6) 약식선하증권(Short B/L)

약식선하증권은 Long Form B/L의 이면약관이 생략된 것을 말한다. 그러나 분쟁이 발생하면 Long Form B/L상의 약관을 따르도록 명기하고 있다. Charter Party B/L은 보통 Short Form으로 발행되며 개품운송에 의한 정기선의 경우도 Short Form이 사용되기도 한다.

7) 반납선하증권(Surrendered B/L)

반납선하증권은 수화인이 양륙항에서 물품을 신속하게 인수할 수 있도록 송화인의 백지배서를 받은 선하증권 원본 전통을 선하증권을 발행한 선박회사가 선적지에서 회수(송화인이 반납)하고, 수화인이 선하증권을 제시하지 않더라도 물품을 인수할 수 있도록 송화인이 선적항에서 선하증권 원본을 선박회사에 반납하는 것을 의미한다. 엄밀히 말하자면, Surrendered B/L이란 B/L의 종류를 말하는 것이 아니라, “B/L을 Surrendered 한다”고 하는 표현이 적절할 것이다. 즉 선적지에서 회수된(Surrendered) 선하증권이라는 의미이다. 이는 송화인이 선하증권을 수화인에게 보내는 절차를 생략하기 위하여 선박회사나 운송주선인에게 선하증권을 반납하는 것을 말한다. 송화인은 선박회사에 선하증권을 반납할 때 선하증권에 배서하여야 한다.

송화인이 선하증권을 수령시에 선적항의 선박회사에 서면으로 “Surrender” 요청을 하면, 선적항의 선박회사는 선하증권의 원본 전통을 회수하고 그 전통의 선하증권상에 “Surrendered”라는 스탬프를 찍은 다음, 송화인에게는 “Surrendered”라는 스탬프가 찍힌 사본 1통을 교부하고, 양륙항의 대리점에게는 선박이 도착하기 전에 컴퓨터 네트워크를 통하여 선박도착 후 선하증권 원본의 징수 없이 물품을 수화인에게 인도하라는 “Surrender Notice”를 송부한다. 이를 수신한 양륙항의 대리점은 선박의 도착 후 선하증권 사본만으로 수화인에게 물품을 신속하게 인도하게 되는 것이다. 다만, 양륙항의 대리점이 “Surrender Notice”를 받지 못한 경우에는 선하증권의 원본의 징수 없이 화물을 인도하여서는 안 된다.

반납선하증권의 장점은 첫째, 송화인은 선하증권의 원본을 송부할 필요 없이 수화인에게 그 사본을 우편 또는 팩스로 송부하는 것만으로도 물품을 신속하게 인도하는 것이 가능하고, 둘째, 수화인은 근거리운송에서 화물이 먼저 도착한 경우에 원본서류를 기다릴 필요 없이 즉시 화물을 인도받을 수 있다. 다만 유통성이 없기 때문에 신용장거래에서는 사용될 수 없다는 점, 한국, 일본 등의 아시아 지역 간에서 행해지기 때문에 기타 지역에서는 통하지 않는 다는 점, 그리고 유럽지역에서는 반납선하증권 대신에 해상화물운송장을 사용한다는 점 등의 단점이 있다.

8) 기간경과선하증권(Stale B/L)

기간경과선하증권이란 발급된 날로부터 너무 오랜 기간이 경과한 선하증권을 말한다. 신용장통일규칙에는 **선적 후 21일이 경과하면 Stale B/L로 간주하여 수리를 거절**하도록 규정하고 있다. 이러한 경우에는 L/C상에 "Stale B/L Acceptable"이란 문언이 삽입되어야 한다.

c. A presentation including one or more original transport documents subject to articles 19, 20, 21, 22, 23, 24 or 25 must be made by or on behalf of the beneficiary not later than 21 calendar days after the date of shipment as described in these rules, but in any event not later than the expiry date of the credit.

c. 제19조, 제20조, 제21조, 제22조, 제23조, 제24조 또는 제25조의 적용을 받는 하나 또는 그 이상의 운송서류 원본이 포함된 제시는 이 규칙에서 정하고 있는 선적일 후 21일 이전에 수익자에 의하거나 그를 대신하여 이루어져야 하고, 어떠한 경우에도 신용장의 유효기일 이전에 이루어져야 한다.

5 선하증권의 기재사항

선하증권은 원래 본선의 선장이 발행하는 해상운송물의 수취증으로써 물품은 B/L과 상환으로 목적지에서 수화인에게 인도된다. 따라서 선하증권에는 운송물의 동일성을 표시하는 사항을 비롯하여 선박명, 운임, 송화인, 수화인, 선적항, 양육항 등 운송관련 중요한 사항을 기입할 필요가 있다. 이것을 법정기재사항이라고 한다. 이 밖에 계약자유의원칙에 따라 각 당사자 간의 특약에 의하여 여러 가지 사항을 기재하는 것을 인정하고 있는데 이것을 임의기재사항이라고 한다.

1) 법정기재사항[33]

① 선하증권이라는 표시, ② 운송인(carrier) 표시, ③ 송화인(consignor)은 운송계약의 체결계약당사자로써, 화물명세서의 정확성 담보의무, 운송에 필요한 각종 서류의 교부의무, 운임 등 지급의무, 위험물의 경우 적정 포장, Mark 및 Label 부착의무를 지게 된다. ④ 수화인(consignee)은 OBL로 권리를 취득하여 목적지에서 화물을 인도받을 권리자로서, 화물수령의무, 화물수령을 위한 선하증권 제시, 화물인도를 받을 때 운임 등 지급의무를 진다. ⑤ 통지수령인(notify party)은 운송인이 화물도착에 관한 통지를 해 줄 곳으로 운송인이 통지수령인에게 통지를 한 때에는 송화인 및 OBL 소지인 기타 수화인에게 통지한 것으로 본다. ⑥ 화물에 관한 사항으로 화물의 종류, 중량, 용적, 포장종별 및 개수와 기호, 화물의 외관상태, ⑦ 운송선박의 명칭, ⑧ 운송구간으로 Place of Receipt(운송인에 의한 화물 수령 장소), Port of Loading(선적항), Port of Discharge(양륙항), Place of Delivery(운송인에 의해 화물이 인도되는 장소 즉, 운송인의 최종책임구간으로서 이곳에서 운송인은 정당한 수화인에게 화물을 인도함으로써 채무가 종료된다), ⑨ 운임은 운송인의 운송행위에 대한 보수로써, 기본운임 외에 할증료 및 기타 요금(charge)도 포함된다. ⑩ B/L의 발행지와 그 발행일자이다. B/L발행지는 운송인이 B/L을 서명하여 하주에게 교부한 곳이고, 발행일자는 수취선하증권은 화물전량이 부두(보세구역)에 반입된 날, 선적선하증권은 화물전량이 선적된 날이다. ⑪ OBL 발행통수이다. 선하증권은 통상 3통이 발행된다. 수통의 OBL이 발행된 경우 각통은 독립하여 OBL의 효력을 가진다. 따라서 목적지에서는 그중의 1통을 소지한자는 화물의 인도를 청구할 수 있으며, 운송인은 인도를 거부하지 못한다. 수통의 OBL중 1통과 상환으로 화물을 인도하면 다른 OBL은 그 효력을 잃는다. ⑫ 기명날인 또는 서명이다. 수기, 기계적, 전자방식서명 포함한다. 기명날인권자 또는 서명권자는 운송인 또는 그 대리인이며, 기명날인 또는 서명이 없는 선하증권은 효력 없다.

---

33) 상법 제814조(선하증권의 기재사항) 선하증권에는 다음의 사항을 기재하고 발행자가 기명날인하여야 한다. 1. 선박의 명칭, 국적과 톤수, 2. 선장의 성명, 3. 운송물의 종류, 중량 또는 용적, 포장의 종별, 개수와 기호, 4. 용선자 또는 송화인의 성명 또는 상호, 5. 수화인의 성명 또는 상호, 6. 선적항, 7. 양육항, 8. 운임, 9. 작성지와 작성년월일, 수통의 선하증권을 작성한 때에는 그 수.

2) 임의기재사항

선하증권에는 법정기재사항 이외에도 화물의 선적에서 인도에 이르기까지의 운송 계약내용을 더욱 명료하게 하기 위한 보충 및 참고사항, 운송인과 하주간의 특약사항(일반거래약관, 운송인 면책약관)을 B/L 표면 또는 이면에 기재할 수 있는데 이를 B/L의 임의기재사항이라 한다. 주요한 임의기재사항은 다음과 같다.

① 항해번호(Voyage No)는 선사가 임의 결정한 번호이다. ② 통지처(Notify Party, 수화인이 기입되지 않는 지시식 B/L에는 반드시 통지처 기입), 참고용 최종 목적지(final destination), ③ 운임지불지 및 환율, ④ 선하증권 번호(B/L No), ⑤ 송화인 신고사항(shipper's declared clause), ⑥ 컨테이너 번호 및 sealing 번호, ⑦ 면책약관(general clause or exception), 그밖에 선하증권의 여백에 기입하거나 고무인, 스탬프 등으로 기입되는 것을 특별약관(Special Clause)이라 한다.[34]

34) 오원석·박광서, 전게서, pp. 421~423.

※ 선하증권 양식

① SHIPPER/EXPORTER
Charlie Trading Corporation
159-1, Samsung-Dong, Kangnam-Gu,
Seoul, 135-729, Korea

Bill of Lading

B/L No. : SW5E

② CONSIGNEE
To the order of ANZ Bank of Australia

③ NOTIFY PARTY
Inline Business Consulting
27, Penrose Avenue, Cherrybrook, NSW 2121, Australia

HMM

PRECARRIAGE BY	④ PLACE OF RECEIPT Busan CY	
⑤ OCEAN VESSEL/VOYAGE/FLAG J. Elroy	⑥ PORT OF LOADING Busan, Korea	⑨ FOR TRANSSHIPMENT TO
⑦ PORT OF DISCHARGE Hobart, Australia.	⑧ PLACE OF DELIVERY	⑨-1 FINAL DESTINATION

PARTICULARS FURNISHED BY SHIPPER

MARKS AND NUMBERS	NO. OF CONT. OR OTHER PKGS.	DESCRIPTION OF PACKAGES AND GOODS	GROSS WEIGHT (KGS)	MEASUREMENT (CBM)
⑩ "WS" In triangle C/No. 1-2500 Item : Pant Size : Q'ty : ⑪ Container/Seal No. 20'WTU4102/3/4/5/6/7 S/034334/5/6/7/8/9 CY/CY Total No. of CNTNR or Pkgs(in words)	⑫ 2,500 Cartons 6 X 20'	⑬ Container "Shipper's Load & Count & Sealed" Said to contain : 1,000 Pieces of Jean Pant "Freight Prepaid" L/C No. IMP101133 Say : six(6) container only ⑰	⑭ 15, 370 Kgs	⑮ 148 CBM ⑯ On Board Date: February 15, 20xx

FREIGHT AND CHARGES ⑱ REVENUE TONS RATE PER	PREPAID	COLLECT
"Freight As Arranged" ⑲ No. of Original Bls :Three(3) ⑲-1 Freight Prepaid at : Seoul, Korea ⑲-2 Freight Payable at :		

Received in apparent good order and condition unless otherwise specified on board the aforementioned vessel the goods described above the particulars given being supplied by the Shipper and the measurement, wight, quantity, brand contents, marks numbers, quality and value being unknown to the carrier) for the carriage to the port of discharge or so near there-unto as she may safely go subject to the terms and condition and ....

IN WITNESS WHEREOF, the master or agent of the said ship has affirmed to THREE(3) bills of lading, all of this tenor and date, ONE of which being accomplished, the others to stand void.

B/L NO.
SN3E

⑲-3DATED: February 15, 20xx Seoul, Korea

Sung Nam Asia Shipping Line

BY ________ ⑳ ________

As Agent on behalf of Carrier

CHAPTER 11

대금결제

section

01 송금결제 방식

1 단순송금 방식

단순송금 방식은 1) 수입상이 계약물품을 주문 후, 선적 전에 수출상 앞으로 대금을 송금하여 주는 사전송금방식과 2) 수입상이 계약물품을 인수한 후, 수출상 앞으로 대금을 송금하여 주는 사후송금방식이 있다. 특히, 사전송금방식은 수출업자의 입장에서는 대금결제에 대한 위험을 줄일 수 있어서 유리하지만, 수입업자에게는 물품인도를 받기 전에 대금전액을 송금해 준다는 것이 금융비용 부담 등 자금부담 면에서 상대적으로 불리한 결제방식이다. 주로 견본품구매나, 소액의 시험주문 등에서 사용된다.

대표적인 단순송금 방식으로는 1) 우편송금 방식(M/T; Mail Transfer) 2) 전신송금방식(T/T; Telegraphic Transfer)이 있다. 이 가운데 실무적으로 활용되고 있는 전신송금방식은 수입상의 요청에 따라 송금은행이(수입국은행) 지급은행(수출국은행) 앞으로 직접 송금하는 방식을 말한다. 사전에 매수인은 대금이 송금될 국가명, 영문은행명(은행주소), 국제 은행 간 통신협회【SWIFT: Society for Worldwide Interbank Financial Telecommunication】 코드, 계좌번호 등을 인지해야 한다.

2 대금상환도 방식

대금상환도 방식(COD/CAD)은 단순송금 방식과는 달리 수입상이 물품 또는 서류가 인도될 당시 대금을 지급하는 것을 조건부로 수출입하는 방식을 말한다. 이 방식은 대금과 상환으로 인도하여야 할 대상물이 물품일 경우에는 COD(상품인도결제) 방식이라 하고, 대상물이 서류일 경우에는 CAD(서류인도결제) 방식이라고 한다.

1) 상품인도결제방식(COD: Cash on Delivery)

이 방식은 수출업자가 물품을 선적한 후 선적서류를 자신의 대리인 또는 지사(수입국에 소재)에게 송부하여 물품이 목적지에 도착하면(선박회사에 서류제시 후 물품 확보 → 수입업자에게 통지) 수입업자가 품질이나 수량을 직접 검사 후, 물품을 인도받으면서 대금을 수출상의 대리인에게 지급(결제한 금액을 다시 수출업자에게 송금)하는 방식이다. 다시 말해 이 방식은 **계약물품이 목적지에 도착할 때 매수인이 물품을 검사한 후 물품과 상환으로 대금을 지급하는 방식**이다. (예, 보석류·귀금속 등의 고가품과 색상·순도에 따라 가격차이가 있는 물품 등 거래 시 사용)

2) 서류인도결제방식(CAD: Cash against Document)

이 방식은 수출업자가 물품을 선적 후 이를 증명하는 선**적서류를 수입업자의 대리인 또는 거래은행**(수출국에 소재)**에 제시하여 선적서류와 상환으로 대금을 결제하는 방식**이다. 따라서 이 방식에 의한 수출은 통상 수입업자의 지사나 대리인 등이 수출국내에서 물품의 제조과정을 점검하고, 수출물품에 대한 선적 전 검사를 행하므로 원칙적으로 수출국에 수입업자를 대신하여 대금을 결제해 줄 대리인이나 은행이 있을 경우에만 가능하며, 매수인(대리인)이 선적서류를 고의로 찾아가지 않아 대금의 회수가 불가능한 경우도 있기 때문에 이 거래(COD 포함)에서는 매수인의 신용이 무엇보다 중요하다.

section 02

추심결제 방식

추심결제(推尋)[35] 방식에 의한 수출입은 취소불능 화환신용장 없이 계약에 의하여 화환어음으로 대금결제를 하는 수출입을 말하는데, 이는 신용장이 개재되지 않기 때문에 본·지사 간, 모회사와 자회사 간, 또는 오랜 거래관계가 있는 신용 있는 상사끼리만 주로 이용하는 결제방식이다. 따라서 특정 은행이 수출입대금의 지급을 보증하는 거래가 아니므로 당사자 간의 계약에 의하여 거래가 이루어지며 은행은 단순히 수출입대금의 추심 및 추심의뢰업무만 수행한다.

1 지급인도(D/P: Documents against Payment)

지급인도조건의 결제방식은 수출상이 수입상과의 매매계약에 따라 물품을 자신의 책임하에 선적한 후, 관련 서류가 첨부된 **일람불어음(sight bill)을 수입상을 지급인으로 발행**하여 자신의 거래은행(수출국소재)인 추심의뢰은행(remitting bank)에 추심을 의뢰하면, 이러한 추심의뢰은행은 서류가 첨부된 환어음을 수입업자의 거래은행(수입국소재)인 추심은행(collecting bank)으로 송부하여 추심을 의뢰한다. 그러면 추심은행은 그 환어음의 지급인인 수입상으로부터 대금을 지급받으면서 서류를 인도하고, 지급받은 대금은 추심을 의뢰하여 온 수출상의 거래은행인 추심의뢰은행 → 수출상에게 송금

35) 은행이 대금지급을 위해 어음과 서류를 취급하는 행위. 은행(銀行)이 소지인(所持人)의 의뢰(依賴)를 받아 수표(手票) 또는 어음을 지급인(支給人)에게 提示(제시)하여 지급(支給)하게 하는 일.

하여 결제하는 방식이다. 추심결제방식에 관한 국제규칙인 "추심에관한통일규칙"(Uniform Rules for Collections, 에 따르면 D/P, D/A 표시가 없는 경우에는 D/P 방식으로 간주된다.

【D/P 전개 과정】

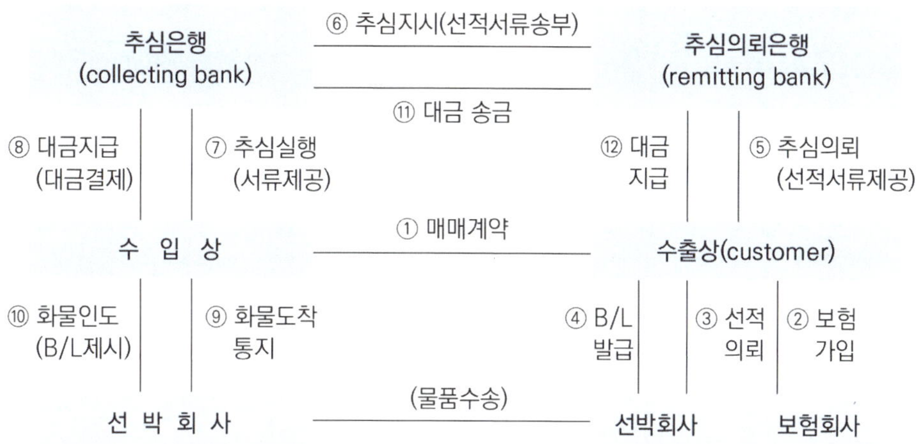

2 인수인도(D/A; Documents against Acceptance)

인수인도조건의 결제방식은 수출상이 수입상과의 매매계약에 따라 물품을 자신의 책임 하에 선적한 후, 관련 서류가 첨부된 **기한부어음**(usance draft)**을 수입상을 지급인으로 발행**하여 자신의 거래은행인 추심의뢰은행(remitting bank)에 추심을 의뢰하면, 수출업자의 거래은행은 그러한 서류가 첨부된 환어음을 수입업자의 거래은행인 추심은행(collecting bank)으로 보내어 추심을 의뢰한다. 그러면 추심은행은 그 환어음의 지급인인 수입상으로부터 어음의 인수를 받으며 서류를 인도하고, 어음의 만기일에 대금을 지급받아 추심을 의뢰하여 온 수출상의 거래은행인 추심의뢰은행 → 수출상에게 송금하여 결제하는 방법이다.

【D/A 전개과정】

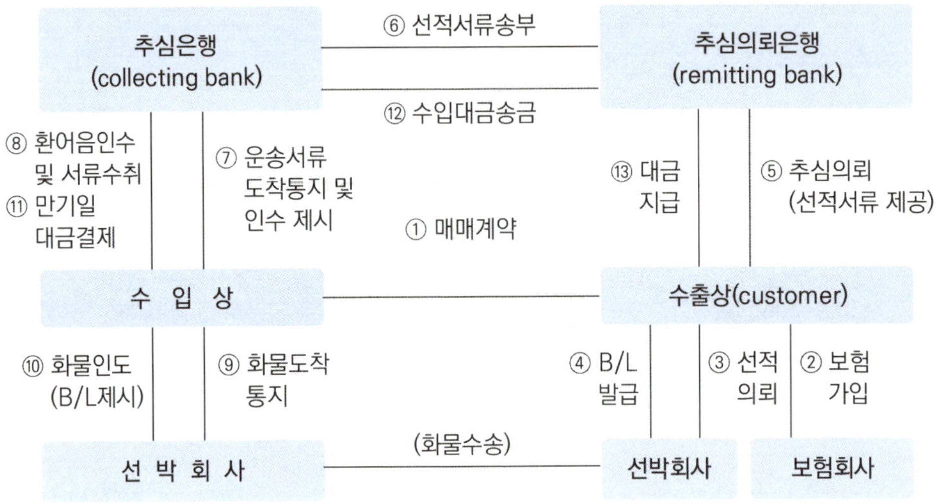

추심은행
(collecting bank)
⑥ 선적서류송부
⑫ 수입대금송금
추심의뢰은행
(remitting bank)
⑧ 환어음인수
및 서류수취
⑪ 만기일
대금결제
⑦ 운송서류
도착통지 및
인수 제시
① 매매계약
⑬ 대금
지급
⑤ 추심의뢰
(선적서류 제공)
수 입 상
수출상(customer)
⑩ 화물인도
(B/L제시)
⑨ 화물도착
통지
④ B/L
발급
③ 선적
의뢰
② 보험
가입
(화물수송)
선 박 회 사
선박회사
보험회사

section 03

신용장 방식

1 개요

매도인과 매수인은 마케팅과 계약을 중심으로 무역거래를 이행하는바, 물품인도와 대금지급 행위는 운송인과 은행이 개입하여 이행한다. 무역거래는 당사자 간 물품과 대금의 교환이 아니라 제3자에게 업무를 위임하여 이행되기 때문에 이행의 증거로서 '서류'(documentation)가 개입되며, 무역을 '서류에 의한 거래'라 부른다. 특히 신용장거래는 독립·추상성에 의거한 서류상의 거래이므로 은행은 수익자가 제시한 서류만으로 대금지급 여부를 결정하기 때문에 서류의 중요성은 절대적이다.

추심에 관한통일규칙(URC 522, 제2조)은 서류를 금융서류와 상업서류로 구분하고 있다. **금융서류**(financial documents)는 환어음, 약속어음, 수표 또는 대금지급을 위해 사용되는 유사한 증서를 말한다. **상업서류**(commercial documents)는 송장, 운송서류, 권리증권이나 이와 유사한 서류, 기타 금융서류로 사용되지 않는 모든 서류이다.

신용장통일규칙(UCP 600)은 URC와 같이 서류에 관한 분류 및 정의 조항은 없지만 서류심사기준(제14조) 및 개별서류조항(제18조－제28조) 등 전체 39개 조항 중 12개 조항에서 서류를 중요하게 다루고 있다. 신용장에 사용되는 서류는 크게 환어음(draft or bill of exchange)과 선적서류(shipping document)로 구분할 수 있다. 선적서류는 환어음을 제외한 신용장에서 요구하는 모든 서류를 가리킨다. 따라서 신용장 조항에서 모든 선적서류에 L/C No.를 기재하라고 지시하였으면 어음을 제외한 모든 서류에 명시하여야 한다.

환어음은 발행인(drawer)이 지급인(drawee) 앞으로 행하는 무조건 지불지시로써, 발행인이 서명하고 지급인에게 요구 시, 장래의 특정시기에 일정금액을 특정인(payee, 수취인)에게 또는 특정인의 지시인에게 지불토록 요구하는 지시서이다(영국환어음법). 국내에서 주로 사용하는 약속어음(promissory note)과 구분하면, 환어음은 발행인이 제3자인 지급인에 대하여 수취인 또는 그 지시인에게 만기에 일정한 금액을 지급할 것을 위탁하는 지급위탁증권인 반면에, 약속어음은 발행인 자신이 일정금액의 지급을 약속하는 지급약속증권이다.

선적서류는 기본서류와 기타서류로 구분할 수 있다. 기본서류에는 상업송장(commercial invoice), 운송관련서류(transport documents), 보험서류(insurance documents)가 있다. 기타 서류에는 포장명세서(packing list), 검사증명서(certificate of inspection), 원산지증명서(certificate of origin), 기타 기본서류에 포함되지 않는 일체의 서류를 말한다. 이들 중 가장 중요한 서류인 운송관련 서류에는 선하증권(bill of lading), 복합운송서류(combined transport documents), 해상화물운송장(seaway bill), 항공화물운송장(airway bill), 철도화물수령증(railway consignment note) 등 다양한 종류와 명칭으로 사용된다.

2 신용장의 의의

신용장(信用狀, L/C; Letter of Credit)은 **개설의뢰인(applicant)의 요청에 따라 개설은행(issuing bank)이 수익자(beneficiary)에게 서류 요건 충족 시 대금지급을 약속하는 '조건부 지급 확약서'**이다. 즉, 신용장은 신용이 불충분한 수입상을 대신하여 신용이 충분한 은행이 신용을 제공하는 서신이다. 신용장통일규칙(UCP600; Uniform Customs and Practices for Documentary Credit, 2007 Revision, ICC Publication No. 600) 제2조에 따르면 그 명칭이나 표현에 관계없이 일치하는 서류의 제시에 대하여 결제(대금지급)하겠다는 발행은행의 절대적 약속을 구성하는 취소불가능한 확약이다.

3 신용장의 효과

1) 수출상 측면

첫째, 수출상은 판매 및 대금회수를 은행으로부터 보장을 받기 때문에 수입상의 지급불능이나 지급거절을 염려할 필요가 없다.

둘째, 수출상은 물품이 매수인에게 도달하기 전 신용장 조건에 일치한 선적서류와 환어음으로 수출대금을 회수할 수 있다.

셋째, 수출상은 신용장을 담보로 선적 전에 무역금융을 통한 금융상의 편익을 누릴 수 있다. 즉, 수출상은 자신이 수령한 신용장으로 물품생산에 필요한 원자재나 원자재 수입에 필요한 자금을 은행으로부터 융자받을 수 있다.

넷째, 취소불능신용장의 경우 신용장의 어느 당사자 일방에 의하여 취소되거나 변경될 위험이 없으므로 수출상은 안심하고 수출물품의 집하 또는 생산에 임할 수 있다.

다섯째, 신용장은 외국정부가 비상사태나 외화부족 등의 이유로 외국환의 대외지급이나 결제를 제한할 경우에도 기 발행된 신용장에 대하여는 지급규제를 하지 않기 때문에 비상위험 등의 불가항력에 따른 위험을 어느 정도 회피할 수 있다.

2) 수입상 측면

첫째, 수입상은 신용장 조건과 일치하는 서류와 상환으로 대금을 지급하기 때문에 계약조건에 일치한 물품의 선적을 문서상으로 확인할 수 있다. 특히 수입상이 가장 우려하는 품질에 관하여 제출 서류 가운데 검사증명서(certificate of inspection)를 첨부하도록 요구하므로 품질에 관하여는 사전에 확인할 수 있다.

둘째, 수입상은 신용장으로 수입할 경우 자신의 신용을 은행의 신용으로 대체하였기 때문에 주문과 결제에 대한 확실성을 높여 나머지 계약조건을 자신에게 유리하도록 요구할 수 있다.

셋째, 수입상은 신용장으로 물품의 대금을 선적 시부터 대금지급 시까지 개설은행과 매입은행이 부담하기 때문에 그 기간만큼 금융의 혜택이 있으며, 특히 기한부신용장의 경우 매수인은 물품을 수령하여 이를 판매할 후 만기일에 대금을 지급하는 장기간의 수입금융의 혜택을 누릴 수 있다.

넷째, 수입상은 신용장에 선적기일과 유효기일을 명기하므로 자신이 원하는 기간 내에 물품의 수령을 보장받을 수 있다. 특히 납기가 중요한 계절상품거래의 경우 수입기간을 보장받는다는 것은 매우 중요하다.

3) 은행 측면

신용장 개설은행은 신용장 개설 시 개설의뢰인에게 담보를 요구하므로 신용장의 개설에 따른 위험을 수입상에게 전가시킬 수 있다. 담보물 외에도 개설은행은 신용장 개설약정이나 선하증권을 개설은행의 지시식(to the order of xxx bank)으로 발행하도록 하므로 운송 중인 화물의 담보권을 취득할 수 있다. 나아가 신용장거래에 따라서 외환매매차익과 함께 수입상으로부터는 개설수수료, 송금료, 우편료, 전신료를, 수출상으로부터는 통지수수료 등 각종 수수료 수입을 갖는다.[36)]

4 신용장의 특성

1) 독립성의 원칙

매매당사자가 매매계약의 지급조건(payment terms)에서 취소불능신용장으로 거래대금을 결제하기로 약정한 경우, 수입상은 자신의 거래은행에 신용장의 개설을 의뢰하게 된다. 이 경우 신용장은 분명히 매매계약에 근거를 두고 개설되지만 일단 개설되면 신용장은 그 기초가 되는 매매계약 등 기본계약(underlying contract)으로부터 독립된다. 이를 신용장의 독립성(autonomy of letter of credit)이라 한다. 비록 신용장상에 그러한 계약에 관하여 참조하도록 언급하고 있다고 하더라도 신용장상의 당사자들은 그

36) 오원석 · 박광서, 전게서, pp. 499~500.

러한 계약에 구속을 받지 않는다. 이것은 신용장거래에는 매매당사자가 아닌 은행이 개입하고 있기 때문이다.

2) 추상성의 원칙

신용장거래는 물품거래가 아니라 서류거래이다. 신용장의 개설은행은 신용장에 기술된 물품을 선적하여야 대금을 지급하겠다고 약속한 것이 아니라 신용장에 나타난 서류를 제시하여야 대금을 지급하겠다고 약속하고 있다. 이와 같이 신용장이 물품을 상징하는 서류에 의한 거래를 나타내는 것이 신용장의 추상성(the abstraction of the credit)이다.

신용장거래를 물품거래가 아닌 서류거래로 규정한 것은 물품에 대하여 알지 못하고 국제결제에 개입하는 은행을 보호하기 위함이다. 이러한 신용장의 추상성을 기초로 실물거래에 경험과 지식이 없는 은행이 안심하고 개입할 수 있게 된다. 수입상의 입장에서 신용장 조건과 일치하는 서류로 수입대금을 결제하였으나 그 후 물품이 선적되지 않거나 또는 계약물품과 다른 물품이 선적되었다면 수입상은 수출상이 매매계약을 위반하였다는 이유로 수출상을 상대로 클레임을 제기하여 권리구제(remedy)를 받을 수 있다.

서류가 문면상 신용장상의 조건과 일치하면 은행은 대금을 지급하여야 하지만 여기에는 한 가지 예외가 있다. 즉, 서류가 문면상 신용장의 조건과 일치하였으나 사기로 작성되고 수익자가 이에 관련된 것이 입증되면 은행은 지급을 거절하여야 하는데 이를 사기의 원칙(fraud rule) 또는 사기성 예외(fraud exception)라고 한다.

3) 한계성

신용장은 매매계약과 독립되고 서류에 의한 거래라는 독립·추상성의 본질 때문에 거래당사자들의 모든 문제를 충족시켜 줄 수 있는 절대적인 제도는 아니다. 먼저 수출상의 입장에서 보면 신용장은 현금, 어음 또는 수표와 같은 절대적이고 독립된 지급수단이 못된다. 신용장은 특정인이 지정된 조건에 일치하는 서류를 기일 내에 제시한 경우에만 은행이 지급한다는 제한적인 조건부 지급약정에 지나지 않는다. 또한 수입상(은행 포함)은 이러한 성질을 악용하여 수출상이 계약내용을 성실히 이행하였음에도 불구하고 서류상 사소한 불일치를 이유로 지급을 거절하거나 가격할인을 요구할 수 있다.

수입상의 입장에서 보면 신용장을 개설한다고 해도 수입상이 요구하는 물품을 반드시 수취할 수 있다는 보장이 없다. 수입상이 구매하고자 하는 것은 서류가 아니고 물품이다. 서류는 사람이 작성하기 때문에 얼마든지 선적물품과 다르게 작성할 수 있다. 실제 매매계약의 품질조건과 불일치한 물품이 선적되었더라도 위조된 서류를 작성·제시하여 신용장 조건과 일치하면 수입상은 신용장 개설약정에 따라 개설은행에게 반드시 대금을 지급하여야 한다.

결론적으로 신용장은 상인들 간 상호 불신을 제거하고 편의를 도모하기 위하여 고안되어 오늘날 국제거래에 많이 사용되는 결제수단이지만 독립·추상성으로 인해 그 한계성도 지니고 있기 때문에 매매당사자는 각별히 유의하여야 한다.[37)]

37) 전게서, pp. 500~502.

【신용장의 거래 절차】

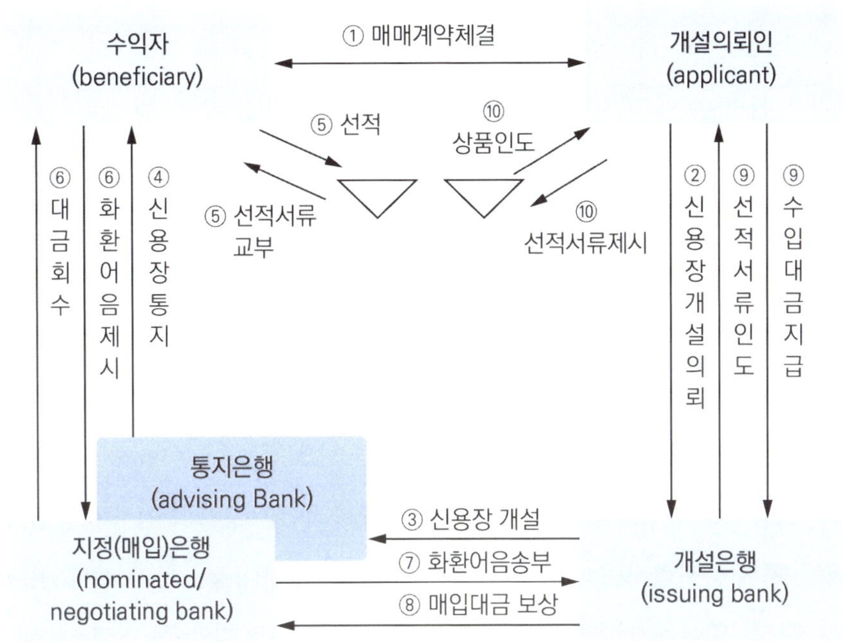

5 신용장거래의 당사자

신용장거래의 관계당사자는 기본당사자와 기타당사자로 나눌 수 있다. 기본당사자는 신용장거래에서 직접적인 권리와 의무를 부담하는 자를 말하며, 기타당사자는 신용장의 원활한 거래를 위하여 간접적으로 참여하는 은행을 말한다. 기본당사자는 개설의뢰인(applicant), 개설은행(issuing bank), 수익자(beneficiary) 등이며, 확인신용장의 경우 확인은행(confirming bank)이 포함된다.

6 신용장의 내용

통지은행으로부터 신용장을 수취한 수익자는 신용장의 내용을 5개 부분으로 나누어 검토하여야 하며, 이에 앞서 수익자는 다음 세 가지 사항을 먼저 검토하여야 한다.

첫째, 개설은행의 신용도를 검토하고 의심이 가거나 불안할 경우 '확인'(confirmation)을 추가하도록 요구하여야 한다.

둘째, 신용장의 조건이 매매계약의 내용과 일치하는지를 확인하고, 불일치한 부분이 있을 경우 매수인에게 계약대로 조건을 변경하도록 요구하여야 한다.

셋째, 신용장의 조건 가운데 이행이 불가능하거나 곤란한 사항이 있는지를 확인하고 이러한 조건의 변경을 요구하여야 한다.

이러한 포괄적인 검토가 끝난 후 5개 부분의 구체적인 내용을 점검하여야 한다. 즉, ① 신용장 자체에 관한 사항(신용장 종류, 번호, 개설일자, 신용장금액, 유효기일, 신용장의 결제방법 등) ② 환어음에 관한 사항(발행인, 지급인, 환어음의 기일 등) ③ 물품 및 선적에 관한 사항(물품의 명세, 선적지, 분할선적 등) ④ 선적서류에 관한 사항(상업송장, 운송서류, 보험서류 등) ⑤ 기타사항(수수료, 준거문언)으로 나눌 수 있다.

Irrevocable Documentary Credit

TO : ANZ Bank (Reopen 구분 : ☐ 1차발행 ☐ 2차발행) 1. Date : May 6, 20xx

※2 Advising Bank : KOREA EXCHANGE BANK (BIC CODE :)

※2-1 Credit No. : 용도구분 : (예시 :NS, ES)

3. Applicant : Inline Business Consulting, 25, Penrose Avenue, Cherrybrook, NSW, 2126, AUSTRALIA

4. Beneficiary : Charlie's Trading Corp., 159-1, Samsung-dong, Kangnam-Gu, Seoul, 135-729, Korea

5. Amount : 통화 US DOLLAR 금액 (Tolerance : /)

6. Expiry Date : May 30, 2022 7. Latest date of shipment : May 20, 2022

8. Tenor of Draft ☑ At Sight (☐Reimburse ☐Remittance)

☐ Usance days

9. For % of the invoice value(Usance L/C only : ☐Banker's ☐Shipper's ☐Domestic

DOCUMENTS REQUIRED(46A:)

10. ☑ Full set of clean on board ocean bills of lading made out of the order of ANZ Bank marked "Freight PREPAID and notify (☑ Accountee ☐ Other :________________)

11. ☑ Insurance Policy or certificate in duplicate endorsed in blank for 110% of the invoice value, stipulating that claims are payable in the currency of the draft and also indicating a claim setting agent in America.
Insurance must include : the Institute Cargo Clause : ICC(A) with ICC(WARS)

12. ☐ Signed commercial invoice in 3 FOLD 13. ☐ Certificate of analysis in

14. ☐ Packing list in 3FOLD

15. ☐ Certificate of Origin in ONE ORIGINAL AND TWO COPIES issued by AN AUTHORIZED INSTITUTE

16. ☐ Inspection Certificate in 2 FOLD issued by ALLY HOUSE CO., LTD16-1 JANGAN-DONG...

17. ☑ Other documents (if any)
BENEFICIARY CERTIFICATE THAT WE HAVE ALREADY SENT A COPY OF ALL DOCUMENTS TO APPLICANT BY COURIER SERVICE AT THE TIME OF SHIPMENT.

18. Description of goods and/or services (45A :) 19. (Price Term :)

Commodity Description		Quantity	Unit price	Amount
(H.S. CODE) 6203.42-1000, 500 PCS OF JEAN PANT 6204.62-1000, 500 PCS OF JEAN PANT				
Country of Origin	R.O.K		Total	

20. Shipment From : BUSAN, KOREA Shipment To : SYDNEY, AUSTRALIA

21. Partial Shipment : ☐ Allowed ☑ Prohibited 22. Transshipment : ☑ Allowed ☐ Prohibited

23. Confirmation: ☐ confirmation charges : ☐ Beneficiary ☐ Applicant

24. Transfer : ☐ Allowed (Transferring Bank :____________________)

25. Documents must be presented within(10)days after the date of shipment of B/L or transportation documents.

Additional Conditions (47A:) 26.

☑All banking charges including reim charges outside Korea are for account of ☐ Beneficiary ☐ Applicant

☐ Stale B/L or AWB is acceptable ☐ Charter Parry B/L is acceptable

☐ Third Party documents is acceptable ☐ Short Form B/L is not acceptable

☐ Bills of lading or Air Waybill should be issued by____________________

☐ ( )% More or less in quantity and amount to be acceptable.

☐ Acceptance commission and discount charges are for account of

☐ Other conditions :

※ Drawee Bank(42A:) :

※ Reimbursement Bank(53A:)

Except so far as otherwise expressly stated, This DC is subject to the UCP 600(2007 Revision)ICC Pub No.600

위와 같이 신용장발행을 신청함에 있어서 따로 제출한 외환약정서의 해당조항을 따를 것을 확약하며, 아울러 위 수입물품에 관한 모든 권리를 귀행에 양도하겠습니다.

승인신청번호 : 주 소 : 25, Penrose Avenue, Cherrybrook, NSW, 2126, AUSTRALIA

고객번호 : 신 청 인 : Inline Business Consulting,

CHAPTER

12

해상보험

section 01

개요

1 해상보험의 개념과 의의

해상보험이란 동일한 우발적인 사고발생의 위험 하에 놓여 있는 다수인이 해상사고로 인한 손해를 보상받기 위하여 통계적 기초에서 산출된 금액(보험료)을 미리 각출하여 자금을 만들어 두고 보험사고가 발생했을 때 이 자금으로부터 소정의 급여(보험금)를 지급받는 제도이다.

海上保險(Marine Insurance)이란 해상이나 항해사업과 관련된 육상 및 항공에서 발생한 손해까지 보상하는 보험이다. 해상보험과 해상보험계약(contract of marine insurance)은 구별할 필요가 없다. 전자는 일종의 경제제도라면 후자는 그 제도의 운용방법이기 때문이다. 영국해상보험법(Marine Insurance Act, 1906; MIA)은 후자에 관하여 정의하고 있다. MIA 제1조에는 "해상보험계약은 보험자가 피보험자에 대하여 그 계약에서 합의된 방법과 범위 내에서 해상손해, 즉 항해 사업에 수반되는 손해를 보상할 것을 약정하는 계약이다"라고 정의한다. 이와 같이 해상보험은 항해사업과 관련된 사고로 인한 손해를 보상하며, 또한 피보험자가 입은 손해만을 보상하기 때문에 손해보상보험이다.

해상보험이 국제무역에서 갖는 의의는 매우 크다. 무역의 이행은 매도인으로부터 매수인에게 물품의 인도와 매수인으로부터 매도인에게 대금의 지급으로 요약된다. 매도인으로부터 매수인에게 물품의 인도는 직접인도가 아닌 운송인을 통한 간접인도이다. 따라서 물품이 일정기간 운송인의 관리 하에 이동하게 되는데 물품의 이동에는 반드시 운송위험이 수반된다. 이러한 위험은 화물을 이동하는 운송수단의 위험과 운송수단에 적재한 화물의 위험으로 나눌 수 있다.

운송수단, 즉 선박의 위험은 선주가 부담하지만 선박에 적재한 화물의 위험은 화주가 부담한다. 이러한 위험을 담보(to cover)하는 제도가 바로 해상보험이다. 운송중 화물의 위험을 담보하는 해상보험제도가 없다면 매수인은 선적지에서 인도되는 물품의 구매를 주저할 것이며, 매도인은 도착지에서 인도되는 물품의 판매를 주저할 것이다. 결국 해상보험제도가 정립되어 있으므로 매도인과 매수인, 그리고 운송인까지 안심하고 매매와 운송행위를 할 수 있다.

이러한 해상보험제도의 활용은 해상보험계약을 통하여 가능하다. 해상보험계약의 주요 내용, 즉, 보험계약자, 피보험자, 보험료 부담자, 담보조건, 보험금액, 보험계약의 증빙서류 등은 일반적으로 매매계약 시 당사자 간 일일이 계약서에 명시하지 않고 당사자가 합의한 정형거래조건에 의하여 자동 결정된다. 일반적으로 위험을 부담하는 자가 보험계약을 체결하고 보험료를 부담하지만, CIF조건과 CIP조건은 운송 중 위험을 매수인이 부담함에도 불구하고 매도인이 보험계약을 체결하고 보험료를 부담한다.[38)]

2 해상보험과 해상보험계약

1) 해상보험의 특징

해상보험은 생명보험이나 여타의 손해보험과는 다른 몇 가지 특징이 있다.

첫째, **해상보험은 국제성**을 지니고 있다. 물론 오늘날 보험시장의 개방으로 거의 모든 보험 분야에서 국제간 거래가 일어나고 있지만, 해상보험은 바로 국제거래와 직접적 관련이 있는 보험이다. 또한 해상사고도 주로 공해상에서 발생되며, 따라서 보험자의 책임과 보상에 관하여 국제적 통일법이 요구된다. 오늘날 세계적으로 널리 채택되

38) 오원석·박광서, 전게서, pp. 437~438.

고 있는 준거법으로 영국의 해상보험법과 관습이 적용된다. 우리나라 해상보험업계에서 이용하고 있는 보험약관 역시 런던보험자협회에서 제정한 약관이다.

둘째, 해상보험은 **기업보험의 성격**을 지니고 있다. 보험가입자가 개인이 아닌 무역회사나 선박회사이다.

셋째, 해상보험은 다른 손해보험과 마찬가지로 저축성 보험이 아닌 **보장성 보험의 성격**을 지니고 있다. 비록 보험계약자가 보험료를 납부하였더라도 피보험목적물의 손해에 대해서만 보상할 뿐 손해와 관계없이 보상되는 인보험과는 다르다.

넷째, 해상보험은 **국제무역의 촉진제 역할**을 한다. 무역이 활성화되기 위해서는 운송 산업이 활성화되어야 하며, 운송 산업이 활성화되기 위해서는 위험을 커버하는 보험제도가 확립되어야 한다.[39]

3 해상보험계약의 법률적 성격

실무에서 해상보험이란 제도를 활용하기 위해서는 해상보험계약이라는 법률행위가 수반되어야 한다. 해상보험계약의 법률적 성격은 다음과 같다.

첫째, 해상보험계약은 **불요식·낙성계약**이다. 즉, 해상보험계약은 당사자 사이의 의사표시의 합치만으로 성립되는 낙성계약이며, 의사표시에 특별한 방법을 필요로 하지 않는 불요식계약이다.

둘째, 해상보험계약은 **유상계약**이다. 즉, 해상보험에서 보험자는 계약에서 합의된 방법과 범위 내에서 피보험자의 손해를 보상할 것을 약정하고, 그 대가로 보험료를 지급받는 계약이다. 당사자 간 계약에서 급부와 반대급부가 주어지는 대가관계의 계약을 유상계약이라 한다.

셋째, 해상보험계약은 **쌍무계약**이다. 즉, 보험자는 피보험목적물의 위험을 담보할 의무가 있는 반면, 피보험자는 보험료를 납부할 의무가 있는, 즉 계약당사자 쌍방이

---

39) 전게서, p. 439.

모두 의무를 부담하는 계약을 쌍무계약이라 한다.

넷째, 해상보험계약은 **부합계약**이다. 해상보험계약에서 보험계약자는 보험자가 제시하는 증권 상 인쇄된 약관을 포괄적으로 승인하거나 거절할 수 있는 선택권만 있을 뿐이다. 즉, 보험자와 보험계약자가 상호 협의하여 계약조항을 수정하거나 조정할 수 없다. 보험계약은 운송계약과 마찬가지로 일방이 다수의 상대방과 계약을 체결하여야 하므로 일대일로 개별조항의 수정이 불가능하다.

마지막으로 해상보험계약은 **최대선의의 계약**이다. 해상보험계약은 일인의 보험자와 다수의 보험계약자 사이에 계약이 체결되므로 보험자는 계약체결 시 수많은 피보험목적물의 내용을 점검하는 것이 불가능하다. 따라서 보험자는 피보험자의 고지(告知)에 의하여 보험의 대상을 판단하고 계약을 체결할 수밖에 없으므로 보험계약자가 고지를 하지 않거나 부실표시(misrepresentation)를 한다면 올바른 계약이 체결될 수 없기 때문에 최대선의가 요구되는 계약이다. 영국해상보험법 제17조에는 “해상보험계약은 최대선의에 기초한 계약이며, 당사자 일방에 의하여 이 원칙이 준수되지 않을 경우 타방은 그 계약을 취소할 수 있다”고 규정하고 있다.

4 해상보험의 보상원칙

해상보험은 우리나라 상법상의 분류에 의하면 손해보험에 해당된다. 일반적으로 손해보험의 보상원칙은 실손보상의 원칙에 따른다. 즉, 보험사고 발생 시 보험금액을 전액 보상하는 것이 아니라 피보험자가 입은 실손액만을 보상한다. 이러한 원칙은 인보험에는 적용되지 않는다. 인보험은 대체로 정액보상의 원칙이 적용된다.

실손보상이란 보험사고로 손해를 입은 피보험자를 사고 전과 같은 금전상의 상태로 복귀시키는 것이다. 그러나 선박보험의 경우와 같이 일부보험인 경우에는 보험금액에 따라 비례보상의 원리가 적용된다. 적하보험인 경우 대부분이 전부보험이기 때문에 피보험목적물의 가치변동이 없는 한 실제 입은 경제적 손실을 회복할 수 있다.

5 해상보험의 분류

1) 보험의 분류

보험의 분류기준으로는 그 가입대상을 物로 하느냐 人으로 하느냐에 따라서 物保險과 人保險으로 나눌 수 있으며, 우리나라 상법에서는 보험을 크게 사람의 생명이나 신체를 대상으로 하는 人保險과 물적손해를 대상으로 하는 損害保險으로 나눈다.

인보험은 다시 생명보험과 상해보험으로 분류하고 손해보험은 화재보험, 운송보험, 해상보험 및 책임보험 등으로 나눌 수 있다. 이 외에도 특별법에 의한 정책보험이 있을 수 있는데 대표적인 것은 수출보험이나 의료보험 등이 있다. 이들 보험 가운데 해상보험과 수출보험이 무역과 관련이 있다.

2) 해상보험의 분류

해상보험도 분류 기준이 무엇이냐에 따라 여러 가지로 나눌 수 있으나 여기서는 보험 가입 대상, 즉 피보험목적물과 보험기간에 따라 분류한다.

(1) 보험 가입 대상에 따른 분류

① 적하보험(cargo insurance): 보험 가입 대상이 화물인 경우로 수출상, 수입상이 이용한다.

② 선박보험(hull insurance): 보험가입대상이 선체인 경우로 선주가 주로 이용한다. 보통 해상보험이라고 하면 적하보험과 선박보험이 그 중심이 된다.

(2) 보험기간에 의한 분류

① 항해보험(voyage insurance): 특정 항해 구간을 정하여 보험계약을 체결할 때 이를 항해보험이라고 하며, 대부분의 적하보험은 항해보험이다.

② 기간보험(time policy): 특정기간을 정하여 보험계약을 체결할 때 이를 기간보험이라고 하며, 대부분의 선박보험은 기간보험이다.

6 해상보험의 주요 용어

1) 위험(risk, peril)

'위험'이란 손해발생가능을 말한다. 이를 "risk"라고 한다. 이와 유사한 용어가 '손인', 즉 'perils'로 이는 손해의 원인을 말하며 이에 해당하는 것으로 좌초, 충돌, 화재 등을 들 수 있다. 현행 협회약관에는 이를 따로 구분하지 않고 'risk'란 용어만 사용하고 있다.

해상보험에서는 모든 손해를 담보하는 것이 아니고, 일정한 위험에 의해 야기된 손해만을 담보하며 그러한 위험은 보험약관상에 나타난다. 보험약관은 담보위험과 면책위험으로 구성되는바, *擔保危險*은 보험자가 부담하는 위험, 즉 당해 위험으로 발생한 손해를 보험자가 보상하기로 약속하는 위험이다. 반면 *免責危險*은 법률이나 약관에 의해 보험자의 보상책임을 면제시키는 위험을 말한다.

2) 손해(loss or damage)

해상위험의 발생으로 피보험목적물의 전부 또는 일부가 소멸되거나 손상을 입는 것을 말한다. 해상손해는 손해발생의 원인과 손해의 정도, 그리고 그 손해를 누가 부담하느냐에 따라 분류할 수 있다.

3) 보험계약의 당사자

(1) 보험자(insurer, assurer)

보험계약의 당사자로서 위험을 인수하는 자를 말하며, 보험사고 발생 시 손해보상의 책임을 지는 자다. 실무적으로 회사형태의 보험회사(insurance company)와 개인보험업자(underwriter)가 있다.

(2) 보험계약자(policy holder)

보험자에게 보험료를 지급하고 보험계약을 체결하는 당사자이다. 실무적으로 누가 보험계약을 체결할 것인지는 별도의 명시가 없는 한 정형거래조건에 따라 결정된다. 보험계약을 체결하는 자가 반드시 피보험자일 필요는 없다. FOB나 FCA조건에서는 보험계약자가 피보험자이지만, CIF조건이나 CIP조건에서는 매도인이 보험계약자이지만 피보험자는 매수인이다.

(3) 피보험자(insured, assured)

피보험목적물에 대하여 이해관계를 갖는 자로, 보험사고의 발생 시 보상청구권을 갖는다. 결국 보험금을 수령하는 자이다.

4) 보험료, 보험금, 보험금액 · 보험가액

(1) 보험료(insurance premium)

보험자의 위험인수에 대하여 보험계약자가 지급하는 대가로 보험계약의 약인(consideration)이 된다. 우리나라 상법 제650조에 "보험계약자는 보험계약체결 후 지체 없이 보험료의 전부 또는 1회 보험료를 지급하여야 하며, 이를 지급하지 아니하는 경우에는 다른 약정이 없는 한 계약 성립 후 2개월이 경과하면 그 계약은 해제된 것으로 본다"고 규정되어 있다.

(2) 보험금(claim amount, claims)

보험사고의 발생으로 피보험자가 보험자로부터 보상받는 손해보상액을 말한다. 보험금은 실손보상의 원칙에 따라 보험금액의 한도 내에서 보상된다.

(3) 보험금액(amount insured) · 보험가액(insurable value)

보험가입금액으로 사고 발생 시 보험자가 보상하는 최고 한도액이다. 보험자는 손해방지비용의 경우를 제외하고 어떤 경우에도 보험금액을 초과하여 보상할 책임이 없다. 전액보험(full insurance)의 경우 보험금액은 보험가액과 일치하며, 적하보험의 경우 보험금액은 일반적으로 CIF Value × 110%이다. 또한 보험가액(insurable value)은 피보험목적물의 평가액이다.

5) 일부보험 · 전부보험

(1) 일부보험(under insurance)

보험금액이 보험가액보다 적은 경우로 보험사고의 발생시 보험자는 보험가액에 대한 보험금액의 비율로 비례보상을 한다. 선박보험의 경우가 주로 여기에 해당한다.

(2) 전부보험(full insurance)

보험금액이 보험가액과 같은 경우로 주로 적하보험이 여기에 해당하며 실손보상의 원칙이 적용될 수 있다.

6) 보험증권과 보험약관

(1) 보험증권(insurance policy)

보험자가 보험계약의 성립과 그 내용을 증명하기 위하여 작성·교부하는 증서이다. 해상보험계약도 낙성계약이므로 증권의 발행·교부가 보험계약의 성립의 전제조건이 아니지만, 해상보험계약은 보험증권 상에 나타나지 않으면 증거로 인정되지 않는다.

(2) 약관(clauses)

보험계약의 내용을 구성하는 계약조항을 통칭하여 약관(clauses)이라 하고, 약관을 구성하는 개개의 계약내용을 조항(clause)이라고 하나, 실무적으로는 약관과 조항을 구별하지 않고 혼용하여 사용하고 있다. 해상보험계약에서 약관은 보험자와 피보험자의 권리·의무를 규정한 것으로 보험증권에 인쇄되어 있거나 별지에 인쇄된 것을 보험증권에 첨부하여 사용할 수 있다. 세계적으로 준용되는 해상보험약관은 런던보험자협회의 협회적하약관(ICC; Institute Cargo Clauses)이다.

7) 보험기간

보험기간(duration of risk)은 피보험목적물에 대한 보험자의 책임이 존속하는 기간으로 피보험자가 보험으로부터 보호받는 시간적·공간적 한계를 말한다.

8) 고지의무

보험계약은 최대선의계약(contract of utmost good faith)으로서 보험자는 계약체결 시에 수많은 피보험목적물의 내용을 일일이 파악할 수 없다. 이러한 상황에서 위험을 인수하는 보험자를 보호하기 위하여 보험계약자 또는 피보험자에게 告知義務(duty of disclosure)를 부과하여 보험료를 측정하거나 위험을 인수하는데 영향을 줄 수 있는 모든 중요한 사항을 보험자에게 알려주도록 하고 있다.

피보험자가 보험자에게 고지하여야 할 사항은 신중한 보험자가 보험료를 결정하거나 위험인수 여부를 결정하는 데 영향을 미치는 모든 중요한 사항(every material circumstances)이다. 피보험자가 고지의무를 위반하면 보험자는 보험계약을 취소할 수 있다. 위반의 내용은 不告知(non-disclosure)와 不實表示(misrepresentation)를 포함한다.

section 02

해상위험

1 해상위험의 정의

해상보험계약은 손해보상계약이다. 그러므로 피보험자의 피보험목적물에 손해를 주는 위험이 특정되어 있어야 한다. 해상보험에서 보험자가 담보하는 위험은 주로 해상위험(maritime perils)이다. 해상위험에 관하여 영국해상보험법 제3조는 다음과 같이 정의하고 있다. "해상위험이라 함은 해상항해에 기인하는 또는 부수하는 위험, 즉, 해상고유의 위험, 화재, 전쟁위험, 해적, 표도, 강도, 포획, 나포, 군주 및 인민의 억지, 또는 억류, 투하, 선원의 악행 및 상기와 동종의 또는 보험증권에 기재되는 기타 일체의 위험을 말한다."

2 해상위험의 담보원칙

해상보험에서 보험자의 위험담보 원칙은 **포괄담보 방식과 열거담보 방식**이 있다. 포괄담보방식은 보험자가 면책위험을 제외하고 모든 위험을 담보한다고 규정한 경우로 협회적하약관(Institute Cargo Clauses; ICC) 즉, **ICC(A) · ICC(All Risk Clause: 전위험담보)조건**이 이 방식에 속한다. 포괄담보방식에서 보험자는 야기된 손해가 면책위험에 의하여 발생하였음을 입증하지 않는 한 보상하여야 한다.

열거담보방식은 발생된 손해가 열거된 담보위험에 의한 손해임을 피보험자가 입증하는 경우에 보상받을 권리가 있다. ICC(B) · ICC(With Average Clause: **분손담보)나** ICC(C) · ICC(Free from Particular Average Clause: **분손부담보**) 모두 열거담보방식을 취하고 있다.

【구 약관 3대 조건의 담보 범위 비교】

- A/R
  - WA
    - FPA
      1) 전손
      2) 공동해손손해
      3) 비용손해(손해방지비, 구조비, 특별비용, 공동해손분담금)
      4) 좌초, 침몰, 대화재가 발생된 경우의 단독해손
      5) 선적, 환적, 양육중의 매포장당 전손(sling loss)
      6) 화재, 폭발, 충돌, 접촉, 피난항에서의 양륙으로 인한 손해

      (4~6: 특정사고에 의한 단독해손)
    7) 상기 4, 5, 6 이외의 단독해손(불특정분손)
    8) 악천후에 의한 해수손(seawater damage caused by heavy weather)
  9) 모든 외부적·우발적 원인에 의한 손해(all accident loss)

- 면책사항
  1) 보험계약자 또는 피보험자의 고의적인 불법행위로 인한 손해
  2) 화물 고유의 결함, 성질, 운송지연으로 인한 손해
  3) 위험의 요건을 구비하지 않은 사유에 의한 통상의 손해
  4) 전쟁, 폭동, 파업 등에 기인한 손해

3 담보위험과 면책위험

보험증권에서 보험자가 보상해 주기로 약정한 특정 위험을 담보위험(risks covered)이라고 하고, 법이나 약관에서 보험자에게 보상책임을 면제시키고 있는 위험을 면책위험(exceptions)이라고 한다. 그렇지만 보험증권이나 **약관상에서 담보위험이나 면책위험으로 특정되지 않는 모든 위험은 不擔保危險**이라고 한다. 면책위험이나 부담보위험은 둘 다 보험자가 보상하지 않는다는 점에서는 같으나 효과 면에서는 차이가 있다.

즉, 중복인과관계에 의하여 손해가 발생한 경우에는 그 결과는 달라진다. 예컨대, 화재가 담보위험이고 낙뢰가 부담보위험이며 전쟁이 면책위험이라고 가정하자. 낙뢰에 의하여 화재가 발생하고 피보험자가 손해를 입었다면 보험자는 보상책임이 있으나, 전쟁으로 인하여 화재가 발생하고 그 결과 피보험자가 손해를 입었다면 보험자는 보상책임이 없다.[40]

4 위험의 변동

보험료 산정의 기준이 되었던 상황이 변화하게 되면 보험계약의 기초가 무너지게 되기 때문에 보험자에게 보험계약의 해제권을 부여하거나 보험자의 책임을 면책시키게 되는데 이러한 것을 위험변동(change of risk)의 원리라고 한다.

이러한 위험의 변동에는 단순히 위험률의 변동을 초래하는 위험의 변경(variation of risk)이 있으며 (예) 이로(deviation), 환적, 갑판적 등), 위험사정이 완전히 달라지는 위험의 변종(alternation of risk)으로 (예) 항해의 변경, 선박의 변경 등) 나눌 수 있다.

40) 오원석·박광서, 전게서, pp. 454~455.

section 03

해상손해

1 해상손해의 의의

해상손해(marine loss or damage)란 피보험목적물이 해상위험으로 인하여 전부 또는 일부가 멸실·손상됨으로써 피보험자가 입게 되는 경제적 손실을 말한다. 해상손해라고 반드시 해상에서 발생하는 손해만을 의미하지 않으며 여기에는 해상항해에 부수되는 내수 및 육상의 손해까지 포함된다. 보험자가 보상하는 손해는 담보위험과 근인관계가 있어야 한다.

2 해상손해의 종류

1) 전손

(1) 현실전손(actual total loss; ATL)

영국해상보험법 제57조 1항은 "피보험목적물이 파괴되거나, 부보된 종류의 물품으로 존재할 수 없을 정도로 심한 손상을 받은 경우, 또는 피보험자가 보험의 목적물에 대한 소유권을 박탈당하고 이를 회복할 수 없는 경우에 현실전손이 존재한다"고 규정하고 있으며, 동법 제58조에는 "해상사업에 종사하는 선박이 행방불명이 되고 상당한 기간 경과 후까지 그 소식을 모를 경우에는 현실전손으로 추정할 수 있다"고 규정하고 있다. 이를 다시 정리하면 현실전손의 요건은 다음과 같다.

첫째, **실질적인 멸실**(physical destruction)로서 선박이나 적하 등이 충돌, 침몰, 좌초 등으로 인하여 완전히 파괴되어 복구가능성이 전혀 없는 상태, 또는 선박이나 적하의 화재에 의한 전손 등이 이에 해당한다.

둘째, **보험목적물 본래의 성질상실**(alteration of species)로서 보험목적이 물건으로는 존재하고 있으나, 부보된 종류의 물건으로서의 성질을 상실한 경우이다.

셋째, **회복가능성이 없는 박탈**(irretrievable deprivation)로서 선박이 적에게 포획된 경우, 혹은 합법적인 전리품으로 몰수되었을 때, 또는 금괴의 해저침수와 같이 피보험목적 물의 회복전망이 없는 경우이다.

마지막으로 **선박이 행방불명**(missing ship)된 경우이다. 이 경우 영법은 현실전손으로 간주하고 있으나, 우리나라 상법(제711조)은 선박이 행방불명된 후 2개월이 경과하면 위부할 수 있도록 규정한 것으로 보아 이를 추정전손으로 간주하고 있다.

(2) 추정전손(constructive total loss; CTL)

피보험목적물이 실질적으로는 전손이 발생하지 않았지만, 전손이 발생한 것으로 추정할 수밖에 없는 경우를 말한다. 영국해상보험법 제60조에는 "보험증권에 명시적인 규정이 있는 경우를 제외하고, 피보험목적물의 현실전손이 불가피한 것으로 보이기 때문에 또는 비용을 지출한다면 피보험목적물의 가액을 초과하는 비용의 지출 없이는 현신전손을 면할 수 없는 경우에 피보험목적물이 합리적으로 위부되는 조건으로 추정전손이 성립한다"고 규정한다.

2) 분손

피보험목적물의 일부가 손상되거나 멸실된 것을 분손이라 한다. 분손의 경우 그 손해를 피보험자 단독으로 책임질 것인가 이해관계자가 공동으로 책임질 것인가에 따라 단독해손과 공동해손으로 나눈다. 전손도 단독해손과 공동해손이 있을 수 있으나 어느 것이나 보험자가 책임지기 때문에 나눌 실익이 없지만 분손의 경우 보험자의 책임이 단독해손이냐 공동해손이냐에 따라 다르기 때문에 이를 분류한 것이다.

(1) 단독해손(particular average; P/A)

피보험목적물의 일부가 입은 손해를 특정 화주 단독으로 부담하는 것을 말한다. 영국해상보험법 제64조 제1항에는 "단독해손이라 함은 담보위험으로 인한 피보험목적물의 분손으로 공동해손손해가 아닌 것을 말한다"고 규정하고 있다.

(2) 공동해손(general average; G/A)

피보험목적물의 일부가 입은 손해를 피보험자 단독으로 책임질 것이 아니라 이해관계자가 공동으로 책임질 때 이를 공동해손이라 한다. 공동해손에 문제되는 것이 이해관계자 각자에게 그 책임을 어떻게 분담할 것인가 하는 것으로 이에 대한 정산규칙이 York−Antwarp Rule(1994)이다.

3) 비용손해

(1) 구조비(salvage charge)

선박이나 적하가 해난을 당한 경우에 **구조계약과 관계없이 임의로 이를 구조**한 자는 해사법상 구조에 관하여 상당한 보수를 청구할 수 있는데 이를 구조비라 한다.

(2) 손해방지비용(sue and labour charge)

손해방지비용은 보험계약상 **피보험자의 의무사항인 손해방지의무를 이행하는데 소요된 비용**이다. 손해방지의무란 일단 피보험목적물에 손해가 발생하면 피보험자는 가능한 한 손해의 확대를 방지하기 위한 조치를 취할 의무이다. 영국해상보험법 제78조 제4항에는 "손해를 방지 또는 경감하기 위한 합리적인 수단을 강구하는 것은 모든 경우에 있어서 피보험자 및 대리인의 의무이다"라고 규정하고 있다. 이러한 **손해방지활동은 근본적으로 보험자를 위한 활동이므로 그 비용이 보험금액을 초과하더라도 보험자는 보상**한다.

(3) 특별비용

영국해상보험법 제64조 제2항에는 "피보험목적물의 안전이나 보존을 위하여 피보험자에 의하여 또는 피보험자를 위하여 지출된 비용으로서 위의 구조비와 손해방지비용을 제외한 것을 특별비용이라고 한다. 특별비용은 단독해손에 포함되지 않는다"고 규정하고 있다. **특별비용은 클레임 입증비용으로서 손해조사비용, 양하항에서 화물의 재포장비** 등을 말한다.

4) 충돌손해배상책임(collision liability)

해상보험은 담보위험으로 발생하는 피보험목적물 자체의 멸실, 손상, 비용손해 이외에 선원의 과실에 의하여 피보험선박이 타선과 충돌하여 생긴 손해, 즉 피보험선박 자체가 입은 물적손해는 물론, 그 충돌로 인하여 상대선박의 선주 및 그 화물의 화주에 대하여 피보험자가 책임져야 할 배상책임까지 보상해 주고 있다.

3 공동해손제도

1) 공동해손의 정의와 성립요건

공동해손(general average)의 정의는 영국해상보험법 제66조 제2항에 "공동의 해상사업의 수행과정에서 위험에 처한 재산을 보존할 목적으로 자발적으로 그리고 합리적으로 이례적인 희생을 치르거나 이례적인 비용을 지출하는 경우에 공동해손행위가 있는 것"(**공동의 안전을 위해 희생된 손실이나 비용을 이해관계자들이 공동으로 비례하여 부담하는 손해**)이라고 규정하고, 동법 제1항에는 "이러한 행위로 인하여 발생한 손해 또는 이러한 행위의 직접적인 결과로 인하여 생긴 손해를 공동해손손해(general average loss)라고 하며, 공동해손손해는 다시 공동해손비용(general average expenditure)과 공동해손희생(general average sacrifice)으로 구성된다"고 규정하고 있다.

앞서 정의에서 보듯이 공동해손이 성립하기 위해서 다음 몇 가지 기본 요건이 충족되어야 한다.

첫째, 공동해손이 성립하기 위해서는 **통상적인 희생이나 비용이 아닌 이례적인 희생이나 비용**(extraordinary sacrifice or expenditure)이 있어야 한다. 둘째, 희생이나 비용이 **자발적으로**(voluntarily) **발생된 것**이어야 한다. 셋째, 고의로 발생시킨 비용이나 희생이 **합리적인**(reasonably) **수준 이내에서 발생**되어야 한다. 넷째, 고의로 발생시킨 비용이나 희생이 **공동의 위험**(common adventure)**을 회피하기 위한 것**이어야 한다. 마지막으로 공동해손손해는 공동해손행위에 의한 직접적 손해이어야 한다.

2) 공동해손의 구성

공동해손은 공동해손희생과 공동해손비용으로 구성되며, 보험자가 공동해손으로 손해를 본 피보험자에게 보상한 후 공동해손행위를 통하여 혜택을 본 당사자에게 분담을 청구하게 되는데 이를 공동해손분담금(general average contribution)이라 한다.

공동해손희생은 적하의 경우 **대표적인 것이 투하**(jettison)이며 선박의 경우 임의좌초(voluntary stranding) 등이 있으며, 공동해손비용은 구조비, 피난항비 등이 있다. 공동해손이 발생하면 그 손해를 이로 인하여, 혜택을 입은 자들에게 분담하게 되는데, 이러한 분담에 따른 작업을 공동해손의 정산(adjustment)이라 한다.

4 위부제도

1) 위부의 개념과 요건

委付(abandonment)란 피보험자가 보험자에게 피보험목적물에 대한 손해를 전손으로 추정토록 하기 위하여 잔존물의 소유권과 제3자에 대한 구상권을 보험자에게 양도하는 것을 말한다. 피보험자는 피보험목적물을 위부할 것을 결정한 경우에는 이를 통지하여야 한다. **위부의 통지**(notice of abandonment)**란 피보험자가 보험자에게 자신의**

재산권을 맡긴다는 의사표시이다. 위부통지의 목적은 ① 보험자로 하여금 보다 조속히 재산관리를 할 수 있도록 하기 위함이고, ② 보험금이 지급되면 보험자의 처분에 맡겨질 재산을 피보험자가 계속 보관함으로 손해의 확대를 막기 위함이다.

2) 위부의 효과

피보험자의 위부의 통지를 보험자가 수락하고 전손에 대한 보험금을 지급하면 보험자는 잔존한 피보험목적물에 대한 일체의 권리와 제3자에 대한 구상권을 취득한다. 보험자의 이러한 권리는 피보험자의 위부의 통지만으로 취득되는 것이 아니고, 보험자가 전손보험금을 지급했을 때 취득하게 되는 권리이다.[41)]

5 대위권

代位(subrogation)**란 보험자가 피보험자에게 보험금을 지급한 경우에 피보험목적물에 대한 일체의 권리와 손해발생에 과실이 있는 제3자에 대한 구상권 등을 승계하게 되는 것**을 말한다. 그 이유는 해상보험은 실손보상의 원칙이기 때문에 손해를 입은 피보험자가 실손 이상의 보상을 받지 못하도록 하기 위함이다.

앞의 위부는 추정전손의 경우 피보험자의 권리인 반면, 대위는 전손과 분손을 가리지 않고 보험금을 지급한 보험자의 권리이다. 보험자가 대위권을 행사할 때 자신이 지급한 보험금을 한도로 권리를 행사할 수 있다. 적하보험에서 이러한 보험자의 대위권 행사를 완전하게 할 수 있도록 하기 위하여 보험자가 피보험자에게 보험금을 지급할 때 제3자에 대한 청구권을 확보한다.

41) 오원석 · 박광서, 전게서, p. 467.

※ 보험증권

Assured(s), etc ② THE SAMWON CORPORATION

Certificate No. ① 002599A65334		Ref. No.③ Invoice No. DS−070228 L/C No. IOMP20748
Claim, if any, payable at : ⑥ GELLATLY HANKEY MARINE SERVICE 842 Seventh Avenue New York 10018 Tel(201)881−9412 Claims are payable in		Amount insured ④ USD 65,120.− (USD 59,200 X 110%)
Survey should be approved by ⑦ THE SAME AS ABOVE		Conditions ⑤ * INSTITUTE CARGO CLAUSE(A) 2009 * CLAIMS ARE PAYABLE IN AMERICA IN THE CURRENCY OF THE DRAFT.
⑧ Local Vessel or Conveyance	⑨ From(interior port or place of loading)	
Ship or Vessel called the ⑩ KAJA−HO V−27	Sailing on or about ⑪ MARCH 3, 20xx	
at and from ⑫ BUSAN, KOREA	⑬ transshipped at	
arrived at ⑭ NEW YORK	⑮ thence to	

Goods and Merchandises ⑯
16,000YDS OF PATCHWORK COWHIDE LEATHER

Subject to the following Clauses as per back hereof institute Cargo Clauses Institute War Clauses(Cargo) Institute War Cancellation Clauses(Cargo) Institute Strikes Riots and Civil Commotions Clauses Institute Air Cargo Clauses(All Risks) Institute Classification Clauses Special Replacement Clause(applying to machinery) Institute Radioactive Contamination Exclusion Clauses Co−Insurance Clause Marks and Numbers as

Place and Date signed in ⑰ SEOUL, KOREA MARCH 2, 20xx No. of Certificates issued. ⑱ TWO

⑳ This Certificate represents and takes the place of the Policy and conveys all rights of the original policyholder
(for the purpose of collecting any loss or claim) as fully as if the property was covered by a Open Policy direct to the holder of this Certificate.
This Company agrees loss, if any, shall be payable to the order of Assured on surrender of this Certificate.
Settlement under one copy shall render all others null and void.
Contrary to the wording of this form, this insurance is governed by the standard from of English Marine Insurance Policy.
In the event of loss or damage arising under this insurance, no claims will be admitted unless a survey has been held with the approval of this Company's office or Agents specified in this Certificate.

SEE IMPORTANT INSTRUCTIONS ON REVERSE
⑲ KB Insurance Co., Ltd.

AUTHORIZED SIGNATORY

This Certificate is not valid unless the Declaration be signed by an authorized representative of the Assured.

MEMO

CHAPTER 13

무역클레임과 상사중재

section 01

무역클레임

1 클레임의 의의

국제상거래에서 클레임(claim)이란 매매당사자(매도인/매수인) 일방이 매매계약상의 손해를 입은 경우, 손해를 일으키게 한 상대방에게 손해배상금 청구 또는 기타의 의무 이행을 요구하는 것을 말한다.

2 클레임의 해결방법

클레임의 해결방법으로는 클레임의 포기(waiver of claim), 화해(amicable settlement), 알선(intercession), 조정(conciliation 또는 mediation), 중재(arbitration) 및 소송(litigation)이 있다. 이 가운데 클레임의 포기와 화해는 당사자 간의 해결방법이고, 나머지는 제3자에 의한 해결방법이다.

1) 클레임의 포기

실제로 국제상거래에서 클레임의 포기는 빈번히 일어나고 있다. 그 원인은 피청구인이 청구인에게 클레임의 내용과 다른 조건을 만족시켜 주거나, 시간이 흐르면서 클레임을 제기할 가치가 없다고 판단하거나, 상대방의 반응이 없기 때문에 스스로 포기하는 경우 등이 있다.

2) 화해

클레임을 **제3자의 개입 없이 당사자 간의 자주적인 교섭으로 해결**하는 것을 화해라고 한다. 당사자 간의 교섭에 의하여 타협점이 모색되면 화해가 이루어지는데, 실무적으로 이것이 가장 바람직하며 실제로 클레임의 대부분이 이 방법에 의하여 해결되고 있다.

3) 알선

알선이란 **공정한 제3의 기관이 당사자의 일방 또는 쌍방의 의뢰에 의하여 클레임 사건에 개입하여 해결을 위한 조언**을 하는 것을 말한다. 알선기관으로서 국제적으로 널리 이용되고 있는 곳이 상업회의소(Chamber of Commerce)이다.

4) 조정

조정은 양 당사자가 **공정한 제3자를 조정인**(mediator)**으로 선임하고 조정인이 제시하는 구체적인 조정안에 대하여 합의**함으로써 클레임을 해결하는 것을 말한다. 조정은 양 당사자의 합의에 의하여 행하여지므로 일방이 조정을 신청하더라도 상대방이 이에 응하지 않으면 효력을 발휘할 수 없다. 더욱이 당사자는 제시된 조정안을 수락할 의무가 없으므로, 만약 어느 일방이 조정안에 불복하면 결국, 조정은 실패로 돌아간다. 이러한 의미에서 조정은 중재나 소송에 비해 불완전한 분쟁해결방법이라고 할 수 있다.

5) 중재

중재(仲裁)란 분쟁발생 시 당사자 간의 합의 즉, 중재계약에 따라 사법상의 권리, 기타 법률관계에 관한 분쟁을 법원의 소송절차에 의하지 않고, **私人인 제3자를 중재인으로 선정하여 그 분쟁을 중재인(중재판정부)의 결정에 맡기는 동시에 최종적으로 그 판정에 복종함으로써 분쟁을 해결하는 제도**이다. 이를 상술하면, **첫째, 私人이 분쟁발생 전 또는 분쟁발생 이후 중재합의**를 하여야 한다. 즉, 당사자 간에 그들의 분쟁해결

권한을 제3자인 중재인에게 부여하는 합의를 하여야 한다. **둘째, 중재인은 국가기관이 아닌 私人이어야 하고, 그 중재 권한이 국가권력이 아닌 당사자 간 합의로부터 기인**하여야 한다. **셋째, 중재인은 사법절차에 있어서의 법관과 같이 중재판정을 내려야 하므로 중립적이고 공정**하여야 한다. **넷째, 중재판정부는 반드시 중재판정을 하여야 하고, 당사자는 그 판정에 따라야 한다**. 중재제도에 관하여는 본 장 제2절에서 상세히 다룬다.

6) 소송

소송은 국가기관인 법원의 판결에 의하여 분쟁을 강제적으로 해결하는 방법이다. 계약서상에 클레임을 중재로 해결한다는 뜻의 합의가 있는 경우는 별문제가 없으나, 그렇지 않은 경우에는 상대방을 강제하기 위한 최후의 수단으로 국가권력의 발동을 요청하고 국가권력에 의하여 강제력을 행사할 수밖에 없다. 그러나 국제거래의 상대방은 법역이 다른 외국에 거주하는 것이 보통이므로 자국의 재판권이 타국에 미칠 수 없는 한계성이 있다. 특히, 양국 가운데 어느 곳이 재판관할권(jurisdiction)이 있는지에 관하여도 의견이 상충될 수 있다. 이 외에도 재판지의 소송절차, 타국 법원 판결의 집행 등도 문제가 된다. 따라서 국제상거래에서 발생하는 분쟁이 당사자 간 화해로 해결되지 않을 경우, 중재로 해결하는 것이 합리적이고 보편적이다.

section 02

상사중재제도

1 개요

국제물품매매계약은 상이한 국가에 소재하는 당사자 간에 이루어지는 매매계약으로서 그에 따라 매도인은 매수인에게 물품을 인도(소유권 이전 포함)하고 매수인은 그 물품의 수령에 대하여 대금을 지급하는 데 궁극적인 목적이 있다. 이러한 목적을 달성하기 위하여 계약은 신의성실의 원칙 아래에서 이행되어야 한다. 그러나 거래의 이행 중에 또는 그 후에 당사자 간의 이해대립으로 인하여 다양한 갈등과 분쟁이 발생하게 되며, 이를 해결하기 위하여 당사자들은 각자에게 유리한 방법을 찾게 된다. 그 대표적인 방법으로는 종래 **소송과 대체적 분쟁해결**(Alternative Dispute Resolution; ADR)이 있다.

먼저, 소송은 재판관할, 준거법, 외국의 재판 및 판결에서 야기되는 공정성·독립성의 문제점을 안고 있는 외에도, 많은 시간과 비용이 요구된다는 현실적인 어려움을 지니고 있다. 특히, 피해당사자는 대개 상대방 국가의 법원에 소송을 제기하여야 하는데, 이때 언어, 교통 및 소송제도 등에 익숙하지 못하여 많은 어려움을 겪게 되고, 특히 타국법원의 편파성에 대한 불안감도 적지 않다. 또한, 자국법원에 소송을 제기하여 승소하더라도 이를 상대방 국가에서 집행을 하고자 할 때 상당한 제약이 따른다. 그러므로 국제계약의 당사자들은 그 분쟁의 해결을 소송에 의하지 않고 오히려 보다 적합한 해결법을 찾고자 한다. 이러한 재판제도의 단점을 극복하여 분쟁당사자 간의 자치에 의하여 분쟁을 해결하는 방안이 이른바 ADR이다. **대표적인 것으로 화해, 알선, 조정, 중재 등이 있는데, 그중에서 중재가 가장 보편적**이다.

중재는 계약적 요소(contractual element)와 사법적 요소(judical element)가 결합되어 있다. 전자는 당사자의 합의 없이는 중재라는 분쟁해결방법을 이용할 수 없음을 의미하며, 후자는 선정된 중재인이 국가가 임명한 법관과 같은 권한을 갖고 자신에게 맡겨진 문제를 공정하게 판정하여야 함을 의미한다. 따라서 당사자가 분쟁발생 시 소송 대신 **중재를 이용하기 위해서는 이를 위한 당사자 간의 합의**(중재합의)**가 필요**하며, 이를 통하여 중재인은 중재이용의 기초를 확보하게 된다. 합의의 구체적인 방법으로는 장래의 분쟁이 발생하는 경우에 이를 중재로 해결하기로 계약 시에 합의하는 계약조항인 **중재조항**(Arbitration Clause)과 **이미 발생한 분쟁을 중재로써 해결하기로 하는 중재부탁**(회부)**계약**(Submission to Arbitration Agreement)**이 있다. 전자를 사전합의, 후자를 사후합의**라고도 한다.

이 가운데 후자는 실현가능성이 높지 않다. 왜냐하면 계약위반 당사자의 입장에서는 가능한 한 분쟁해결을 지연시키는 것이 자신에게 유리하다고 판단할 가능성이 높기 때문에 분쟁이 발생한 후에는 중재회부에 합의하기를 원하지 않을 수 있다. 따라서 **실무적으로는 중재조항을 계약서에 삽입하는 것이 바람직**하다.

2 중재제도의 장점 및 단점

1) 중재제도의 장점

(1) 자주적 분쟁해결방식

중재는 원칙적으로 중재계약으로부터 중재판정에 이르는 모든 절차를 **당사자의 합의로 결정할 수 있는 자주적 분쟁해결방식**이다. 이에 반하여 소송은 일방당사자의 제소로 국가가 임명한 재판관에게 사건의 해결을 맡기고 상대방은 피고의 입장에서 항변하도록 강요당하는 강제적 분쟁해결제도이다. 또한, 중재는 당사자의 의사를 존중하여 별도의 격식 없이 평화적 분위기 속에서 진행되는 데 반하여, 소송은 엄격히 법정절차의 진행에 따라서 공식적으로만 진행된다.

(2) 신속한 해결방식

일반적으로 소송은 3심제이므로 패소한 당사자가 3심제를 악용하여 무리하게 지연작전을 펼 가능성이 있으나, 중재는 **단심제이므로 분쟁이 신속히 종료**될 수 있다.

(3) 경제적 해결방식

중재는 단심제이고 소송의 경우와 같이 변호사를 선임할 필요가 없으므로 **비용이 적게** 든다.

(4) 절차의 비공개

민사소송은 공개를 원칙으로 하나 중재는 비공개를 원칙으로 한다. 따라서 **기업의 기밀보장이 가능**하게 된다.

(5) 중재인의 전문성 활용

소송의 경우 재판관의 선정에 있어 분쟁당사자가 관여할 수 없으나, 중재의 경우 양당사자의 합의로 **분쟁 내용에 적합한 전문가로** 중재판정부를 구성할 수 있다.

(6) 비적대성

중재는 분쟁해결을 대화와 양보로 해결하고자 하기 때문에 기본적으로 화해에 의한 분쟁해결방식이다. 따라서 중재는 양당사자를 모두 승리자로 만들고 **중재가 끝난 뒤에도 당사자 간 거래가 지속**되는 경우가 많으므로 비록 분쟁당사자 간이라고 하여도 소송의 경우처럼 적대적인 관계가 아니다.

(7) 중재판정효력의 국제성

중재판정은 국내적 효력(법원의 확정판결과 동일) 외, **뉴욕협약에 의하여 국제적으로도 그 집행이 보장**되기 때문에 그 실효성이 매우 크다.

2) 중재제도의 단점

(1) 예측가능성의 결여

소송은 엄격한 절차법에 따라 진행되고 엄격한 실체법이 적용되므로 당사자가 재판결과를 어느 정도 예측할 수 있다. 그러나 중재에서는 법률이 엄격히 적용되지 않으므로 그 결과를 예측하기 어렵다.

(2) 강제성의 결여

소송의 경우에 판사에게는 법률에 의하여 각종 권한이 부여되어 있으나 중재인에게는 아무런 강제적인 권한이 부여되고 있지 않다. 따라서 증거조사에 있어 증인 및 감정인이 응하지 않을 때에는 중재인은 법원에 협력을 구할 수밖에 없다.

(3) 단심제

중재는 원칙적으로 단심에 의해 판정이 내려지며, 중재절차상의 하자 등의 원인에 의한 취소소송에 의해서만 불복이 가능하다.

(4) 중재판정의 집행에 따른 문제

패소당사자가 중재판정에 따른 집행을 이행하지 않는 경우, 그 집행을 실현시키기 위해서는 법원으로부터 집행문의 부여를 받아야 하는 별도의 민사소송법상의 절차를 거쳐야 한다.

3 중재합의의 방식 및 효력

1) 중재합의의 방식

중재합의는 원칙적으로 서면에 의하여야 한다. 우리 중재법 제8조는 서면에 의한 합의로 보는 경우를 다음과 같이 정하고 있다. 즉, 구두나 행위 그 밖의 어떠한 수단에 의하여 이루어진 것인지 여부와 관계없이 중재합의의 내용이 기록된 경우, 전보, 전신, 팩스, 전자우편 또는 그 밖의 통신수단에 의하여 교환된 전자적 의사표시에 중재합의가 포함된 경우, 어느 한쪽 당사자가 당사자 간에 교환된 신청서 또는 답변서의 내용에 중재합의가 있는 것을 주장하고 상대방 당사자가 이에 대하여 다투지 아니하는 경우, 계약이 중재조항을 포함한 문서를 인용하고 있는 경우이다.

앞에서 설명하였듯이, 중재합의는 중재의 대상이 되는 분쟁이 발생하기 전에 합의해 두는 **사전합의 방식**과 이미 발생한 분쟁을 중재로 해결하기 위하여 합의하는 **사후합의 방식**으로 나눌 수 있다. 그러나 대부분의 경우 분쟁이 발생한 후에는 중재합의가 이루어지기가 어려우므로 주된 계약체결 시에 계약서의 한 조항으로서 중재조항을 삽입하는 것이 가장 바람직하다. 중재합의를 할 때에는 중재를 행할 중재지, 중재기관 및 적용할 준거법 등을 명확하게 명시하여 중재절차 진행 시 이와 같은 기본적 사항에 대한 다툼의 소지를 없애는 것이 바람직하다.

2) 중재합의의 효력

(1) 직소 금지

우리 중재법 제9조 제1항에서는 "중재합의의 대상인 분쟁에 관하여 소가 제기된 경우에 피고가 중재합의가 있다는 항변을 하였을 때에는 법원은 그 소를 각하하여야 한다"라고 규정하고 있다. 즉, 중재합의가 있음에도 불구하고 상대방이 법원에 소를 제기하였을 경우, 1차 변론기일 전까지 본안전 항변을 통하여 중재계약이 있음을 주장, 입증하면 법원은 소 각하 판결을 하게 된다.

(2) 최종 해결

우리 중재법 제35조는 "중재판정은 양 당사자 간에 법원의 확정판결과 동일한 효력을 가진다"고 규정하여 분쟁을 한 번에 해결함을 확실하게 천명하고 있다. 즉, 중재판정이 일단 내려지면 소송과 같이 불복절차인 항소나 상고제도가 허용되지 않는다는 것을 의미하며 **대법원판결과 동일한 효력**이 있다.

(3) 국제적 효력

중재판정은 국제적으로는 "외국중재판정의 승인 및 집행에 관한 UN 협약" (United Nations Convention on the Recognition and Enforcement of Foreign Arbitral Awards; 뉴욕협약, 1958년 채택, 1973년 한국 가입)에 의하여 **국제적 효력을 인정**받고 있다. 이 협약에 따라 우리나라에서 내려진 중재판정이 외국에서 승인·집행되며, 반대로 외국에서 내려진 중재판정 역시 우리나라에서 승인·집행이 보장된다. 그러나 우리나라가 이 협약에 가입할 때 한국법상 상사관련 분쟁에 한하고, 상호 체약국인 경우에 한해서만 이 협약을 적용한다는 유보선언을 하였다.

중 재 합 의 서

아래 당사자들은 아래 내용의 분쟁을 대한상사중재원의 중재규칙 및 대한민국 법에 따라 대한상사중재원(KCAB)에서 중재에 의하여 해결하기로 하며, 본 분쟁에 대하여 내려지는 중재판정은 최종적인 것으로 모든 당사자에 대하여 구속력을 가지는 것에 합의한다.

1. 분쟁 내용 요지: (예: 계약(주문)번호xxx에 관련한 모든 분쟁)
2. 부가사항: (중재인 수나 위 규칙 제8장에 따른 신속절차 및 형평과 선에 의한 판정 가능 여부 등에 관하여 합의할 수 있음)

20 . . .

상 사 명:	**상 사 명:**
위 대표자: ㊞	**위 대표자:** ㊞
주 소: ______________	**주 소:** ______________
______________	______________
위 대리인: ㊞	**위 대리인:** ㊞

4 표준중재조항

각국의 주요 중재기관에서는 중재의 효율성을 높이고 신속한 중재절차의 진행을 위해 당사자들이 중재계약을 체결할 때 쉽게 이용할 수 있도록 표준중재조항을 마련해 놓고 있다. 계약서에 이러한 표준중재조항을 삽입하면 중재합의에 관한 다툼 없이 중재를 진행할 수 있다. 대한상사중재원(KCAB)의 표준중재조항은 다음과 같다.

1) 일반절차

(1) 국내거래

> "이 계약으로부터 발생되는 모든 분쟁은 대한상사중재원에서 국내중재규칙에 따라 중재로 해결한다."

(2) 국제거래(국문)

> "이 계약으로부터 발생되는 모든 분쟁은 대한상사중재원에서 국제중재규칙에 따라 중재로 해결한다."
> 중재인의 수 [1/3], 중재지 [서울/대한민국], 중재에 사용될 언어 [언어]

(3) 국제거래(영문)

> "Any disputes arising out of or in connection with this contract shall be finally settled by arbitration in accordance with the International Arbitration Rules of the Korean Commercial Arbitration Board."
> The number of arbitrators shall be [one / three]
> The seat, or legal place, of arbitral proceedings shall be [Seoul / South Korea]

2) 중재방식

(1) 단독중재인의 경우

"이 계약과 관련하여 당사자 간에 발생하는 모든 분쟁은 대한민국 서울에서 대한상사중재원의 국내(국제)중재규칙과 대한민국 법에 따라 중재에 의하여 최종적으로 해결한다. 중재판정부는 양 당사자들의 합의에 따라 1인으로 구성한다."

"All disputes which may arise between the parties, in relation to this contract, shall be finally settled by arbitration in Seoul, Korea in accordance with the Domestic(International) Arbitration Rules of the Korean Commercial Arbitration Board and under the Law of Korea. The dispute shall be decided by a sole arbitrator appointed by agreement of both parties."

(2) 3인 중재판정부의 경우

"이 계약과 관련하여 당사자 간에 발생하는 모든 분쟁은 대한민국 서울에서 대한상사중재원의 국내(국제)중재규칙과 대한민국 법에 따라 중재에 의하여 최종적으로 해결한다. 중재판정부는 3인으로 구성하되 각 당사자는 각자 1인의 중재인을 선정하고, 이에 따라 선정된 2인의 중재인들이 합의하여 의장중재인을 선정한다."

3) KCAB 중재의 활용

(1) 표준중재조항

All disputes, controversies, or differences which may arise between the parties, out of or in relation to or in connection with this contract, or for the breach thereof, shall be finally settled by arbitration in Seoul, Korea in accordance with the Commercial Arbitration Rules of The Korean Commercial Arbitration Board and under the Law of Korea. The award rendered by the arbitrators shall be final and binding upon both parties concerned.

(2) 중재절차

중재절차는 중재사건이 접수되어 판정이 내려질 때까지의 전 과정을 의미한다. 중재절차도 계약자유의 원칙에 따라 당사자 간 합의로 정할 수 있으나 만약 당사자 간 이러한 절차에 관하여 합의가 없는 경우, 우리나라에서는 중재법 및 대한상사중재원의 중재규칙에 따른다. 중재절차는 중재신청서 접수 → 중재비용예납 → 중재신청의 접수통지 → 중재인 선정(1인 또는 3인) → 제1차 심문기일통지 → 심문개최 → 피신청인으로부터 반대신청서 접수 → 심문종결 → 중재판정 → 중재판정문 정본(당사자) 및 원본(법원) 송달 → 사건종결 순으로 진행된다.

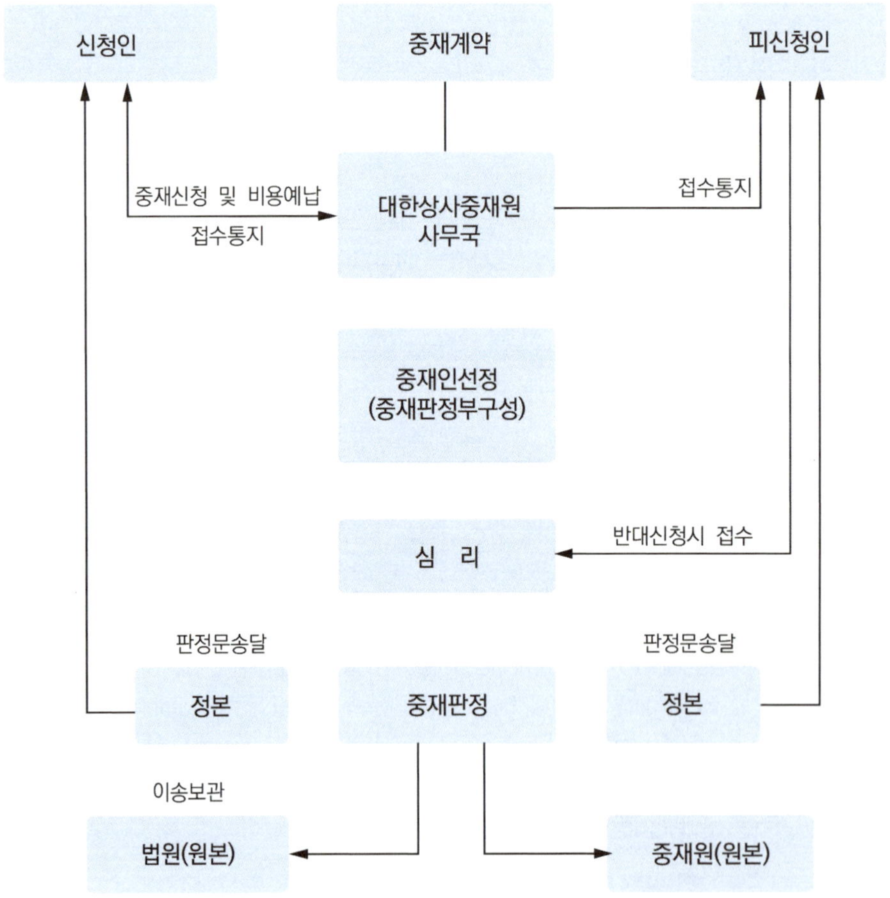

참고문헌

김상만, 「무역계약론」, 박영사, 2021.

대한상공회의소, 「인코텀즈 2020」, 대한상공회의소, 2019.

대한상공회의소, 「UCP600 공식 번역 및 해설서」, 대한상공회의소, 2007.

석광현, 「국제물품매매계약에 관한 UN협약 해설」, 박영사, 2010.

오원석 역, 「UN통일매매법」, 삼영사, 2004.

오원석·박광서, 「무역상무」, 삼영사, 2023.

오원석·최준선·허해관, 「UNIDROIT 국제상사계약원칙」, 법문사, 2006.

John Honnold and Harry M. Flechtner, 「Honnold's Uniform Law for International Sales under the 1980 United Nations Convention」, Kluwer Law International, 2021.

UNITED NATIONS, 「United Nations Convention on Contracts for the International Sale of Goods, 1980」, UNITED NATIONS, 2010.

찾아보기

ㅌ

ㅍ

ㅎ

기타

관세와 무역실무

초판발행 2025년 9월 18일

지은이 김용일
펴낸이 안종만 · 안상준

편 집 탁종민
기획/마케팅 김한유
표지디자인 권아린
제 작 고철민 · 김원표

펴낸곳 (주) 박영사
서울특별시 금천구 가산디지털2로 53, 210호(가산동, 한라시그마밸리)
등록 1959. 3. 11. 제300-1959-1호(倫)
전 화 02)733-6771
f a x 02)736-4818
e-mail pys@pybook.co.kr
homepage www.pybook.co.kr
ISBN 979-11-303-2412-8 93320

정 가 20,000원